crecer
sin prisas

Papel certificado por el Forest Stewardship Council®

MIXTO
Papel procedente de
fuentes responsables
FSC® C117695

Penguin
Random House
Grupo Editorial

Primera edición: enero de 2022

© 2022, Yessica Clemente, por los textos
© 2022, Penguin Random House Grupo Editorial, S.A.U.
Travessera de Gràcia, 47-49. 08021 Barcelona
© 2022, Jorge Penny, por las ilustraciones

Printed in Spain – Impreso en España

ISBN: 978-84-18055-24-9
Depósito legal: B-15099-2021

Compuesto por Jorge Penny

Impreso en Gómez Aparicio, S. L.
Casarrubuelos (Madrid)

DO55249

crecer sin prisas

Guía educativa para conectar y disfrutar con tus hijos

YESSICA CLEMENTE

Grijalbo

ÍNDICE

INTRODUCCIÓN

¿Cómo necesita crecer la infancia?

Déjame que te cuente. Eran las 7.30 de la mañana de un martes frío de otoño. Llevábamos 45 minutos despiertos y el tiempo comenzaba a echársenos encima. Mi hijo, de dos años y poquito, aún estaba sin vestir, en pijama y con chupete, en su habitación. Yo no paraba de repetir mientras iba de un lado a otro ultimando las cosas para salir:

> ¡Vístete!
>
> ¡Vamos, venga, que llegamos tarde...!
>
> ¿Aún sigues sin vestirte?
>
> ¡Vamos, que me voy!
>
> Pero ¡venga, va! ¡Que nos tenemos que ir!

No era una escena puntual, sino una secuencia que se repetía día tras día, mañana tras mañana. Pero esa mañana fría de otoño todo cambió: mi hijo, en vez de apresurarse —quizá por el miedo a quedarse solo en casa si me iba— y vestirse con la «patosa» agilidad de su edad temprana, se desplomó en su cama bajita agotado (y seguramente resignado) y, mirándome a los ojos, me dijo con tono suave:

> Es que yo tengo las piernas cortitas, mamá.

Yo estaba en el marco de la puerta, a punto ya de entrar a vestirlo y quebrantar su aparente impasibilidad, pero me quedé petrificada. «Es que yo tengo las piernas cortitas, mamá…». Esa frase me retumbó en la cabeza y me atravesó de arriba abajo en segundos.

Estaba hundido en la cama y, de inmediato, pensé que toda la tensión que su cuerpo denotaba y esa resignación que veía en sus ojos eran, ni más ni menos, toda la tensión que yo había ido sumándole día tras día, mañana tras mañana, durante parte de esos poquitos años de vida. Y ese día, con su media lengua, tuvo el valor y la sabiduría de decirme, describiéndomelo a su manera, algo que yo no veía. Era como un «¡hasta aquí he llegado!».

Paré en seco. Me acerqué a él con pasos lentos, me arrodillé para estar a su altura y le acaricié la espalda con suavidad y ternura, y con toda la pena y la culpa que me inundaban. Nos abrazamos y, como si de otro tiempo y espacio se tratara, lo ayudé a vestirse con calma, mirándolo a los ojos, escuchando con curiosidad lo que me explicaba (que, mágicamente, no tenía nada que ver con lo que acababa de suceder). Le tomé su cálida mano, le agradecí la sonrisa sincera y salimos de casa lentos, tranquilos, sin prisas; disfrutando de esa conexión que tantas veces habíamos —había yo— pasado por alto.

Mi hijo se quedó contento y tranquilo en la escuelita , y yo llegué al trabajo con un nuevo despertar **de mente** y corazón. Mi corazón había conectado con una mirada distinta, sensible y amorosa hacia la persona que más quería, y había descubierto que mi ritmo nada tenía que ver con su ritmo, que mi necesidad nada tenía que ver con su necesidad, que mis habilidades nada tenían que ver con las suyas, que mis expectativas y problemas nada, pero absolutamente nada, tenían que ver con los suyos… Y, sin embargo, yo no había tenido nada de eso en cuenta ni lo había pensado.

Esa fría mañana, a las 7.30, recibí la primera gran lección de mi estrenada maternidad. Y no de la mano de expertos ni profesionales de la infancia, no, sino de una persona que se conoce y conoce perfectamente su realidad inmediata: mi hijo. Ese día comencé un nuevo camino en el que sentí que me despertaba a una nueva consciencia, una nueva mirada hacia (el conocimiento de) mi hijo. Con los años me he dado cuenta de que también significó un despertar y transmutar de mi SER, una reconexión con mi esencia, unicidad y poder transformador. Supuso un cambio de filosofía de vida.

Doce años después estoy sentada delante del ordenador, emocionada por dar respuesta a la pregunta «¿Cómo necesita crecer la infancia?» que me hice a partir de ese día. Tras estos años de trayectoria, de formación, de autoconocimiento y de experiencia con mi hijo y mi hija, y con todas las familias y educadores a los que he acompañado, siento que puedo dar sentido y marco a esta pregunta e invitarte a ti a descubrirlo (aunque el título de este libro ya te da una pista de lo que pienso).

Durante todos estos años he ido desmenuzando esta pregunta para entenderla mejor y he ido descubriendo que, para dar con una respuesta, antes necesitamos hacernos muchas más preguntas. Tenemos que hacer un viaje, recorrer un camino junto a nuestros hijos e hijas pasando por una serie de paradas para reflexionar, sensibilizarnos y conectar con nuestra propia y única forma de hacer y entender esta senda de acompañamiento a la infancia.

Así pues, en este libro encontrarás un proceso reflexivo y a la vez activo sobre el cómo y el para qué dejar a nuestros hijos e hijas crecer sin prisas. Una mirada profunda que espero que te ayude a comprender la magnitud y maravilla del ser humano que da comienzo en la infancia. Es un camino en el que abrir la mente y el corazón a la sensibilidad, al presente, a ese aquí y ahora. Es un darnos cuenta de la belleza de la vida y valorar a las personas que tenemos a nuestro lado ofreciéndonos a ellas con respeto y amor verdadero. Es un redescubrirnos también como personas; comenzar un proceso de transmutación, como esa oruga que se convierte en una mariposa, descubriendo que el crecimiento no se produce solo en tus hijos e hijas, sino que es mutuo.

Y para eso he creado un camino siguiendo el recorrido que yo misma hice, con el que fui transmutando durante estos años y que me llevó a preguntarme los para qué y cómo estaba en cada parada del viaje, y que tú ahora podrás ir descubriendo conforme vayas adentrándote en las páginas de este libro. Son cinco paradas en cada una de las cuales te invito a hacerte preguntas que te lleven a construir tu propio camino educativo, ese que auténticamente quieres compartir junto a tus hijos e hijas:

- **Crecer sin prisas:** ¿Qué significa crecer sin prisas? ¿Qué puedo hacer yo para que mis hijos e hijas crezcan sin quemar etapas de desarrollo? ¿Cómo sé lo que necesitan mis hijos e hijas para crecer felices y en bienestar?

- **Educar sin prisas:** ¿Qué significa educar? ¿Y educar sin prisas? ¿Cómo puedo hacerlo sin sentir miedo a hacerlo mal? ¿Cómo lo hago si a duras penas puedo controlarme yo y controlarlos a ellos y ellas?

- **Aprender sin prisas:** ¿Qué necesitan para aprender? ¿Cómo lo hago sin desaprovechar sus talentos e inteligencias? ¿Cómo motivarlos sin mermar sus ganas de aprender y cultivando su creatividad?

- **Crecer en conexión:** ¿Para qué necesito estar conectada y a qué? ¿Cuál es la magia de la conexión en familia? ¿Cómo puedo crear estas conexiones importantes? ¿Cómo puedo yo conectar con su juego si no sé jugar?

- **Crecer jugando:** ¿Qué es el juego? ¿Para qué es importante? ¿Pueden mis hijos e hijas aprender jugando? ¿Cuáles son las etapas del desarrollo y del juego? ¿Qué tipo de juegos son fundamentales para ellos y ellas según su edad? ¿Qué necesito yo para sentir esas ganas de jugar? ¿Qué juegos puedo ofrecerles para jugar? ¿Hasta cuándo crecer jugando?

Esa fría mañana, a las 7.30, un niño de 2 años me lo dijo al oído, me abrió los ojos a la maravilla de la vida y al fascinante camino de acompañar a un ser extraordinario que se merece toda la atención, mirada, respeto y amor incondicional del mundo. Estoy segura de que si estás con este libro en las manos es porque tienes (o tendrás) a tu lado a un ser maravilloso que se merece crecer sin prisas a tu lado y porque quieres acompañarlo con sentido, consciencia y respeto, descubriendo que hay todo un mundo de posibilidades para aprender juntos en esta apasionante tarea de educar a fuego lento.

Mi propósito con este libro es:

- **Despertar tu propia mirada** para que puedas observar las individualidades de cada uno de tus hijos e hijas y las tuyas propias.
- **Acompañarte en un trabajo interno, personal y vivencial** para que esa mirada no se quede en el papel, sino que penetre en el aspecto práctico y se integre en la manera de acompañar a tus hijos e hijas que tú decidas crear.
- **Crear tu forma propia y personal de educar y acompañar a tus hijos e hijas** más allá de dogmas y modas, y entendiendo que tanto tú como cada uno de los miembros de tu familia sois únicos y que eres, junto a tu pareja, la verdadera líder educativa que tus hijos e hijas necesitan para crecer sanos y equilibrados, encontrando tu lugar, tu sentido y tu intención en el camino de acompañarlos.

Al menos, me gustaría que vivieras este viaje como una oportunidad para detenerte a observar y reflexionar sobre lo que ocurre a tu alrededor, las necesidades de cada uno y tu forma de interactuar en este recorrido educativo que estás creando. Porque, si te soy sincera, cuando yo comencé mi propio viaje maternal hace ya más de 13 años, me habría encantado sentir esa mano cercana que te entiende, sostiene y no juzga, que simplemente acompaña a recorrer y crear el propio estilo educativo, sembrándolo paso a paso, a tu ritmo y con tus propias equivocaciones y aciertos.

Porque este es un camino de siembra lenta que determinará, en gran parte, la cosecha que verás de aquí a unos cuantos años. Porque un acompañamiento que cuida el crecimiento orgánico y armónico de sus miembros está apostando por una sólida educación que piensa a largo plazo y sabe o intuye que el corto plazo, ese aquí y ahora, ha de vivirlo no en la lucha, sino cultivando la sensibilidad, la conexión y el disfrute, sabiendo que de ello dependen los cimientos del adulto en que se convertirá su hijo o hija.

IMPORTANTE: ¿Cómo utilizar este libro?

Este no es un libro de educación al uso. Este libro necesita de ti y se conforma contigo. ¡Tú le das sentido! Y aunque puedes leerlo de cualquier forma, te sugiero que lo leas en orden, capítulo a capítulo, porque es una invitación a embarcarte en un viaje que te llevará a recorrer tu propio camino, con tus propias vivencias y experiencias, y que, si me lo permites, haré junto a ti, tendiéndote la mano y acompañándote en las paradas de esta travesía, que tiene un sentido especial y que abarca una profundidad particular que te invito a transitar con confianza, sinceridad y consciencia.

Te recomiendo que no tengas prisa por acabarlo. Piensa que, igual que le ocurre a la infancia, no podemos asimilar la información si antes no la entendemos pasándola por el cuerpo, la mente y el corazón. Así que tómate el tiempo que necesites en cada parada, en cada ejercicio y reflexión, para sentirla, vivirla y practicarla hasta comprender el sentido de ese paso y, aunque pienses que eso ya lo has hecho o reflexionado antes, no dejes de hacerlo: hoy no eres la misma de ayer, por lo que tus respuestas pueden ser diferentes; solo cuando hacemos cosas distintas conseguimos respuestas y resultados diferentes. ¡Y eso quiero! Que descubras tus propias respuestas y resultados, y no por lo que yo te diga, sino por lo que tú descubras a partir de lo que leas en estas líneas (y en cualquier otra que te invite a la reflexión). Así que convierte este libro en un cuaderno de bitácora especial llenándolo de ti.

¿Qué voy a necesitar para aprovechar este camino?

Como en todo viaje, ponemos en la mochila aquellas cosas que necesitaremos para hacer de la travesía un camino agradable. Así que, además de este libro, que será tu guía de viaje, necesitarás una serie de cosas que te recomiendo para que este paseo sea toda una experiencia significativa y sensorial:

- Un lápiz para apuntar.
- Lápices de colores para las propuestas que llenarán el libro con tus señas y que activarán tu interior.
- Una atmósfera cuidada y especial donde cultivarte. Puedes hacerlo buscando un lugar que te guste, preparándote un té o café, encendiendo una vela y regalándote este momento de mimo y crecimiento para ti misma. ¡Te lo mereces!

¿Estás lista para vivir una experiencia transformadora? Respira despacio, que vamos allá poco a poco.

crecer sin prisas

Si sigues aquí, es que quieres descubrir cómo resolvimos «las prisas» a partir de esa fría mañana de otoño a las 7.30. Te lo iré contando en los capítulos que siguen... ¡!

Cuando nos convertimos en madres y padres, pensamos que todo seguirá igual, que todo se adaptará a funcionar a nuestro ritmo, que el exterior y todo lo nuevo, incluido ese hijo o hija, se adaptará a nuestras circunstancias y necesidades. Y aunque en parte es así (por ejemplo, no podemos acallar todos los ruidos diurnos de casa para que el bebé duerma plácidamente), hay otra parte muy importante que no. Porque no somos uno, sino uno más uno, más uno... en la nueva familia. El uno con el todo.

Y cada miembro que conforma la familia, empezando por nosotras mismas y nuestra pareja, si la hay, y siguiendo con cada uno de nuestros hijos e hijas, tiene unas circunstancias propias, unas necesidades particulares, un «aprender» la vida a un ritmo y de una forma singular que muchas veces pasamos por alto porque estamos con la marcha automática puesta y no vemos más allá.

A veces pienso que vivimos con objetivos diarios rígidamente marcados, como llegar al trabajo a la hora, ponemos toda nuestra energía en conseguirlos y nos perdemos la gran oportunidad de ver todo alrededor, todos los pequeños detalles y matices que coexisten mientras alcanzamos esa meta; todas esas vivencias y emociones paralelas que ocurren durante el camino. Todo ese potencial que nos perdemos en busca de ese fin concreto... Y no nos damos cuenta de que la vida no está ahí. ¿O es que tu fin en la vida es llegar puntual al trabajo? ¿Tener todas las lavadoras puestas y la ropa guardada? ¿La cena lista a la hora que toca? ¿La compra hecha? O mirémoslo desde otra perspectiva: ¿a costa de qué tenemos todos estos objetivos cumplidos?

Y ¡ojo!, que no digo que estos fines no sean importantes y, en su medida, necesarios, pero me da la sensación de que tus propósitos y objetivos vitales no están en la naturaleza de estos fines. Y si de repente descubres que los vivías así, alcanzándolos con la lengua afuera, siento traerte a tierra y decirte que te estás perdiendo tanto… Te pierdes pararte a observar el camino, a vivirlo y disfrutarlo para que cada objetivo, esos que ineludiblemente crees que tienes que cumplir, sean la celebración de todo aquello vivido y compartido. Y no es que dejemos todo sin hacer, nos despreocupemos de las responsabilidades y fijemos la mirada únicamente en nuestros hijos e hijas. No, no va de eso. Ese sería otro extremo peligroso.

Se trata de abrir la mente y el corazón a la consciencia, al presente, a ese aquí y ahora tan de moda, aunque lleve siglos practicándose. Es un darnos cuenta de la belleza y grandiosidad de la vida, valorar a las personas que tenemos al lado ofreciéndonos con respeto y amor verdadero, y redescubrirnos también como las personas que somos, que también necesitamos ser respetadas, cuidadas y amadas. Es mirar a nuestros hijos e hijas con ojos amorosos de curiosidad y admiración a la vez que nos redescubrimos nosotras mismas en el papel de madre o padre y comenzamos un proceso de transmutación donde el crecimiento es mutuo. Es comenzar a vivir conectadas con nosotras mismas, con las personas que nos rodean y con la propia naturaleza, disfrutando del proceso.

¿Y sabes quiénes hacen todo esto mejor que nadie?

Pues esos «pequeños bajitos», que nos cantaba Serrat; esos que acaban de llegar al mundo y que saben que la vida va de vivirla sin prisas para poder crecer sin perder la conexión con lo importante; de vivir con alegría, espontaneidad y armonía; de disfrutar de lo sencillo y lo cotidiano en cada paso y de maravillarse con ello. Y resulta que, cuando nos hacemos mayores, nos pasamos los días buscando ese lado alegre y espontáneo que tanto anhelamos.

¿Qué significa «crecer sin prisas»?

«Crecer sin prisas» significa, para un adulto, dar permiso para vivir cada una de las etapas de la infancia, y de la vida en general, con plenitud, sentido y seguridad, sabiendo que de ello depende el crecimiento armónico e integral de la persona. Y significa darle al momento vital de la infancia la importancia que tiene en la generación de futuros adultos felices, equilibrados y conectados con su alegría, autenticidad y propósito. Para ello, como adultos acompañantes de infancias, es indispensable disponer del estado despierto de la consciencia que nos permita percatarnos de todos los matices y particularidades que manifiesten cada uno de los niños y niñas a los que acompañemos.

Pero un momento: vayamos un poquito para atrás y empecemos por el principio…

Para entender qué significa «crecer sin prisas» es necesario explicar primero el origen de la palabra «crecer». «Crecer» viene del latín, crescĕre; que significa «aumentar de tamaño de forma orgánica y natural». Y entendamos lo de «orgánico y natural» como aquel ritmo propio de la naturaleza que deja fluir y no acelera el proceso (el aumento), sino que lo respeta tal cual van llegando las sucesivas etapas.

Entonces, si entendemos al ser humano como un organismo vivo de la naturaleza que crece guiado por leyes intrínsecas naturales, nos damos cuenta de que la construcción «crecer sin prisas» es una redundancia, porque la raíz etimológica del propio verbo ya lo dice. Curioso, ¿verdad? Es decir, el libro podría llamarse simplemente «Crecer», sin más, pero resulta que hoy en día esto no es suficiente y necesitamos añadirle (o, mejor dicho, recordarnos) que en la necesidad innata de «crecer» está el ir «sin prisas».

Si nos paramos a pensar, los niños y las niñas son armonía pura desde el primer momento, desde la gestación. Nacen conectados a su voz interior, a su esencia y a su tempo, que danzan en sintonía para crear y orquestar la gran sinfonía de su vida. Todo fluye según los planes naturales, que, a pesar de desarrollarse espontáneamente, necesitan unos cuidados y un entorno para favorecer ese «aumento» natural y orgánico al encontrarse en un ambiente real y social.

Cada niño y niña es una semilla

Para que se entienda mejor lo que estoy intentando explicar sobre el tempo y la esencia natural que cada persona traemos de serie, voy a contarlo en forma de metáfora.

Piensa en una semilla…

Una semilla tiene en su interior toda la información genética necesaria para convertirse en una planta adulta, la planta que ha venido a ser. Pongamos que estamos hablando de una semilla de manzana. Ahí donde la ves, tan pequeñita, dentro tiene todo lo que necesita para llegar a ser un árbol grande y frondoso que pueda dar otras manzanas entre las ramas. Tan solo necesita unas condiciones ambientales adecuadas para activarse y desarrollarse. Es extraordinario: un poco de tierra, luz, agua ¡y a crecer!

Pongamos ahora por caso que en tus manos cae una semilla. La miras, pero, a no ser que seas experta en la materia, no sabes a qué especie de árbol pertenece, ¿verdad? Por lo tanto, no sabes exactamente qué necesita, aunque sí tienes la referencia e intuición de que una semilla crece con tierra, luz y agua. Tendrás que ir averiguando el tipo y la proporción de estos elementos, si te interesa hacerlo, con el paso del tiempo.

La semilla, por su parte, crecerá en el entorno que le ofrezcas porque en su naturaleza está crecer («aumentar de tamaño de forma natural y orgánica»), como en la de esas plantitas que crecen en las rendijas del asfalto o en los muros de la ciudad. La naturaleza sigue su curso y surge allí donde esté a pesar de los impedimentos que el ser humano ponga. Quizá tarde más en desarrollarse por los obstáculos que encuentre o, si la cuidamos en casa, porque hayamos confundido la especie y la estemos cuidando como algo que no es y esas atenciones no la beneficien. O tal vez queramos regar nuestra semilla con un «acelerador de raíces» para que se desarrolle antes de que llegue el invierno porque lo hemos leído en una revista de jardinería que dice que es lo mejor para ella. Y la semilla crecerá más rápido —porque está programada para crecer, para ser lo que ha venido a ser adecuándose a las condiciones que se le brinden—, pero quizá pierda sus cualidades particulares o no dé esos frutos sabrosos que está destinada a dar.

Y esto es lo que a veces nos ocurre con nuestros hijos e hijas. Nos gustaría que se comportaran y fueran de una determinada manera, idealizada en nuestra cabeza, pero la realidad es que son como son, a su manera. Y si seguimos cuidándolos y tratándolos como a nosotras nos gustaría que fueran, y no por cómo son, corremos el riesgo de que crezcan confundidos, desconectados de ellas y ellos mismos, y malgastando energía vital innecesariamente.

Nuestros hijos e hijas son igual que esa semilla única y particular. Desde el momento en que los engendramos, han sabido cómo desarrollarse sin más ayuda que unos cuidados básicos que hay que proporcionarles. Si nos paramos a observar, es maravilloso ver cómo han ido creciendo sabiamente y han adquirido un minucioso control corporal y una autonomía a base de dejarse guiar por sus propios mecanismos motrices y cerebrales, así como desarrollando el habla para conseguir comunicarse con fluidez con el entorno. Todo a su ritmo y paso a paso.

¡Pura magia guardada en una semilla!

Pues aquí tienes la tuya. Te invito a sentirla por medio del dibujo y la creación libre. Una forma sencilla de conectar con el proceso de la vida de forma creativa y manipulativa. Busca colores y recuerda el proceso de crecimiento natural de una planta (semilla, raíces, tallo, hojas, ramas, flores…). Dibuja tu planta como si fuera esta metáfora de tu hijo o hija a partir de la semilla que tienes ilustrada aquí debajo. A través del dibujo del crecimiento de esta planta, representa el proceso de desarrollo de tu hijo o hija hasta llegar al momento actual, donde se encuentra ahora.

Agrégale la tierra que necesita, la luz cálida que busca, el agua, las primeras raíces que se irán fortaleciendo y le darán la estabilidad para que surja el tallo firme. Plasma las primeras hojas, tiernas y de un verde brillante. Recréate en el extraordinario crecimiento de tu planta hasta llegar a dibujarla como la planta o árbol hermoso que ha venido a ser. Si no llegas a imaginar ese árbol entero, no pasa nada; dibuja hasta donde crees que ha crecido según los pasos que has podido observar en su desarrollo. Y si no sabes dibujar, no te preocupes tampoco. Aquí no te va a calificar nadie. Suéltate. Que no te frenen el «no sé» o el perfeccionismo. Deja fluir y que salga sin juicio esa planta a partir de esta semilla que tienes aquí. Puedes recortar fotos y pegarlas, escribir palabras que te vayan surgiendo en la mente a medida que vas dibujando, añadir texturas…

Cuando acabes con esta primera planta, puedes agregar más semillas que simbolicen cada uno de los hijos e hijas que tienes. Incluso puedes dibujar a tu pareja (si es que la tienes) y a ti misma. ¿Te imaginas qué tipo de árbol eres? Y así, en una sola página, conseguirás admirar tu propio bosque familiar.

Tómate tu tiempo. Esto no va de prisas, sino de conectar con el ciclo de la vida y el ciclo de la naturaleza. De conectar con el ciclo natural de tus hijos e hijas y de tu familia.

¡Te dejo dibujando!

Ahora que has conectado con ese crecer sin prisas guiado por el tempo natural y orgánico de la vida, te invito a que escribas un listado de «cosas» que has detectado mientras dibujabas las plantas que crees que necesitan tus hijos e hijas para crecer también conectados a su desarrollo único e individual.

Sol, agua y tierra son los básicos para una planta, pero te invito a que hagas el ejercicio de traducirlos en los elementos y acciones que necesita un niño o una niña para crecer en un bosque extraordinario. Y, conforme sigas leyendo este libro, puedes volver aquí para añadir más a medida que los vayas descubriendo.

Tiempo

Amor

Llegados a este punto, me gustaría revelarte algo, aunque seguramente ya te hayas percatado de ello: ¡tú eres la jardinera de tus hijos e hijas y, sobre todo, eres la jardinera que ellos y ellas necesitan! Eres esa persona que se dedica a cultivar ese jardín, atendiendo, conociendo y salvaguardando las semillas. Me gusta imaginar a esa jardinera consciente y sensible que activa su curiosidad para conocer y entender lo que cuida, que prepara el espacio y se va adaptando según las necesidades que va detectando en sus plantas. Una jardinera que con conocimiento y presencia sabe poner límites, favorecer retos motivadores, resolver los momentos críticos y abonar el sustrato con amor, comprensión y conexión. Una jardinera que se hace responsable de su jardín o bosque y, a la vez, le da espacio para que crezca con autonomía y libertad.

Y si eres de esas personas a las que se les mueren las plantas, no te asustes. Esto es solo un ejercicio metafórico. Aunque quizá pueda servirte para averiguar el porqué: tal vez te falte tiempo para dedicarte a ellas o averiguar a qué especie pertenecen, qué cuidados requieren...; o no cuentes con las herramientas como la paciencia para regarlas o hablarles con cariño.

La intención de esta actividad es transportarte a esa consciencia que te haga ver que tu papel aquí es el de facilitar las condiciones adecuadas en el momento adecuado, confiando en tu observación e intuición y en la capacidad innata de cada niño y niña. Eres una facilitadora de entorno, experiencias, conexiones, amor, vínculos... Pero no para allanarles el camino, sino para ayudarlos a descubrir, al recorrerlo con sus piedras y prados, todo el potencial que cada cual tiene dentro.

Ya te veo en un hermoso campo, con tu peto, tus botas y tu sombrero, cargada con las herramientas que necesitarás, dispuesta a disfrutar con la naturaleza que tienes delante y que espera tus maravillosas manos para ir creciendo segura, confiada y feliz.

¿Te ves en ello? Déjame advertirte. ¡Esto puede dar mucho vértigo!

Calma. Que te diga que eres la jardinera de tus hijos e hijas no significa que debas llenarte de exigencias, crearte obligaciones y generarte culpas o frustraciones si algo no marcha bien. ¡NO! Cuando digo que eres la jardinera, te lo digo a ti, pero también a tu pareja, a los docentes que los acompañan, a la vecina que se cruza con ellos y ellas en la escalera y les dedica unas palabras, al conductor del autobús que los saluda con un «Buenas tardes», a las personas que van en la misma cabina de avión y son capaces de empatizar con ellos y ellas cuando llevan más de una hora quietos y quieren moverse… Todas las personas formamos parte de la comunidad educativa que acompaña a tus hijos e hijas.

Lo que sí debemos remarcar es que es en el núcleo de la familia cercana donde se crea el vínculo fuerte de apego con ellos y ellas, y son las personas de referencia que más sensibles y despiertas han de estar para poder observar y atender el desarrollo natural y propio de cada uno de los hijos e hijas.

Primero, porque nadie mejor que la persona de referencia conoce cómo es realmente y qué necesita su hijo o hija en cada momento. Y segundo, porque el hecho de ser padre o madre va de la mano de una responsabilidad de la cual debemos hacernos cargo, tomando las riendas de lo que esto significa, poniendo consciencia en este hecho y procurando aprender a crecer en esta nueva faceta de madre o padre sobre la cual nadie nos ha enseñado. Pero tienes varios aliados: tus hijos e hijas y tu intuición. Abre los ojos, porque ahí están para ayudarte a crecer sin prisas junto a ellos y ellas.

Crecer sin quemar etapas

Si partimos de la base de que cada uno de nuestros hijos e hijas son semillas únicas e individuales, guiadas en su desarrollo por su naturaleza interna, y que nos tienen a nosotras —el entorno completo— como jardineras que cuidan y atienden su crecimiento, respetando sus ritmos comprendemos mejor la importancia de no acelerar los procesos durante la infancia. Porque las semillas necesitan unas buenas raíces para poder desarrollar el tallo y luego las hojas necesitan de un tallo fuerte para sujetarse… Y así se crea una cadena perfecta hasta llegar al árbol, pasito a paso.

La naturaleza es muy sabia y, si no, fijémonos en un bebé recién nacido: los movimientos reflejos aparentemente descoordinados pasan a ser, con el transcurso de los meses, más coordinados y refinados. Para que esto ocurra, necesita ir fortaleciendo y ejercitando su musculatura mediante la adquisición de habilidades motoras progresiva. Emmi Pikler, pediatra húngara cuya mirada hacia el desarrollo motriz del bebé y el cuidado respetuoso de la infancia fue de vital importancia para la dignificación de esta, constató una evolución gradual a partir de las iniciativas motoras propias del niño o niña si se favorecía un entorno en el que el bebé pudiera moverse con libertad y autonomía.

Si observamos cómo evoluciona motrizmente un bebé, comprobamos que busca interactuar y descubrir el entorno y descubrirse a sí mismo empezando desde una posición boca arriba que le resulta cómoda; luego comienza a ponerse de lado, a girarse, a reptar, para pasar, a continuación, a gatear; más tarde, empieza a sentarse, arrodillarse, ponerse de pie, dar sus primeros pasos sujetándose y, por último, a andar sin sujeción y con seguridad.

Pero en los primeros meses, por mucho que quisiera el bebé, no podría sentarse solo, por ejemplo. Es que ni se lo plantea; no está en su necesidad intrínseca (interior) hacerlo porque aún no ha adquirido el aprendizaje previo ni el desarrollo necesario, que requiere ciertos movimientos precisos y coordinados para llevarlo a cabo. Tal vez la necesidad de sentarse radique más en el adulto que lo sujeta con almohadones para que no se caiga, pero no es una necesidad innata del bebé.

Porque el bebé necesita todos —o casi todos— esos pasos previos para conquistar con motivación y seguridad el acto de andar con autonomía, para luego, una vez consolidada la acción, pasar a correr, subir y bajar escalones, patear una pelota… Necesita ir asimilando y conquistando su esquema corporal hasta llegar a la cumbre de su desarrollo.

Maravilloso, ¿verdad? Pues ahora te reto a un juego de equilibrio para que puedas comprobarlo.

> **Lee primero el ejercicio y luego deja el libro a un lado para poder hacerlo.**

 El reto es el siguiente: ponte de pie, fija la mirada en un punto y coloca las palmas de las manos tocándose, palma con palma, delante del pecho. Levanta una pierna y pon la planta del pie sobre la cara interna del muslo de la otra pierna, sobre la que quedarás apoyada. Luego estira los brazos rectos hacia el cielo, por encima de la cabeza, y, manteniendo ambas palmas de las manos juntas, aguanta el equilibrio.

¿Lo has conseguido? Venga, ¡levántate y pruébalo!

Pues acabas de hacer la postura del árbol utilizada en yoga. Este ejercicio sirve, además de para ejemplificar el maravilloso árbol en el que te has convertido, para darte cuenta de que tienes un desarrollo corporal y un equilibrio que te permiten controlar cada movimiento hasta conseguir esta postura y aguantar mínimamente sin caerte. Adquiriste estos aspectos del desarrollo durante la infancia gracias a la confianza en el proceso natural y a las oportunidades que tuviste para experimentarlos.

Lo hemos ejemplificado con una postura, pero también podríamos haberlo entendido cantando una canción a pleno pulmón, repartiendo una caja de fresas en tres platos o preparando una cena con los ingredientes que encontráramos en la nevera. Todas estas habilidades se han gestado y desarrollado durante la infancia; luego las hemos ido perfeccionando o quizá, a estas alturas, hayamos ido olvidando algunas al no ejercitarlas… Pero ahí estaban todas y todas nos servían de peldaño para adquirir las siguientes.

Las etapas del desarrollo son esos hitos que todo niño o niña adquiere en cualquier lugar del mundo con independencia de la condición social, cultural, religiosa y económica. Es algo innato. Llorar para reclamar una necesidad, darse la vuelta, reptar, balbucear, andar, garabatear, correr, saltar, trepar, hablar con fluidez, dibujar a la familia, jugar a escribir. Estoy segura de que todas sabemos identificarlos. Y, si nos fijamos, van entrelazados: los primeros son necesarios para que se den los siguientes, y así sucesivamente.

A mí me gusta ver este desarrollo de forma tangible y visual, como esos cubos apilables que van del más grande al más pequeño. ¿Los conoces? El objetivo de este juego de construcción es poner los cubos correctamente, uno encima del otro, ordenados de mayor a menor. Pero puede pasar que se dé un salto de orden y que la torre hecha de cubos, que tenía tan buena estabilidad, empiece a desequilibrarse por alguna parte con una alta probabilidad de que se caiga o se mantenga pendiendo de un hilo. Estos desequilibrios en la infancia son sinónimo de baja adquisición o consolidación de habilidades básicas en el momento en que el crecimiento está preparado para ello.

Los docentes evidencian estos desequilibrios en las aulas de infantil: niños y niñas que se caen con suma facilidad y que se quedan quietos a la espera de que alguien los levante del suelo, que no saben utilizar unas tijeras, que no tienen coordinación para subir unas escaleras u orientación para regresar a clase, que no saben ponerse la chaqueta o usar los cubiertos para comer. Es aquel o aquella que entra sobreexcitado a primera hora de la mañana, que afronta las tareas con miedo a cometer un error o que solicita constantemente la ayuda del docente porque no se siente con autonomía o capacidad (no porque no lo entienda)...

Estas acciones y reacciones nos ofrecen señales de que ha habido una carencia en alguna de las etapas del desarrollo (o una sobreprotección o sobreestimulación): déficit de movimiento y de juego libre y espontáneo, de experiencias ricas y adecuadas en las que poner en práctica ciertas habilidades y capacidades (como la motricidad fina, por ejemplo), falta de relación íntima entre madre/padre e hijos e hijas para crear un vínculo de apego sólido, o entornos con exigencias excesivas y poca autonomía.... Y todo esto, lógicamente, repercute en el bienestar de los niños y niñas.

Respetar las etapas del desarrollo es crecer sin prisas, asegurándonos de que la torre de cubos se construye con bases sólidas y fuertes, ajustadas y adecuadas a cada niño y niña, preservando el ritmo y la motivación interior, ofreciendo oportunidades para interactuar libre y espontáneamente con el entorno en cada eslabón del crecimiento sin que ninguno se tambalee. Aunque puedan recuperarse luego, porque tenemos la gran suerte de tener un maravilloso cerebro plástico, esta recuperación supone un esfuerzo mayor para el niño o niña, que invierte un tiempo que necesitaría utilizar en la adquisición de las habilidades que le correspondieran en ese otro momento vital.

Para terminar este apartado, me gustaría volver a hacer hincapié en una cosa: cada uno tiene su ritmo. Aunque hayamos leído en mil libros y revistas que en tal mes el bebé debería girarse solo, o que a los 12 meses ya tendría que caminar, o que a los 6 años ya debería saber leer... tú tranquila. Cada cual progresa a su debido tiempo. Lógicamente, si te preocupa algún aspecto, un especialista sabrá guiarte y asesorarte. Siempre observa y escucha tu intuición.

¿Y qué podemos hacer para permitir que nuestros hijos e hijas se desarrollen armónica y naturalmente? Pues ofrecerles el tiempo para hacerlo y también el cuidado, el amor y mucha mucha confianza en sus posibilidades, tanto por su parte como por parte del entorno más cercano, labores que una jardinera ofrecerá para crear las condiciones adecuadas donde los niños y niñas puedan crecer seguros y conectados consigo mismos. Y para que esta magia haga su efecto en plenitud, para que este desarrollo surja así de espontáneo y sincero, nuestros hijos e hijas necesitan, como dijimos antes, tener sus necesidades cubiertas.

Las necesidades de la infancia

A lo largo de todos estos años que llevo observando la infancia y analizándola con curiosidad, y acompañando a mi hijo e hija y a otras familias a crecer sin prisas, creando un camino educativo propio, he comprobado que los niños y niñas tienen un plan individual e inherente en el cual la naturaleza tiene, como acabamos de ver, el papel de guiar sus pasos biológicos. Pero también el entorno —madre, padre y cuidadores de referencia— tiene un papel fundamental y trascendente en el desarrollo de la personalidad y las inteligencias, que va en paralelo al biológico.

En estas dos realidades, la exterior y la interior, el niño y la niña se construyen pasando por una serie de procesos de los que se van despertando una serie de necesidades que reclaman ser atendidas y preservadas.

Y, para mí, esto es lo más novedoso de todo. Darnos cuenta de que la infancia tiene unas necesidades concretas que, aunque no distan mucho de las de los adultos, hemos de conocer y atender para crear vínculos familiares fuertes y para que ellos y ellas consigan consolidarse como individuos capaces, autónomos y completos.

Desde mi punto de vista, estas necesidades son:

1. Necesidades vitales

2. Necesidades de seguridad y honor

3. Necesidades de amor, pertenencia y vínculo

4. Necesidades de autoestima y reconocimiento

5. Necesidades de conocimiento y entendimiento

6. Necesidades de ser (niño o niña)

Y hay otro grupo que, para mí, es transversal a todos los anteriores:

7. Necesidades de movimiento, juego y placer

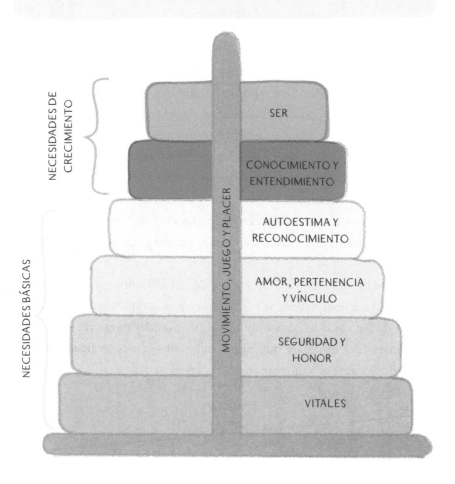

Esta ordenación y agrupación de necesidades que te presento aquí surge de la investigación, reflexión y conexión de tres influencias.

1. Por un lado, de la jerarquía de las necesidades humanas de Abraham Maslow, psicólogo humanista estadounidense, que incluyó estas necesidades dentro de su teoría sobre la motivación humana.

2. Por otro, de la necesidad particular de atender los derechos de la infancia recogidos en la Convención sobre los Derechos del Niño y de la Niña (Tratado Internacional de las Naciones Unidas), cuyo fin es reconocer a la infancia como individuos con derechos y a los adultos como personas responsables del cumplimiento de esos derechos, y dar voz a todos ellos.

3. Y, por último, por mi tesón en reconocer el juego como una necesidad innata al ser humano, un motor intrínseco de aprendizaje, un canal de autorregulación y expresión, y una actitud positiva ante la vida.

Al mismo tiempo, estos siete grupos de necesidades —del 1 al 7— los separo (o diferencio), siguiendo la idea inicial de la pirámide de Maslow, en dos grupos:

1. Necesidades básicas
2. Necesidades de crecimiento

Respecto del primero, el de las necesidades básicas, me gustaría hacer hincapié en la repercusión que tienen las interacciones de los adultos a la hora de atender estas necesidades; llegan a ser trascendentes en la vida del niño y la niña, de ahí la importancia de garantizar, en la medida de lo posible, un acompañamiento cercano, consciente y respetuoso en cada momento del desarrollo, para crear y consolidar bases sólidas desde un punto de vista emocional, donde el niño y la niña puedan sentirse escuchados, tenidos en cuenta, valorados y, por supuesto, amados y sostenidos. La no satisfacción de estas necesidades por parte de los adultos (o una satisfacción no adecuada) o el conflicto entre sus necesidades y las nuestras tendrá muchas posibilidades de generar rabietas, malas palabras, celos... y, en resumen, lo que vendrían a ser reclamos en forma de conductas inapropiadas (que veremos con ejemplos en la explicación de cada necesidad) por parte de los niños y niñas, y también enfados o explosiones emocionales por nuestra parte.

El segundo grupo, el de las necesidades de crecimiento, lo entiendo como el impulso a descubrirse a uno y una misma, retarse y construirse como el ser pleno que ha venido a ser.

1. Necesidades básicas
Necesidades vitales

Son las necesidades o impulsos que garantizan la vida: respirar, defecar, orinar, hidratarse, alimentarse, descansar, estar a cobijo, controlar la temperatura corporal y evitar o curar la enfermedad. Son la base de todas las necesidades siguientes; las primeras y las principales que deben estar cubiertas, ya que su carencia prolongada puede llevar a la muerte del individuo. En nuestra sociedad, por suerte, la mayoría podemos satisfacer estas necesidades con mayor o menor facilidad.

A pesar de tener estas necesidades cubiertas, podemos encontrarnos con asiduidad conflictos de necesidades vitales que pueden ocasionar situaciones como la siguiente:

¡Ponte la chaqueta, que hace frío!

El frío es algo subjetivo, así que ¿le has preguntado a tu hijo o hija si tiene frío? ¿O quizá te encuentres ante un conflicto de necesidades donde tú, ya sea porque en realidad tienes frío o porque temes que enferme, necesitas que se abrigue? A mí se me presentaba a menudo esta situación hasta que llegó el día en que confié en su termostato interno. Me di cuenta de que, si no lo desconectamos de su consciencia corporal, el niño o la niña es realmente consciente del calor o frío que siente. Entonces, pregúntate: ¿es mía o es suya esta necesidad? Y a partir de la respuesta sincera y consciente, podrás tener en cuenta su temperatura, la tuya y pasar a evaluar la acción que creas oportuno llevar a cabo.

En el caso de que consideres que es necesario abrigarse, partirás de la empatía y el conocimiento de ambas necesidades, y pasarás a pedir colaboración en vez de exigir.

> Hace una tarde fría, has corrido todo el rato y estás sudado. Ahora que has parado y estás quieto, me da miedo que te enfríes y necesito que no te enfermes. Ponte la chaqueta, por favor.

Las sensaciones que experimentan el niño o la niña con la primera y la segunda frase son diferentes, ¿no te parece?

Necesidades de seguridad y honor

Son las necesidades que proporcionan y hacen sentir seguridad física, mental y emocional a la persona, tales como la integridad (protección contra la violencia física, sexual, psíquica y emocional), la estabilidad emocional del entorno, el orden y la estructura, los límites, la protección tecnológica y la preservación de la intimidad, el honor y la reputación del niño o la niña.

Cuando percibimos algún indicio de peligro, nos ponemos en alerta y todos nuestros sentidos se activan para tomar la iniciativa y preservar nuestra persona. Esto ocurre porque se pone en marcha la parte del cerebro más primitiva, el cerebro reptiliano, el que se ocupa de la supervivencia inmediata y el que nos ayudó a sobrevivir en el pasado. Hoy en día seguimos conservando esta parte del cerebro que nos permite activarnos y decidir si huir o luchar ante el problema. Cuando el cerebro reptiliano está activo, el otro, el racional (el neocórtex), no puede controlar la situación y llevarnos a pensar con claridad; le cuesta mucho actuar, con lo que, si carecemos de seguridad, no podemos prestar atención a las demás necesidades.

El hecho de garantizar estas necesidades en la infancia y crear un entorno seguro genera un espacio interior de confianza y tranquilidad que les permitirá a los niños y niñas avanzar confiando en el exterior y en ellos y ellas mismos, sabiendo que, si en algún momento ocurriera algo, pueden contar con personas a su alrededor que los protegerán y velarán por ellos y ellas.

¡Tengo miedo!

Los miedos en la infancia son muy habituales, sobre todo a la oscuridad, a los monstruos, al agujero del váter, a la muerte... Suelen ser pasajeros, pero hemos de recorrerlos juntos para que no generen ansiedad y no limiten su actividad y capacidad.

Lo primero es ser conscientes de que para él o ella ese temor es una percepción y una sensación verdadera que debe atenderse y no menospreciarse. Y somos nosotras quienes tenemos que dar sostén para crear ese espacio seguro, donde puedan sentirse y percibirse seguros. Podemos ofrecer una luz nocturna, inventar un pulverizador de miedos, colgar en la puerta de la habitación un cartel que diga «Prohibido monstruos apestosos» o dibujarlos y meterlos en una caja para luego cerrarla con candado... Buscar soluciones conjuntamente y crearlas en familia para que sean más efectivas, pero recuerda que ese sentimiento de inseguridad que siente tu hijo o hija es sumamente real.

Teniendo en cuenta la realidad actual, he querido dejar para el final de este apartado la necesidad de protección tecnológica y la preservación de la intimidad, el honor y la reputación del niño o niña, y la necesidad de velar por sus derechos dándoles voz.

Hoy en día, con la tecnología a nuestro alcance, debemos tener muy presente la protección de nuestros hijos e hijas frente a estos medios. La infancia está expuesta a la tecnología desde muy temprana edad y la tecnología conectada a internet, en particular, es una ventana abierta a un mundo desconocido hasta para nosotras. Dejarlos libres, sin acompañamiento, discernimiento ni control de la herramienta es como dejar que conduzcan un coche con 8 años. ¿Verdad que no lo harías? Pues con la tecnología ocurre lo mismo. Hemos de asegurar un entorno y unos contenidos saludables y adecuados a su edad para que puedan moverse a través de ella; educándolos como lo haríamos con cualquier otro medio peligroso (como sería, por ejemplo, cruzar una calle o cortar con un cuchillo afilado).

La preservación de la intimidad, el honor y la reputación del niño o la niña son valores que se dan por hecho en la mayoría de las familias, pero no siempre es así. Juntándola con la tecnología, dibujo una foto rápida de esta necesidad: esos vídeos que corren por internet viendo caídas, llantos, caras de susto, miedo, frustración y todo tipo de bromas hacia bebés (y no tan bebés), donde no hay maldad aparente en quien los graba, pero sí una inconsciencia que vulnera absolutamente la necesidad de recibir respeto y el derecho a la intimidad, el honor y la reputación de las criaturas.

 ¡Jajajajaja! ¡Mira la cara de susto que ha puesto!

¿Te has parado a pensar qué pasaría si fueras tú quien te vieras circular por las redes sociales con la cabeza aplastada contra un pastel o con la frente golpeada contra una farola al caminar distraída? ¿Y si fuera tu hijo, ya adolescente, a quien le hubieran gastado una broma de muy mal gusto y la hubieran grabado y compartido? ¿Verdad que no lo veríamos igual? Entonces ¿por qué compartimos estos vídeos íntimos? ¿O por qué nos sumamos a compartir los que nos envían? Que no conozcamos a ese niño o niña no significa que no se esté sintiendo vulnerable por este hecho, ¿no crees?

Necesidades de amor, pertenencia y vínculo

Se trata de que la persona se sienta querida, considerada, tenida en cuenta y amada tal y como es.

El ser humano es un ser social por naturaleza, que necesita sentirse en sociedad y vivir y crecer en ella. Por ello, estas necesidades se ven satisfechas cuando el niño o la niña perciben el amor duradero y sincero por parte de la madre, el padre, los familiares cercanos o cuidadores y, a la vez, perciben que su amor también se recibe con aceptación y agrado.

También tienen la necesidad de sentirse tenidos en cuenta y útiles dentro del espacio familiar y, posteriormente, social, sintiendo que se acepta su colaboración, que contribuyen a la familia y cooperan con ella. En definitiva, que forman parte de ella.

Esta relación de seguridad, protección, cuidado y aceptación estrecha, estable y fuerte con la madre, el padre, los familiares o los cuidadores configura un vínculo de bienestar emocional entre ambas partes, llamado «apego», que se va construyendo desde que son bebés hasta la edad adulta. Por el camino se van creando nuevos vínculos con otras personas, como amigos, docentes, compañeros de trabajo, parejas... Y ahí se llega porque en nuestros hijos e hijas aparece el impulso de generar vínculos más allá de la familia y de relacionarse con iguales para compartir y disfrutar con ellos y ellas de forma libre y autónoma. Son conductas necesarias para echar raíces familiares, culturales y sociales, con el fin de ir configurando la personalidad dentro de la comunidad.

¡Yo ayudo!

Tu hijo de 2 años te pide los vasos que sostienes en la mano para llevarlos él y ayudarte a poner la mesa para la cena. ¡Abres los ojos como platos!: se pueden romper y hacerle daño. ¿Lo has vivido alguna vez? ¿Y qué has hecho? Fuera como fuese, la realidad es que los niños y niñas pequeños tienen un impulso bondadoso y de contribución muy notorio. ¿Te has fijado? ¡Quieren ayudar! Y, generalmente, optamos por rechazar su ayuda u ofrecerles una tarea menos importante y estimulante, lo que merma su necesidad de contribución y la sensación de ser útiles y valiosos dentro de la familia.

Aprovecha estos momentos para darte cuenta de su necesidad, para ofrecerles tareas reales adecuadas a su edad y, sobre todo, para confiar en ellos y ellas. Puede llevar los vasos de uno en uno, los platos, una jarra pequeña, poner las servilletas… La vida cotidiana está llena de momentos de contribución. ¡Sácales provecho!

Necesidades de autoestima y reconocimiento

Las necesidades anteriores son fundamentales para que las de este apartado se satisfagan de la mejor forma posible, ya que, en parte, de ellas depende cómo se percibe y se concibe el niño o niña como persona dentro de la familia, en sociedad…

Nos construimos como personas a través de la relación con el entorno y las personas cercanas, y de la evaluación mantenida y coherente que recibimos de ellas. Es en este entorno cercano y, preferiblemente, seguro donde la infancia desarrolla la autoestima (la percepción que tiene sobre sí misma), el autoconcepto (la opinión que tiene sobre sí misma) y el sentirse reconocida (el respeto y la consideración de las otras personas hacia sí misma).

Tener la autoestima y el autoconcepto en el lado positivo de la balanza llevará a los niños y niñas a sentirse competentes, capaces, válidos, con confianza en sí mismos y con la fortaleza necesaria para afrontar las vicisitudes de la vida de forma sana y armónica. Para que esto se dé, el niño y la niña tienen que haber desarrollado la autoestima a partir de un acompañamiento basado en sus potencialidades y mantenido con el aliento y la mirada compasiva, paciente y amorosa del adulto.

 ¡Se te cayó la leche! ¡Qué inútil eres!

Pero, y si te digo «¡Vaya! Veo que se te ha derramado la leche. ¿Se te ocurre algo para solucionarlo?», ¿cómo te hago sentir?, ¿a qué te invito? Seguramente me contestarás que reconfortada y que te ofrezco la posibilidad de resolver algo que has generado poniendo en marcha tus habilidades resolutivas. También, indirectamente, te estoy diciendo que eres capaz, ¿lo ves? Se trata de una frase muy parecida, pero cargada de posibilidades positivas y sin una etiqueta que merme la autoestima ni estimule un autoconcepto negativo.

Al mismo tiempo, los niños y niñas necesitan disponer de un espacio donde expresar y desarrollar el pensamiento y la opinión (ya sea verbal, creativo, musical...) y también de un espacio de escucha donde poder exponer el intelecto, los sentimientos y las emociones en confianza y con seguridad, sintiéndose tenidos en cuenta. Así van tomando consciencia, poco a poco, de su propia existencia e irán desarrollando las capacidades críticas y necesarias que los guiarán hacia lo que quieren, tomando como referencia los modelos que han recibido de sus figuras de vínculo. Este descubrimiento de su personalidad y de su capacidad de expresión e influencia tiene repercusión en su necesidad de libertad e independencia, que son fundamentales para sentirse capaces de explorar el mundo.

> ¡Cállate, que eres pequeño!

Muchas veces subestimamos la visión, la elocuencia y la lógica aplastante que tienen los niños y niñas, obviando sus reflexiones y sentimientos, y nos perdemos la gran oportunidad de descubrir un nuevo punto de vista y abrir la mente más allá de nuestra zona de confort. ¿Quizá nos hemos olvidado de que esos niños y niñas son individuos con pensamientos y razonamientos propios iguales que los nuestros? ¿Que quizá la única diferencia está en que miran el mundo con mucho menos sesgo que nosotras, sin juicios ni prejuicios, sin tantas expectativas y con suma creatividad?

¿Y somos capaces de imaginar cómo se sienten cada vez que no los escuchamos o no tomamos en serio sus opiniones? Sería un ejercicio de humildad apartar nuestro ego y abrir la puerta a todo lo que nos explican, pedirles opinión, escuchar sus propuestas, mirar un tema desde su perspectiva... Veríamos el mundo con mucha más frescura de lo que lo vemos ahora y pasaríamos a tomarnos sus ideas, reflexiones y propuestas muy en serio, y, a la vez, contribuiríamos a afianzar una autoestima sana y un autoconcepto positivo.

Hasta aquí las necesidades básicas de la infancia (y, en parte, las de los adultos también). Ahora pasaremos a ver la punta de la pirámide con las necesidades de crecimiento.

2. Necesidades de crecimiento

Necesidades de conocimiento y entendimiento

Son las necesidades de aprehender la vida más allá de las enseñanzas que el niño o niña reciba. Se trata del impulso interno que los motiva a descubrir y entender qué hay más allá y quiénes son por el puro placer del conocimiento.

> Mamá, ¿por qué el señor
> (y lo señala para que no te quepa
> ninguna duda de a quién se refiere)
> no tiene pelo?

Si tienes un niño o niña de entre 2 y 5 años a tu lado, te habrás dado cuenta de que tiene una inmensa curiosidad por saber el porqué de las cosas. Y probablemente te habrás encontrado ante una situación similar a la de la pregunta del pelo planteada en el momento menos oportuno; pero es que les surgen dudas continuamente: ¿por qué hay que dormir?, ¿por qué a la mesa se le llama «mesa»?, ¿por qué ladra el perro?, ¿por dónde sale el pipí?, ¿por qué la caca huele mal?, ¿por qué el semáforo es verde y rojo, y no de otro color?, ¿por qué…?, etc. ¿Y qué haces tú cuando aparecen: las atiendes o las ignoras?

Una vez oí que si atendiéramos realmente el 1 % de las preguntas que nos plantean e investigáramos sobre ellas, tendríamos un conocimiento brutal de la vida, el entorno, la filosofía, el individuo, los sentimientos… ¡Me pareció tremendamente revelador!

Nacemos con la necesidad de conocer y entender el entorno, y para ello contamos con la ayuda de todos nuestros sentidos. Primero a los progenitores, para crear esos vínculos de apego tan necesarios para sentirnos seguros, y luego, poco a poco, el mundo que nos rodea.

Los niños y niñas necesitan descubrir qué hay más allá del ser particular, necesitan comprender las normas de la cultura y la sociedad donde viven, entender cómo funcionan las cosas, organizarlas, analizarlas, relacionarlas, descubrirlas por dentro…Y lo hacen, como diría la investigadora y divulgadora canadiense Catherine L'Ecuyer, «acercándose a la realidad con humildad, agradecimiento, rectitud de intención y apertura hacia el misterio» (aquello que nunca acabamos de conocer), sin dar el mundo por supuesto, como generalmente hacemos los adultos. Quien dicta estas necesidades es el asombro, el motor innato que los predispone al conocimiento, una pieza clave en el desarrollo y el aprendizaje de la infancia que trataremos más adelante.

Necesidades de ser (niño o niña)

El niño o niña vive estas necesidades como un impulso vital de ser quien es y quien ha venido a ser, como la semilla de la que hablábamos al principio, y vive de por sí, si las condiciones son las favorables, guiado por su propia pulsión interior, que lo lleva a desarrollar de forma extraordinaria y progresiva todo su potencial, sus talentos, sus capacidades y sus virtudes latentes de manera natural y espontánea, sin forzarlo. Lo hace viviendo y sintiendo la vida en el aquí y ahora, con presencia plena y con entrega. Esto sucede cuando el niño o niña se siente sostenido, capaz, alentado y apoyado; es decir, cuando tiene las necesidades anteriores cubiertas de la mejor manera posible, en especial las del amor, el vínculo y la pertenencia.

Toda su energía y todos sus sentidos estarán puestos en vivir cada instante conforme a su pulsión interior y a valores como la verdad, la bondad, la honradez, la belleza, la justicia, la sencillez, la singularidad, la naturalidad, la creatividad y la alegría. ¿Te suena todo esto cuando te paras a observar a un niño o niña pequeño? A estos valores, entre otros, Maslow los llama «metanecesidades»; es decir, necesidades que se encuentran a un nivel mucho más alto que las anteriores y que en la infancia se hallan muy presentes y activas.

De esta manera, los niños y niñas aprovechan todo su potencial y creatividad; se brindan a la vida, al momento, sin temer lo desconocido; salen continuamente de su zona de confort guiados por la necesidad de conocimiento (asombro) sin esperar la perfección ni de sí mismos ni de los demás, aceptándose y aceptando a los demás tal y como son (autoestima). Disfrutan y valoran la sencillez de lo cotidiano y se entregan al acto de hacer por la mera importancia que tiene esa actividad en sí misma y no como medio para conseguir algo, convirtiendo ese momento en puro placer y disfrute (el juego).

Viven de forma espontánea, sensible y, como dice Maslow sobre las personas autorrealizadas, «tienen la admirable capacidad de apreciar una y otra vez, de manera natural e ingenua, las cosas buenas de la vida, mostrando admiración, placer, asombro e incluso éxtasis».

¡Deja al niño o a la niña ser niño o niña!

Así es esta necesidad; dejar ser: permitir despertar, desarrollar y explorar las posibilidades particulares de cada cual y vivir las características de este momento vital que es la infancia (algarabía, energía, movimiento, espontaneidad, silencio, vitalidad, presente...) ¿Quién no quiere un poco de eso para sí misma?

Muchas veces, con nuestro automatismo de control, exigencia o perfección, coartamos las acciones espontáneas que surgen del niño o la niña, corrigiéndolas, manipulándolas, castigándolas... Pidiéndole a ese niño o niña que sea más una persona adulta que no lo que realmente es, un niño o niña totalmente alineado con su ser. Y corrompemos ese hilo, lo desconectamos poco a poco de lo que ha venido a ser.

Y para terminar con las necesidades es la hora de profundizar en las que, para mí, son transversales a todas las necesidades anteriores de la infancia. Veremos el porqué.

Necesidades de movimiento, juego y placer

Entiendo estas tres necesidades como medio de conocimiento, expresión, construcción y aprendizaje que el niño y la niña tienen en relación consigo mismos y con el mundo, y también como la pulsión que dicta su deseo de crecer y construirse a sí mismos con una actitud vital de equilibrio, bienestar y felicidad ante la vida. Son inherentes al individuo, por lo que forman parte de él en todas las etapas de desarrollo. Asimismo, son piezas fundamentales en la satisfacción de cada una de las necesidades básicas y de conocimiento expuestas anteriormente. De ahí su carácter transversal, ya que ayudan a canalizar y equilibrar al ser humano en cada una de las necesidades.

Durante el desarrollo físico y psicológico, el movimiento y el juego sirven a la infancia como instrumentos para enseñar al mundo su compromiso consigo misma de sentirse viva, capaz y completa. Y, a la vez, son fuente de placer y reequilibrio interior.

Este trinomio movimiento-juego-placer es el reflejo de su interior, de su espacio íntimo, de su motor hacia el conocimiento intra- y extrapersonal y la construcción como adultos. Forman parte del niño o la niña desde los primeros movimientos embrionarios y perdurarán hasta el último suspiro de vida.

De ahí la importancia de considerar estas necesidades como piezas fundamentales para un desarrollo sano y armonioso del individuo, y de proporcionar los entornos, los materiales, los tiempos, los espacios y los sustentos psíquicos y emocionales adecuados para poder crecer seguro y sin desintegrarse de su esencia en el camino.

> **¡Quédate quieto! ¡Ya está bien de jugar!**

Sencillamente, no puede. Bueno, sí, haciendo un tremendo esfuerzo y domando el fuego interno para satisfacer tu necesidad, no la suya.

Hay momentos en los que los niños y las niñas nos agotan, en que necesitamos calma y descanso, en que no queremos más ruido, sino que ya estén en la cama durmiendo… Lo sé. Lo viví y lo vivo. Pero si supiéramos la importancia que tiene todo esto, cambiaríamos la forma de ver ese movimiento constante, ese juego.

Pensemos en la cantidad de veces que les hemos pedido que se estuvieran quietos y dejasen de jugar, sin hacer un uso adecuado y sincero del mensaje. Porque, como veremos en breve, nuestras necesidades son tan válidas como las suyas, solo falta explicarlas para que todos y todas nos entendamos y cooperemos en el bienestar familiar.

De esta forma, la próxima vez que nos encontremos en una situación parecida, podríamos preguntarnos: ¿lo necesito yo o él o ella? ¿Es realmente importante que deje ahora de moverse o de jugar? Y de ese cuestionamiento, pasemos a cambiar el discurso y hablemos desde la sinceridad y la empatía: «Te veo con mucha energía y ganas de jugar. Yo estoy muy cansada y necesito parar. ¿Quieres sentarte a mi lado a leerme un libro o se te ocurre alguna otra forma en la que pueda descansar a tu lado?».

¡Qué maravilloso es ver como nuestros hijos e hijas crecen en plenitud! Solo es necesario que nos ocupemos de ello con calma, sensibilidad y conexión.

Reconocer estas necesidades de la infancia es dar un paso hacia ese acompañamiento que queremos ofrecer. Porque, ¿sabes una cosa?: que poco nos han hablado y enseñado sobre nuestras necesidades. En vez de conocerlas, reconocerlas y expresarlas, más bien hemos aprendido a manifestarlas en términos de confrontación cuando las hemos sentido insatisfechas: juicios, evaluaciones, suposiciones, quejas, luchas de poder...

Ahora conoces las necesidades de tus hijos e hijas. Ahora puedes acompañarlas para que las conozcan, para sostenerlas y canalizarlas de la mejor forma posible, desde la conexión, la integración y el disfrute; sin desconectarse en el camino.

Punto de partida

Desde dónde partimos para crear un camino educativo consciente, sin prisas y con sentido común

Y tú, ¿te sientes plena y auténtica? Explícame por qué sí o por qué no, o por qué ambas cosas:

Es curioso. Acabamos de ver la importancia de cuidar de las necesidades de la infancia para que cada niño y niña pueda desarrollarse y crecer sin desconectarse de su lado más auténtico, personal y brillante y de ocuparnos de ellas. Y resulta que llegamos a la vida adulta sin saber quiénes somos realmente, qué queremos, qué necesitamos.

Tú, ¿qué necesitas?

Nos descubrimos desconectadas de nuestra autenticidad, espontaneidad y vitalidad. Ya no escuchamos la voz de la niña o el niño que nos guiaba y que aún sigue ahí, esperando a ser escuchada.

Y nos embarcamos en la maternidad/paternidad en medio de ese estado de desconexión y, cuando pensamos en educar, no nos paramos a reflexionar sobre algo tan básico como qué queremos y cómo queremos hacerlo.

Porque ¿tú te has preguntado cómo quieres educar a tus hijos e hijas?

Generalmente, partimos de unos estándares ideales, establecidos y propuestos por la sociedad o la herencia familiar que, a lo sumo, podemos optar por seguir, rechazar o hacer lo que podamos con ellos. Esta sería la historia rápida de cómo nos lanzamos a educar, ¿no?

La realidad es que nos encontramos ante el día a día y hacemos, literalmente, lo que podemos con lo que sabemos y tenemos a mano, y no nos da tiempo a pensar cómo queremos ir construyendo el camino educativo que nos gustaría compartir con nuestros hijos e hijas.

Estamos en el mismo barco, tranquila. Son pocas las personas que primero reflexionan y luego aplican todo lo que han pensado. Es normal y no hay nada bueno o malo en ello, solo es una realidad. Quizá consuele leer que no hay manual de instrucciones en esto de la maternidad/paternidad. Pero si estás aquí, con este libro en la mano, es porque ha habido algo en ti que te ha llevado a replantearte cosas, a mirar el futuro con reflexión y, sobre todo, a querer encontrar el sentido de cómo quieres acompañar a tus hijos e hijas de una forma tranquila, más ajustada a la velocidad natural, que nada tiene que ver con la que nos encontramos en la sociedad actual.

Así que vamos a empezar por el principio... ¿Cuál es tu punto de partida? Selecciona las opciones con las que te identifiques más o añade la que te falte:

☐ Parto de la curiosidad y motivación de aprender y entregar lo mejor de mí para que mis hijos e hijas sean felices.

☐ Parto de la idea de que mis hijos e hijas necesitan una buena educación (aunque quizá no sé lo que significa para mí «buena»).

☐ Parto del querer ofrecer lo mejor de mí para que mis hijos e hijas crezcan sanos y felices.

☐ Parto del «no tengo ni idea de lo que tengo que hacer» y quiero aprender a hacerlo lo mejor posible.

☐ Parto del «no me funciona nada de lo que he probado hasta ahora y quiero descubrir cosas nuevas para ver si hacen magia en casa».

☐ Parto de un caos en mi hogar y busco calma, herramientas y consejos para sacarlo adelante sin morir en el intento.

☐ Parto de _____

_____

_____

☐ Parto de _____

_____

_____

Todas partimos de que queremos lo mejor para que nuestros hijos e hijas crezcan sanos, equilibrados y felices, ¿verdad? Y estoy convencida de que tú ya estás haciendo todo lo posible para que así sea, porque los quieres. Eso no puede dudarlo nadie.

Todos estos deseos —que crezcan sanos, equilibrados y felices— se construyen igual que lo hacen ellos y ellas durante su desarrollo, desde el ahora y, sobre todo, desde la realidad. Desde tu única realidad. Esa realidad que está más allá de las expectativas que sueñas o te hicieron soñar. Unas expectativas que pesan, y mucho, y que no te benefician en tu andar. Unas expectativas que van bien para unos, pero que no tienen por qué iros bien a ti, a tu familia o a tus hijos e hijas. Las expectativas vienen de fuera y lo que yo te estoy preguntando viene de dentro:

¿Desde dónde partes tú para crear la educación que quieres para tus hijos e hijas?

Para ayudarte a aclarar las ideas y hacer una radiografía actual aproximada de tu punto de partida, me gustaría que te formularas estas preguntas y te contestaras con toda sinceridad:

- ¿Quién soy yo hoy y ahora?

- ¿Cómo me siento hoy y ahora con respecto a mí misma?

- ¿Qué me gusta y me hace sentir viva?

- ¿Qué es aquello que necesito? ¿Lo estoy pidiendo y cuidando?

- ¿Cuáles son mis sueños más profundos? ¿Estoy acercándome a ellos?

- ¿Y cuáles son mis miedos y mis limitaciones?

- ¿Qué me está frenando a ser hoy lo que quiero ser?

Quizá hace tiempo que no te sientas contigo misma a reconocerte. Quizá te cuesta contestar alguna de estas preguntas. Quizá creas que es mejor contestarlas luego. Yo solo te diré que dejarlas por escrito ahora te ayudará a construir el camino que quieres para tu familia, empezando por abrirte a la sinceridad contigo misma. Escribe y no juzgues. Toda respuesta es válida porque es tuya.

Porque tal vez aún no lo hayas descubierto, pero esto de educar sin prisas va de descubrirnos primero a nosotras mismas para luego ajustar la velocidad a la que mejor se adapta a nuestro tempo y, sobre todo, al de nuestros hijos e hijas, que van conectados al tempo de la naturaleza, aunque los arrastremos a vivir el nuestro.

Pero no nos vamos a quedar aquí, sino que vamos a dar un pasito más… Sea lo que sea lo que hayas contestado, estoy casi segura de que hay ciertos aspectos que no has tenido en cuenta, ya que la mayoría de nosotras los descuidamos desde el momento en que somos madres y padres. Se trata de esas necesidades básicas que nosotras, como adultas, también tenemos y que también necesitan atención y mimos para que nuestras necesidades no entren en conflicto. A nosotras ya no nos cuidan mamá o papá. Ahora debemos ocuparnos de cuidarnos a nosotras mismas.

Por eso, en este punto, es fundamental saber cómo estamos nosotras con respecto a esos cuidados, cómo nos estamos mimando y atendiendo, porque es contraproducente querer cuidar a la otra persona cuando antes no nos cuidamos nosotras. ¿No lo crees? Pues piensa. ¿Desde qué carencia estás acompañando? Y, si no, recuerda cuál es la indicación que dan en el avión en caso de despresurización de la cabina. ¿Quién se ha de poner la mascarilla primero? ¿Y quién después? Y tú, ¿a quién se la estás poniendo primero?

Pues eso. Que lo sabemos, nos lo dicen y aun así no lo tenemos integrado... Pero aquí estamos para parar las prisas del exterior e ir reencontrando nuestro tempo y templo (ese espacio interior creado por cuerpo-mente-corazón).

 Así que busca 10 colores que te gusten y rellena esta rueda de la vida siendo muy sincera contigo misma. Piensa y puntúa de uno en uno los quesitos que ves y dale a cada uno el valor que creas que tiene esa área ahora mismo en tu vida (siendo 1 que tienes muy poquito de eso y 10 que vas servida). ¡Sobre todo, sé sincera! ¡Nadie te va a juzgar! Fluye y confía, porque te vas a hacer un regalo.

Importante: Si al ir rellenando tu rueda hay algún aspecto que no concuerda contigo, cámbialo por otro que sí que lo haga; si lo necesitas, añade otro que eches en falta. Esta es tu rueda, por lo que nadie mejor que tú sabe qué aspectos necesitas revisar para sentirte tenida en cuenta, coherente y plena.

RUEDA DE LA VIDA

Si necesitas ayuda para saber qué significa cada quesito, gira la hoja.

- Al ver mi rueda me doy cuenta de que _____

_____

_____

Mi interpretación sobre cada aspecto de la rueda, por si te ayuda:
- **Vitalidad:** La energía que te activa y te impulsa a descubrir el día con optimismo, curiosidad y alegría.
- **Autenticidad:** La coherencia que existe entre lo que dices, haces y sientes mientras lideras tu vida con naturalidad y libertad.
- **Conexión:** Es el amor hacia ti desde la escucha interna que te permite conocerte, guiarte y aceptarte cuando lo necesitas.
- **Sensibilidad:** El estado emocional, corporal y mental abierto que te permite estar en el presente y percibir información relevante.
- **Autorregulación:** La capacidad de regular los pensamientos, las emociones, los comportamientos en favor de una misma y de las otras personas y otros espacios.
- **Autocuidado:** El blindaje de tiempo que te regalas para ti y en el que te cuidas y mimas de la forma que quieres.
- **Autorrealización:** Tu nivel de realización con respecto a vivir alineada con aquello que da sentido a tu vida.
- **Sexualidad:** La mirada y el juego sensual hacia tu cuerpo y el permiso al placer que te brindas sola o en compañía.
- **Juego y ocio:** La actividad distendida donde estás conectada y gozosa contigo misma o en compañía, disfrutando del proceso.
- **Expectativas:** El nivel alto o bajo de suposición sobre un acontecimiento futuro o un comportamiento externo con el que vives.

Tómate tu tiempo para hacer este ejercicio, porque lo que estás haciendo es reflejar la realidad que sientes y percibes como vivida. Sin intención de enjuiciarte ni culparte, sino de ver si tu rueda puede girar con fluidez tal cual está.

 Y es que esto de educar sin prisas va de ti.
Repítete: ¡Comienza en mí!

Va de calibrarte para descubrir la velocidad a la que quieres viajar. Va de darte cuenta de que tus cuidados también son ejemplo para los cuidados futuros de tus hijos e hijas, y de que tu equilibrio interior generará una energía que transformará el ambiente de tu casa. Porque estamos de acuerdo en que, si tú estás tranquila, paciente, conectada…, llegue la rabieta que llegue, sabrás sobrellevarla sin necesidad de explotar.

Porque si cuando acompañamos tenemos nuestras necesidades cubiertas y atendidas, podemos empatizar, detenernos y reflexionar sobre los pasos a seguir sin reaccionar desde la insatisfacción, la rabia, sin traspasar los límites… De hecho, esto de no atender tus necesidades es un claro ejemplo de falta de límite. Tal vez al dar, dar y dar se han desdibujado tanto tus límites que ya no los ves y te confundes con los de la otra persona sin saber dónde estás tú.

Esta rueda te servirá para reencontrarte, calibrarte y comenzar el camino de conocerte y educar sabiendo lo más importante de todo: ¡lo que tú necesitas para hacer ese camino! El resto lo iremos viendo, aunque aparece solo, casi como por arte de magia (aunque no lo es), cuando tú hayas reencontrado tu espacio, tu tempo y tu templo.

¿Quieres saber cómo? Cultivándote. No hay otra fórmula secreta: pasar a la acción de ocuparte de ti.

Escribe aquí debajo los tres aspectos de la rueda que consideras que están más bajos o desequilibrados:

Bien, ahora cierra los ojos y piensa cómo te sentirías si los tuvieras cubiertos. Recréate en cada aspecto y pregúntate: ¿Cómo te hace sentir tenerlo? ¿Qué imágenes te vienen a la cabeza? ¿Dónde y con quién estás (si es que aparece alguien en tu imagen)? ¿Surgen palabras o sonidos? ¿Hay un color especial?...

Cuando los hayas sentido en la mente, en el cuerpo y en las emociones, crea tu mural de inspiración en esta página pensada para ello, pegando imágenes, texturas, colores, dibujando palabras o frases que te transporten a ese estado de plenitud en el que te encontrarías si las tuvieras satisfechas. Y recurre a él cada vez que lo necesites.

Si lo prefieres, puedes descargártelo (en las últimas páginas de este libro encontrarás el código QR donde descargar todos los recursos de este libro) para tenerlo más visible o imprimirlo más grande. Y también puedes hacer otros murales conforme vayas viendo que tus necesidades cambian, se satisfacen y hay otras que es preciso atender.

De hecho, detrás de este mural, tienes otro vacío esperándote para rellenarlo más adelante.

MURAL DE INSPIRACIÓN

CULTIVARME
ES UN ACTO DE
AMOR HACIA MÍ.

NO ME
OLVIDO
DE MÍ, ME
CULTIVO

Y ahora persigue estos tres aspectos de la rueda de tu vida. Busca espacio para cultivarlos y cuidarlos. Prográmalo en tu horario. Y si lo vives como un acto egoísta, te invito a recordarte que tú eres prioritaria y que es un acto de amor hacia ti misma y hacia tu familia.

A partir del dibujo que hemos hecho de nuestro mapa actual utilizando la rueda, podremos ir trazando el camino que nos gustaría recorrer. Un camino que, aunque ahora lo imagines y lo dibujes recto, estará lleno de curvas, desvíos, vueltas atrás, cuestas..., pero también de maravillosos campos verdes y floreados, de puestas de sol increíbles mientras ves tu bosque crecer. Solo depende de ti que ese camino sea fluido a pesar del dibujo.

Abrázate fuerte. No partes de cero, sino que partes contigo. Junto a tu familia. Junto a tus hijos e hijas, que también parten de su punto de partida particular.

¡Adelante! Bienvenida y bienvenido al camino...

educar sin prisas

En el capítulo anterior hemos visto la pirámide de las necesidades de nuestros hijos e hijas, esos fundamentos naturales por los que irán recorriendo el camino hasta descubrir su potencialidad, su unicidad y su ser pleno. Las dos primeras necesidades de la base de la pirámide —las necesidades vitales y las de seguridad y honor, básicas para la supervivencia del individuo— son las que solemos relacionar con la idea natural y casi intuitiva de la crianza, en la que el cuidado y la seguridad son los objetivos primordiales para proseguir hasta alcanzar la cima de la pirámide: las necesidades de ser.

En esta escalada sucesiva se necesita algo más que meros cuidados para completar el desarrollo integral y para satisfacer las necesidades de amor, pertenencia y vínculo, las necesidades de autoestima y reconocimiento, de conocimiento y entendimiento, y las necesidades de ser. Es preciso un acompañamiento adecuado y paulatino donde el individuo se descubra y evolucione con todo su significado, manifestándose en todo momento y en cada etapa de la vida como ser pensante, crítico, actor, creador y transformador de sí mismo, de la sociedad y la cultura en la que vive. Y ese acompañamiento adecuado y paulatino no es otra cosa que «educar sin prisas» de manera respetuosa, sensible y en conexión.

Para que esta acción se dé, el niño o la niña necesita que sus educadores referentes y directos —madre/padre— acompañen este descubrir de la vida de tal forma que pueda aprender a «leer» e interpretar la realidad que lo rodea de manera constructiva y crítica, pudiendo vivir en ella con empatía, creatividad, cooperación, contribución y criterio, para que se sienta partícipe tanto de ella como de su propio crecimiento, desarrollo y aprendizaje armónico. Por nuestra parte, la de los educadores referentes, también debemos favorecer un entorno físico y emocional apropiado para que persistan intactas la pulsión interior y la conexión con la familia y la cultura que lo envuelve.

Pero la realidad es que, a menudo, cuando escuchamos la palabra «educar» se dibuja mentalmente ante nosotras alguno de los escenarios siguientes:

Marca con cuál de ellos te identificas:

☐ **Educación formal.** Cuando educar se relaciona con la escolarización y se basa en contenidos curriculares en los que se enseña a leer, escribir, sumar, multiplicar... La labor de los educadores se centra en enseñar la parte de aprendizaje formal a través de ejercicios, juguetes y materiales, así como con actividades extraescolares complementarias al colegio.

☐ **Educación inconsciente.** Cuando no ha habido un planteamiento previo sobre el tipo de educación que se quiere ofrecer. Funciona en piloto automático, sin demasiada reflexión, e impregna las relaciones entre los miembros de la familia con elementos de las mochilas de los educadores, que vienen cargadas de expectativas, historias personales y herencias emocionales no transformadas. Funciona sin pararse a pensar ni a reflexionar sobre la propia implicación del acto educativo y su valor transformador.

☐ **Educación consciente o despierta.** Cuando hay consciencia, responsabilidad y liderazgo en el acto de educar y se percibe la importancia del papel que tienen los educadores en el desarrollo vital de los hijos e hijas. Ha habido un trabajo reflexivo previo sobre cómo se quiere que sea la educación que se ofrece a los hijos e hijas, y para qué se educa, con lo que se abre un mundo de posibilidades ante la persona donde poder escoger con entendimiento y raciocinio.

¿Has descubierto tu escenario? Señalar el relato con el que más te identificas también formará parte de la creación de tu punto de partida. Y recuerda que, sea cual sea tu escenario, estará bien, porque cada una parte de un punto concreto y único. Conocer ese punto de partida servirá para guiar los siguientes pasos hacia la educación que buscas.

Lo cierto es que, partamos de donde partamos, nadie nos enseñó a educar ni nos desveló el poder y el rol transformador y transmutador que este verbo contiene. Y también es cierto que a educar se aprende educando(nos) junto a nuestros hijos e hijas, ajustando la educación a las velocidades, necesidades, capacidades y momentos vitales de cada uno de ellos y ellas; y comprendiendo también que nosotras mismas vamos aprendiendo durante este camino educativo y nos vamos reencontrando, transmutando y madurando a su lado en un crecimiento continuo, mutuo y único.

La única varita mágica que tendrás aquí serás tú y tus ganas de descubrir cómo son cada uno de tus hijos e hijas, cómo quieres educarlos y escuchar tu instinto desde el corazón y la razón. Esa voz innata que te acompaña siempre y que a veces mantienes muy acallada.

Las creencias de educar

Consciente o inconscientemente, en general se tiende a ver y entender la educación como el acto en el que el adulto, desde su posición jerárquica, instruye, forma o modela al niño o niña para que viva en sociedad acatando las normas y, en muchos de los casos, satisfaciendo las expectativas y deseos del propio adulto que educa, teniendo la creencia de que todo ese contenido que ofrece se asimila espontáneamente, por lo que espera que el niño o niña reaccione de manera inmediata y satisfactoria al aprendizaje facilitado, sin que moleste en el entorno, y así pase ya a comportarse igual que un adulto educado.

De esta idea educativa rescato la parte en la que el adulto instruye, forma o modela al niño o niña, dejando de lado el resto, que ya no vibra en sintonía con la nueva mentalidad que estamos creando hacia la infancia. Esta idea educativa está en sintonía con una de las raíces etimológicas del verbo educar, *educare*; que significa «ofrecer conocimiento al otro llenando de contenido al individuo desde fuera hacia dentro».

Pero para que esto conserve la sintonía de la educación sin prisas que buscamos, debemos contemplar la otra raíz latina relacionada con el mismo término: *educere* (con solo una sutil variación en la vocal); en este caso, la educación se entiende como la capacidad de conocer al individuo y potenciarlo, educar con lo mejor de uno mismo con el fin de que se conozca, descubra sus talentos y desarrolle todo lo que lleva dentro, acompañándolo a satisfacer sus necesidades de conocimiento, entendimiento y ser en plenitud desde dentro hacia fuera. Es decir, esta segunda acepción significa que el individuo percibe, gracias al acompañamiento del adulto, su capacidad de acción y creación, y su libertad para descubrir, adquirir e integrar el conocimiento recibido a través de la interacción con el adulto y la realidad, convirtiéndolo en aprendizaje significativo y transformador de su propia vida.

Quizá nos sorprenda esta segunda definición porque estamos mucho más acostumbradas a la primera, a la idea tradicional del adulto que ilustra al infante con su saber sin que haya un espacio de diálogo en el que los conocimientos, las reflexiones y las conjeturas propias del aprendiz se descubran y afloren. Además, esta idea tradicional o creencia viene muy bien respaldada por el marketing comercial actual, que se empeña en mostrar el papel de la madre o padre como el de aquel que llena de contenido al bebé, niño o niña para estimularlo.

¡MÉTODO PARA ESTIMULAR A TU BEBÉ!

¡MÚSICA CLÁSICA PARA QUE TU BEBÉ SEA MÁS INTELIGENTE!

¡INGLÉS FÁCIL PARA BEBÉS!

¡JUEGOS EDUCATIVOS PARA DESARROLLAR LA INTELIGENCIA EMOCIONAL!

¡VÍDEOS EDUCATIVOS PARA QUE TUS HIJOS E HIJAS APRENDAN PALABRAS!

Y lo compramos con toda la inocencia o inconsciencia del mundo porque no queremos que nuestros hijos e hijas sean menos que otros ni dejar pasar su «momento esponja» (aquel en el que lo absorben todo; asimilan todos los aprendizajes y conocimientos con mayor facilidad y agilidad). Y no es que esté mal todo esto, no, pero si hacemos caso a todo lo que nos dicen, en vez de estimularlos, lo que acaba ocurriendo es que los saturamos; los inhabilitamos para que puedan explorar, por sí mismos y en un entorno adecuado, sus habilidades para desarrollar lo que necesitan de forma natural y siguiendo su propio tempo.

Es verdad que durante la infancia hay periodos más sensibles para adquirir ciertos aprendizajes concretos, pero eso no significa que tengamos que entretenerlos con actividades educativas constantemente ni atiborrar sus agendas de clases de natación, inglés, música, lenguaje de signos, robótica o incluso física cuántica si nos lo sugieren. Si hiciéramos eso, en poco tiempo podríamos encontrarnos con, por ejemplo, un niño o niña de 4 años que tiene la sensación de que todo le aburre y nada le motiva, al que las cosas realmente adecuadas para su edad se le quedan cortas y que necesita más acción, actividad y velocidad para rellenar esos espacios vacíos que se generan a diario y a los cuales no está acostumbrado. ¿Te imaginas qué le quedará por descubrir a ese niño o niña a los 8 años para motivarse? ¿Y a los 18?

Cada vez hay más niños y niñas apáticos, que no saben gestionar el tiempo libre y todavía menos su mundo interior, porque están desconectados de su voz interna y de sus necesidades de crecimiento.

Entonces los adultos nos asustamos, nos entran las prisas y compramos lo que el marketing, las creencias, las modas, etc., nos venden y acabamos creando espacios físicos y mentales sobreestimulados que mueven al niño o niña según lo que le llega de fuera (estímulos externos); de esta forma, rellenamos sus horarios sin dejar espacios vacíos para el silencio o el aburrimiento, ni tampoco para el descanso o para el movimiento libre, el juego y la experimentación espontánea donde puedan poner todo el cuerpo, la mente y el corazón al servicio de la curiosidad.

Veámoslo con la metáfora de la semilla. ¿Te imaginas qué pasaría si cada día regáramos esa semilla con una cantidad sustanciosa de agua? ¿Si nos centráramos únicamente en darle agua y más agua y nos olvidáramos del resto? ¿Si nos olvidáramos de afinar los sentidos para percibir sus verdaderas necesidades? Al principio aguantaría, pero llegaría un momento en que la tierra no podría absorber más agua y quedaría sin embeberse, lo que llegaría a corromper las raíces de la semilla, que son el motor que necesita la planta para crecer armoniosamente.

Existe la creencia generalizada de que educar es rellenar y mantener a los niños y niñas entretenidos, y el resultado de eso es una infancia revolucionada a la que le cuesta parar, concentrarse, pensar y aprender. Son, generalmente, niños y niñas que constantemente saltan de un juego a otro, demandando y exigiendo distracciones y atención. Y, al mismo tiempo, los adultos sufrimos consecuencias paralelas, ya que al entregarnos completamente al «dar» sin consciencia ni mesura, acabamos agotados, estresados, vacíos y a la deriva. ¿Te sientes reflejada en esta imagen?

Nuestra falta de conocimiento sobre el desarrollo armónico y las necesidades de la infancia, el bombardeo externo y excesivo por parte de la sociedad y del marketing de ventas agresivo sobre lo que necesitan nuestros hijos e hijas, y la carencia de reflexión sobre lo que significa educar y cómo queremos hacerlo nos mueve sin orden ni discurso día tras día, ofreciendo una educación inconsciente y sin rumbo que no nos permite vivir conectando y disfrutando junto a nuestros hijos e hijas.

Pero no es inamovible. En estas líneas acabamos de desgranar algunas de las creencias y carencias que limitan el desarrollo y la educación actual de los niños y niñas. Pero las creencias son creencias hasta que dejamos de creer en ellas, porque despertamos hacia una nueva manera de ver, actuar y sentir; y las carencias podemos transformarlas con conocimiento y reflexión.

Para soltar las creencias que te limitan, las carencias que sientes respecto a la educación y lo que te preocupa de tus hijos e hijas y que no sabes cómo resolver, te propongo el siguiente ejercicio. En estas dos listas de aquí debajo, suelta y escribe todo lo que te venga a la cabeza, sea lo que sea, sobre tus creencias y carencias.

CREENCIAS	CARENCIAS
- Los niños y niñas son esponjas, por lo que hay que llenarlos de información.	- No sé qué hacer cuando me dicen que están aburridos.

Y ahora que has dejado las creencias limitantes que no acaban de convencerte a un lado junto a tus carencias, ábrete a la posibilidad (y oportunidad) de ver las cosas desde otros puntos de vista.

¿Qué es «educar sin prisas»?

Como hemos visto en el apartado sobre «crecer sin prisas», tampoco es posible hablar de «educar sin prisas», porque la educación no puede ir de la mano de la rapidez del mismo modo que un buen estofado no puede cocinarse en 10 minutos ni una semilla germinar en una hora. Así que hablaremos de «educar» entendiendo, directamente, que se requiere hacerlo «sin prisas y con tiempo» tanto para el que educa como para el que recibe la educación.

Entonces ¿qué es «educar»?

Educar es poner rumbo a un diálogo basado en la entrega y la recepción incondicionales que se gesta a fuego lento y cuyas evidencias educativas florecen a largo plazo. Dicho rumbo necesita unos compañeros de viaje tan importantes como

> **el amor, la humildad y la generosidad.**

Verlo como un diálogo enfatiza el hecho de entender la educación como un acto de comunicación bidireccional donde las dos partes van creando el contenido de la conversación, del aprendizaje, enriqueciéndose mutuamente a partir de las aportaciones de ambos o de todos y todas los que participan.

De esta forma, encontramos el equilibrio y el porqué de las dos voces latinas que son raíz del verbo «educar»: *educare* (de fuera hacia dentro) y *educere* (de dentro hacia fuera). Una relación donde se entregan y a la vez se reciben de la otra persona la mirada, la aportación, el contrapunto y el reflejo del entorno.

Nuestro trabajo como adultos educadores está en abrirnos con humildad a la posibilidad de compartir y recibir saberes y reflejos —que aparecerán de nuestra propia imagen y comportamiento—, y a la vez que este acto vaya despojado de cualquier tipo de condición para que no desvirtúe el curso generoso y sincero de la entrega y el recibimiento.

Con respecto a esto, vamos a pararnos un momento para ejemplificarlo.

No es lo mismo que tu hijo o hija te conteste lo que tú quieres oír, que oír lo que realmente te quiere contestar. Hay una diferencia sutil. Describe lo que te provoca en cada caso.

- Que mi hijo o hija me conteste lo que quiero oír me provoca...

_____

_____

_____

- En el caso de oír lo que realmente me quiere contestar me provoca... _____

_____

_____

_____

Ahora, por un momento, ponte en el lugar de tu hijo o hija en ambas circunstancias y lee estas palabras de la tabla con el fin de indagar en sus sentimientos.

RESIGNACIÓN	CONFIANZA
AGRADO	HONESTIDAD
MIEDO	VALOR
DESCONFIANZA	COHERENCIA
DESCONEXIÓN	SINCERIDAD

¿Con cuál de las dos columnas te quedarías para tus hijos e hijas? Apuesto a que te quedarías con la de la derecha. Son valores que empoderan y que nos gustaría que poseyeran nuestros hijos e hijas, ¿cierto? Pues es tan sutil como reflexionar sobre el proceder de nuestras acciones y calibrarlas para hacer sentir aquello que les suma y los nutre.

Con este ejercicio he querido reflejar que muchas veces lo cómodo es escuchar lo que queremos de la otra persona, evitando oír palabras que no queremos oír, puntos de vista diferentes o nuestras propias equivocaciones. Nos cerramos así a una posibilidad interesante de diálogo.

Con esta nueva mirada hacia la educación, nuestro papel pasa a ser el de acompañantes del viaje de nuestros hijos e hijas, el de guías que recorren el camino a la par que ellos y ellas, el de brújulas a las que recurrir con tranquilidad y confianza ante las dudas que surjan a lo desconocido y ante la necesidad de referentes y conocimientos, entregándoles con generosidad experiencias, recursos, argumentos y, sobre todo, preguntas que los lleven a construir su propio pensamiento crítico y creativo.

Al posicionarnos ante el acto de educar con amor y humildad, como receptores y aprendices de nuestros hijos e hijas, también nos abrimos espontáneamente y con actitud curiosa a la observación de la otra persona, a descubrir cómo piensa, cuáles son sus necesidades reales, sus gustos, sueños, talentos y todas sus posibilidades. Contemplamos con admiración su desempeño, sus elocuencias, sus puntos de vista, sus hallazgos, sus creaciones... Nos contagiamos de esa magia de ser niños y niñas, y volvemos a mirar lo cotidiano como algo extraordinario y lleno de posibilidades por descubrir juntos.

Cuando conocemos a la otra persona, empatizamos con esa mirada mágica e inocente, descubrimos que nuestros pensamientos también pueden ser flexibles y creativos, y que todo lo que entregamos en este diálogo educativo está sintonizado directamente corazón con corazón;

este contenido pasa por un plano consciente que lo adecuará a la necesidad y al momento vital, y se recibirá, probablemente, como fuente de inspiración, motivación y poderosa reflexión a largo plazo.

Pero, sobre todo, con esta nueva mentalidad hacia la educación, nuestros hijos e hijas tendrán la oportunidad de desarrollarse en plenitud y confianza de forma auténtica y verdadera. Es decir, que cuando te contesten, te estarán diciendo lo que realmente quieren decirte y no lo que tú quieres oír. ¡Un gran regalo en ambos sentidos!

Y hablando de regalos, también me gustaría que viéramos esos efectos espejo que nos ofrecen nuestros hijos e hijas, y que nos muestran una parte oscura de nosotras mismas que no nos entusiasma ver, como un tremendo obsequio que nos hacen para ayudarnos, inconsciente e incondicionalmente, a redescubrirnos en otros ojos y para acercarnos a la oportunidad de iniciar una transmutación personal a partir del autoconocimiento y la autoindagación.

Imagínate sentada en el salón, en uno de esos pocos momentos en los que puedes dedicarte a leer un libro mientras tus dos hijos están jugando cerca. De repente, comienza una ligera discusión y tus oídos se afinan al escuchar estas frases del mayor dirigidas a la pequeña y que retumban en tu interior.

¡Eres una pesada! ¡No paras de molestar!

¡Quiero esa pieza! —empieza a llorar la pequeña.

¡Eres una llorona, siempre llorando! ¡Siempre igual!

Al escucharlos, te sacan de tu comodidad y detectas etiquetas y muletillas malsonantes que tu hijo acaba de dedicarle a su hermana; te molestan porque las reconoces, tú las has utilizado en algún momento y ahora no te gusta oírlas en boca de tu hijo, que te las acerca haciéndote entender que siempre eres ejemplo, que copiará de ti tanto lo que te gusta como lo que no te gusta. Así que afina los oídos y descubre esas palabras que te duele oír en boca de tus hijos e hijas, e investiga de dónde provienen. Luego, busca soluciones para cambiarlas.

Educar es vernos a nosotras mismas como referentes y ejemplo, pero también como oportunidad. Oportunidad de cambio y transmutación. Porque si descubres cosas de ti que no te gustan en este viaje conjunto, siempre siempre siempre puedes cambiarlas. Siempre. Y cuando comiences ese cambio, te encontrarás bien, abierta a un mundo lleno de significado, sentido y posibilidades fantásticas de transmutación personal y aprendizajes constantes que se crean en la relación mutua de entrega y recepción.

Y es ahí cuando la consciencia, ese poner la mente y el corazón a disposición del momento presente, nos deslumbra con la claridad con la que podemos llegar a ver las cosas y nos revela una realidad que recibimos con ganas de atender, sostener y acompañar al otro sin esperar nada a cambio, confiando y ofreciendo nuestra generosidad y respeto.

¿Cómo educar sin prisas?

Esta es, quizá, la pregunta más difícil de contestar, porque, como comentábamos antes, para «educar» necesitamos conocer muy bien a la persona que comparte nuestro diálogo educativo (a nuestro hijo o hija). Necesitamos, además, adaptar nuestra velocidad de crucero a la marcha de cada cual para no ir ni por delante ni por detrás, sino a la par.

Pero lo que sí está claro es que, aparte de no acelerar el proceso educativo, hay una serie de habilidades importantes que nos ayudarán a ajustar este viaje y a vivirlo de manera más placentera y nutritiva para todos y todas. Deberíamos cultivar estas habilidades en nosotras de tal forma que podamos disponer de ellas como si de herramientas de jardinería se tratara.

Y estas son:
- Los valores
- El sentido común
- La sensibilidad
- La paciencia y la confianza
- La creatividad
- La autorregulación

Los valores

Son las bases en las que se sustenta la educación que ofrecemos a nuestros hijos e hijas; esos cimientos intangibles que se construyen diariamente, que sirven de guía para actuar de una u otra manera y que influyen, directa o indirectamente, en la toma de decisiones, en las emociones y reacciones asociadas, la predisposición, los pensamientos y la capacidad crítica.

Nosotras, las personas adultas, también adquirimos estos valores con la educación que recibimos en la infancia y los llevamos a la práctica de diferente manera según nuestras prioridades y la impronta ética que tengan en nosotras.

Lo curioso de los valores es que, como le pasa a la educación, no solemos pasarlos por el filtro de la consciencia y nos movemos sin percatarnos de que los transmitimos involuntariamente con nuestro lenguaje y nuestros actos hacia el resto de las personas y hacia nosotras mismas. Muchas veces los descubrimos en esos efectos espejo que nos muestran nuestros hijos e hijas.

Pero no podemos dejar a la deriva los valores que queremos transmitir a nuestros hijos e hijas, sino que necesitamos conocer los valores que nos mueven, en los que basamos nuestra existencia, y calibrarlos con los de nuestra pareja para transmitirlos con más potencia y coherencia.

Aunque puede ocurrir que nuestros valores primordiales no coincidan con los de nuestra pareja, ya que cada uno viene de educaciones distintas. Esto no es un inconveniente —si realmente no representa una disparidad irreconciliable—, incluso podemos vivirlo como una riqueza, porque así nuestros hijos e hijas podrán reconocer valores variados en ambos. Lo importante es consensuar las bases éticas que queremos compartir con nuestros hijos e hijas para no confundir a los niños y niñas con los mensajes que transmitamos.

 Aquí encontrarás una buena cantidad de valores. Investiga su significado, descubre otros que no estén aquí, añádelos en las casillas vacías y, por último, selecciona cuáles deseas que sean los cimientos éticos donde sostener la educación que quieres entregar a tus hijos e hijas.

Respeto	Tolerancia	Justicia
Honestidad	Lealtad	Sinceridad
Amor	Bondad	Voluntad
Altruismo	Dignidad	Sentido del deber
Compromiso	Libertad	Solidaridad
Nobleza	Optimismo	Honradez
Coherencia	Cortesía	Moralidad
Diálogo	Perseverancia	Perdón
Esfuerzo	Paz	Compasión
Cooperación	Pertenencia	Contribución
Amabilidad	Generosidad	Integridad
Responsabilidad	Igualdad	Humildad

Escribe aquí debajo los que has seleccionado, ordenados de mayor a menor relevancia, para que sean tanto tu faro educativo como el de tu pareja. Focalízate en los más importantes. Poco a poco, y conforme vuestros hijos e hijas vayan creciendo, podréis ir añadiendo más (o nuevos). _____

_____

_____

_____

_____

El sentido común

Hoy en día, con todo el ruido que viene de fuera, necesitamos mucho sentido común para saber si realmente lo que entra del exterior es bueno o no para nuestra familia; debemos filtrarlo, analizarlo y también entender que no tiene por qué quedarse en casa si no va con nuestra familia.

Existe una falta de raciocinio en la sociedad sobre aspectos fundamentales de la educación. Las expectativas que se crean a nuestro alrededor sobre ser una buena madre (o buen padre), actuar de tal o cual manera para pertenecer a la tendencia pedagógica tal o cual, etc., hacen que perdamos el norte al querer abarcarlo todo porque toca. Titubeamos en nuestras propias decisiones y nos desconectamos de algo tan valioso como son el pensamiento crítico y la intuición.

Sé que estos dos términos, «pensamiento crítico» e «intuición», pueden parecer contradictorios, pero van de la mano en lo que a educación se refiere, porque el pensamiento crítico nos ayuda a discernir racionalmente sobre el tema que tengamos delante y la intuición nos lleva a escuchar la voz interior que habita en nosotras y que ha guiado a tantas generaciones a escoger aquello que mejor se adapta a nuestra forma de ser y al funcionamiento de la familia.

Cuando delante de ti haya un abanico de posibilidades educativas —llámalo metodología Montessori, Waldorf, Pikler, educación viva o libre, etc.—, explóralas y llévate aquello que va contigo. Y si al ponerlas en práctica te sientes forzada, perdida o confundida, revísalas; quizá te falte práctica o soltura, pero si, aun con eso, no se integran fácilmente en tu camino educativo, suéltalas. Quizá no sean para ese momento, no sean adecuadas para tu hijo o hija, o ahora no las necesites. Confía en los mensajes que te envía tu intuición y lidera la educación que quieres desde tu sentir y tu sentido común.

La sensibilidad

Educar de forma dialogante requiere sensibilidad en muchas facetas:

- Sensibilidad para ser conscientes de que nuestros actos, palabras y reacciones marcan y nutren, para bien o para mal, el entorno educativo de nuestros hijos e hijas.
- Sensibilidad para mantenernos abiertas a recibir la mirada limpia, bondadosa y humilde que nos regalan a diario nuestros hijos e hijas con sus comentarios, descubrimientos y tesoros encontrados, y que debemos preservar para que crezcan en libertad.
- Sensibilidad para abrazar esos efectos espejo que muestran nuestra forma de ser y de actuar que pueden no gustarnos, pero que también pueden ser la puerta al cambio y a la transmutación personal.
- Sensibilidad para adentrarnos sin juicio y con curiosidad en el mundo de cada uno de nuestros hijos e hijas, descubriendo sus individualidades, potenciales, dificultades y formas personales de interactuar y asimilar el mundo.

- Sensibilidad para abrir los ojos y el corazón, y percibir sutilezas únicas para potenciarlas y avivarlas haciéndolas visibles a partir del propio autoconocimiento del niño y la niña.
- Sensibilidad para ayudarnos a discernir, descubrir y satisfacer las necesidades con coherencia, amor y sentido común, acompañándolas desde la escucha, la serenidad y la reflexión para convertirlas en un acto de autoconocimiento y conexión.

En definitiva, la sensibilidad nos permitirá ver más allá de lo obvio y buscar la esencia de las cosas, los comportamientos y las personas, descubriendo los mecanismos externos que operan y cómo operan, llevándonos a ajustar y sintonizar nuestras palabras, reacciones y comportamientos para crear una conexión mejor y más auténtica.

 Muchas veces tenemos dudas a la hora de detectar las necesidades de nuestros hijos e hijas porque las confundimos con caprichos, rabietas o malos comportamientos, y nos empeñamos en acallar el incendio emocional que explota delante de nosotras sin detenernos a investigar con sensibilidad qué está sucediendo en realidad detrás de esa emoción o reacción.

Activa tu radar sensitivo para leer más allá de las acciones y sentimientos desbordados. Para ello, respira y piensa que en el trasfondo de ese mal comportamiento tu hijo o hija está tratando de decirte algo, por ejemplo: puede ser una necesidad no atendida (hambre, sueño, inseguridad), una falta de habilidad (aún no es capaz de llevar a cabo una actividad o acción que está intentando resolver), una llamada de atención mal focalizada (está queriendo decirte algo, pero de la manera menos apropiada según nuestra mirada adulta; quizá se trate de tiempo a solas, más pertenencia, ser visto y tenido en cuenta...).

Activa tu varita e intenta descifrar su mensaje para encontrar la raíz del malestar que está comunicando de la única forma que ha sabido.

La paciencia y la confianza

Tener paciencia y confianza es necesario si queremos que crezcan con calma y conectados a sí mismos.

La paciencia es una habilidad que tenemos y que se desarrolla cuando entendemos que los niños y niñas necesitan tiempo para crecer, para adquirir habilidades, para realizar tareas, para asimilar rutinas... y se lo damos. Les damos ese tiempo. Por ejemplo, cuando nuestro hijo intenta abrocharse un botón, lo intenta y lo intenta, pero no le sale, y en vez de socorrerlo, lo alentamos a que siga intentándolo hasta que lo consiga; así gana en confianza, autonomía y autoestima.

Educar no es inmediato. Es un acto de amor, entrega y recepción que dura toda la vida y que necesita tiempo para integrarse. Los niños y niñas no aprenden de la noche al día lo que les entregamos en forma de enseñanza, sino que necesitan repetición, consistencia y coherencia por nuestra parte, y mucha práctica por la suya. Así que respiremos hondo todas las veces que sean necesarias y confiemos, porque todo pasa y todo llega.

Y, recuerda, se necesita paciencia para:

- Construir el camino educativo que buscamos, y más sabiendo que habrá momentos complicados y de vuelta atrás, porque somos maravillosamente humanos y de los errores aprendemos todos y todas.
- Frenar a tiempo la velocidad a la que saltamos automáticamente.
- Empatizar con la personita que tenemos delante y ajustarnos a su tempo, mirándola y entendiendo que esa impaciencia es nuestra y no suya.

- Y cuando esto no pueda ser, la paciencia nos ayudará a explicar a nuestros hijos e hijas con serenidad lo que necesitamos, y encontraremos así colaboración por parte de ellos y ellas.

Y, si nos fijamos, todo lo que acabamos de leer va de la mano de la confianza. Porque necesitan y necesitamos creer que somos capaces: que podemos conseguirlo, que las caídas forman parte del aprendizaje. La flexibilidad mental que nos aporta la paciencia abre ventanas de oportunidades en las que confiar en que hacer las cosas de otra manera es posible.

A su vez, la confianza es uno de los pilares de la autoestima. Nos hace sentir merecedores, competentes, actores y creadores de nuestra propia vida, nos abre a una actitud optimista, crítica e inventiva. ¿Te imaginas cómo se siente tu hijo o hija cada vez que percibe que confías en sus capacidades? Algún día mírale la espalda; verás crecer sus alas en cada acto de confianza.

 Tu hijo o hija te pide que le hagas un dibujo que no le sale. Puedes escoger hacerlo tú, que quizá irás más rápido, o puedes cultivar el aprendizaje y desarrollar la paciencia y la confianza. Imagínate sentándote a su lado y preguntándole:

> Ese dinosaurio que quieres dibujar, ¿tiene cabeza? ¿Cómo es?

> ¡Es que no sé!

> ¿Y si pruebas? ¿Cómo te la imaginas?

Se pone a dibujar.

> Ya veo, tendría esta cabeza. ¿Y el cuerpo? ¿Tendría cuerpo?

De esta manera, vamos formulando preguntas que lo guiarán y que, poco a poco, con nuestra paciencia y la suya, irán generando confianza en su capacidad de hacerlo por sí mismo. Y esto va directo a los depósitos de autoestima que tanto necesitaremos durante la vida.

Cada vez que confías en él o ella le estás diciendo: ¡Tú eres capaz! ¡Eres digno y merecedor! ¡Tú puedes!

La creatividad

¡Ojo al dato! Aunque tú no te lo creas, eres creativa.

Somos creativos por naturaleza, lo que pasa es que relacionamos la creatividad con las manualidades y todo lo artístico. Y sí, pero hay mucho más, porque lo cierto es que la creatividad es la facultad de resolver problemas de forma innovadora con los recursos de los que disponemos. Bueno, quizá no te sientas innovadora, pero resolutiva estoy segura de que sí. Esta habilidad nos sirve también para educar, porque para hacerlo necesitamos combinar en tiempo récord multitud de variables, estrategias y herramientas para solucionar un berrinche, un contratiempo o cualquier otra de las vicisitudes que vivimos a diario.

¿Eres o no creativa?

La creatividad nos permite también destensar situaciones añadiendo dosis de humor, sacarnos de la chistera ese juego que relaja o pintar la historia de otra manera para que pueda verse con mayor claridad.

Una de las cosas más fascinantes que tiene la creatividad es que nos saca de la zona de confort, esa donde nos sentimos seguras. Salir de tu zona de confort te ayudará a observar el entorno de forma distinta, probar maneras diferentes de hacer las cosas (sobre todo, si buscas que las cosas cambien), no tener miedo a equivocarte y tomarte la vida con más flexibilidad, más humor y mayor disfrute.

La autorregulación

Esta es una de las habilidades más importantes y, a la vez, más complejas de llevar a cabo, sobre todo en momentos difíciles. Pero si nuestro propósito es educar y acompañar desde la entrega y la recepción humilde, altruista y generosa, necesitamos un comportamiento coherente con esta intención a la vez que equilibrado y duradero en el tiempo. Por lo tanto, debemos poner el foco en el motor interno emocional cuando se revoluciona y necesita la autorregulación para funcionar de una manera lo más estable posible.

Por la importancia y relevancia que tiene, vamos a dedicarle un espacio especial a esta autorregulación; la llamaremos «Las emociones que nos controlan» en el apartado siguiente.

Las emociones que nos controlan

Somos seres racionales y a la vez emocionales que, a pesar de afrontar la vida con raciocinio, nos encontramos muchas veces ante situaciones en las que actuamos según el impulso emocional que nos controla en ese momento. Y, en la vida familiar, esta actuación guiada por el impulso emocional del momento afecta tanto a los hijos e hijas como a los adultos; en ambos casos hay diferencias y similitudes a tener en cuenta para poder gestionarlo y activar el modo autorregulación antes de que sea necesario hacerlo.

Las emociones que controlan a tus hijos e hijas

Imagínate el siguiente escenario: preparas la mejor merienda del mundo, llegas al colegio con toda la ilusión, saludas a tu hija con una sonrisa enorme, te pregunta qué has llevado y tu respuesta desemboca en un berrinche enorme porque justo hoy no quería eso para merendar. ¿Lo has vivido?

En un microsegundo tu hija ha reaccionado de tal forma no esperada que tus expectativas se han pulverizado y, a pesar del buen humor que llevabas, tus emociones también cambian y comienzas a irritarte queriendo que termine el numerito lo antes posible porque la vergüenza empieza a hacer mella en ti. ¿Y qué haces en ese momento? Tienes varias opciones, aunque dependiendo de tu nivel de estrés y de tu capacidad de autorregulación, podrás optar por una u otra.

En estos casos, cuando las emociones los controlan a ellos y ellas, hay varios mantras mentales que pueden ayudarnos a no desbordarnos nosotras también. Estos son los míos:

- **¡No va conmigo (o contra mí)! ¡No lo hace para molestarme!**: Miramos la reacción como algo que les está ocurriendo a ellos o ellas. No es por nosotras, sino por alguna razón ajena a nosotras que se ha desbordado.
- **¡La vergüenza es mía, no suya!**: Nos juzgamos y tendemos a sentirnos en evidencia pública sobre nuestra forma de educar, y no caemos en la cuenta de que los niños y niñas en esas edades son pura emoción que hay que enseñar a gestionar.
- **¡Las expectativas son mías!**: No las depositemos en ellos o ellas porque las lleváramos nosotras de casa; era nuestra ilusión, no la suya, así que, si no le ha gustado la merienda, no hay problema (y recordemos que no va en nuestra contra).
- **¡Es su amígdala, no es él/ella!**: Dicho rápido, el cerebro emocional, que está gobernado por la amígdala (la del cerebro), ha anulado el cerebro racional, el que nos permite pensar y tomar decisiones sensatas; en estos casos, se producen desbordamientos emocionales difíciles de controlar. Pero es que, además, en el caso de los niños y las niñas, volver a integrar ambas partes cerebrales es aún más costoso porque

no tienen desarrollado todavía el cerebro racional que les permite autorregularse. No adquieren esta madurez cerebral hasta cumplir los 24 años aproximadamente.

El análisis rápido que proporcionan estos mantras nos ayuda a controlar las emociones, autorregularnos y experimentar ese momento emocional de forma más empática, creativa y resolutiva. Por ejemplo, podemos plantearnos ir a casa a preparar una merienda juntas o proponer una lluvia de ideas de meriendas para los próximos días.

Las emociones que nos controlan a nosotras

Ahora somos nosotras las que experimentamos el «secuestro amigdalar» del que habla Daniel Goleman, psicólogo estadounidense reconocido por su teoría de la inteligencia emocional, y nuestro cerebro racional, igual que el de los niños y niñas, cede el mando al emocional, que no ve otra cosa que el problema llenándonos de estrés, haciendo que perdamos los nervios, gritemos, ridiculicemos, culpemos y usemos como estrategias disuasorias la amenaza, el chantaje, el castigo…, y, finalmente, cuando volvemos a integrar el cerebro racional porque el nuestro ya está maduro, nos damos cuenta de lo ocurrido y maldecimos todo lo que hemos hecho o dicho. ¿Te suena?

Imagínate ahora este otro escenario: estás agotada después de haber trabajado todo el día, se acerca la hora de la cena, que aún no está lista, y has de poner a funcionar el «modo on» de ducha-cena-cama, pero tus hijos e hijas están en otra cosa y tú ya solo puedes gritar.

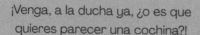

¡Venga, a la ducha ya, ¿o es que quieres parecer una cochina?!

¡Pon la mesa ya! ¿O vamos a comer con los dedos?

¡Te he dicho que te pongas el pijama o te quedas sin tele!

¡De verdad que os tiraría por la ventana! ¡No puedo más!

¡Ya está bien! ¡Todos a la cama y sin cuento, que me tenéis harta!

No son frases agradables, pero son reales, de experiencias vividas en muchas familias, incluida la mía. No gustan y no hacen sentir bien a nadie: ni a quien las dice ni a quien las recibe. Pero las soltamos automáticamente. Y estoy segura de que ahora mismo nos están viniendo a la mente muchas otras frases que pronunciamos, como las que escuchábamos en nuestra infancia, y que quisiéramos no repetir.

 Aprovecha el momento y libéralas aquí. Déjalas por escrito sin filtro. Será la mejor forma de ir trayéndolas al plano consciente ahora que estás relajada leyendo estas líneas. Confía y escribe:

Todas estas frases con las que nos pueden «etiquetar de» o hacernos sentir malas madres o malos padres por experimentar emociones desagradables hacia nuestros hijos e hijas son frases y sentimientos humanos. Es liberador cuando las sacamos de la mente, porque conseguimos traerlas del plano inconsciente y automático al plano consciente, y las identificamos para poder entenderlas, atender la causa que las motiva y posteriormente transformarlas.

Y tengamos muy presente que estas emociones que nos controlan y que también hemos visto que controlan a nuestros hijos e hijas no nos describen como personas ni tampoco los representan a ellos y ellas, sino que denotan una emoción vivida mal gestionada. Saber esto libera y aligera culpas y expectativas.

Por eso es interesante saber que, por lo general, cuando se produce esta activación del cerebro emocional en un contexto cotidiano, detrás suele haber casuísticas típicas no resueltas, ya sea en el adulto o en el niño o niña:

- **Necesidades no cubiertas** (presentes o pasadas): hambre, cansancio, sueño, agotamiento, falta de valoración, atención, afecto o comprensión…
- **Valores corrompidos**: falta de respeto, injusticia, mentiras, desconfianza…
- **Límites traspasados o inexistentes**: carencia, laxitud, falta de claridad o de comunicación…
- **Habilidades escasas**: en los niños y niñas, falta de autonomía para realizar tareas, un reto demasiado alto, falta de gestión emocional…; en el caso de los adultos, falta de las herramientas necesarias para gestionar mejor una situación, falta de conocimiento sobre un tema, sentirnos en evidencia, falta de gestión emocional y de expectativas…

Sé realista. Es humano desbordarnos y tenemos derecho a estar enfadadas y poner límites. La cuestión es cómo canalizamos la emoción y la expresamos hacia el exterior.

¿Y qué nos puede ayudar en momentos de descontrol?

La autorregulación es la acción consciente y voluntaria de reajustar las reacciones que nos invaden para poder preverlas, medirlas, ajustarlas y actuar de manera más equilibrada, respetuosa y coherente con la forma de educar que queremos. Porque lo que pensamos, lo que sentimos y lo que hacemos está muy relacionado con nuestro estado interno y nuestra capacidad de autorregular los propios estímulos en la interrelación con el entorno y los demás.

En definitiva, educar actuando de forma autorregulada es educar(nos) poniendo el foco en nosotras, detectando los elementos externos que disparan nuestras emociones y atendiendo los casos que las alteran, que no es otra cosa que cuidarnos para sentirnos escuchadas, atendidas, sostenidas y acompañadas. Esta es la mejor prevención.

Indagar en esos disparadores emocionales nos ayudará a traer a la consciencia aquello que los activa, la casuística con que conectan y a buscar formas de transformarlos.

 Apunta todas las situaciones recientes en las que te hayas sentido alterada; recurre si quieres a las frases que has escrito antes para inspirarte. Analiza y anota también las situaciones que te vayan surgiendo a partir de ahora.

Rellena cada columna: cuál es el disparador emocional, cuál crees que ha sido la causa de fondo que lo ha activado y una idea que puedas utilizar para transformar en positiva la situación la próxima vez que ocurra.

DISPARADOR EMOCIONAL	CAUSA DE FONDO	TRANSFORMACIÓN
Era tardísimo y no había forma de que se durmieran.	Estaba muy cansada y se hizo tarde porque la cena no estaba hecha.	Adelantar las rutinas, simplificar tareas y ser más flexible.
La merienda que no le gustaba.	Había tenido una discusión con una compañera en el cole.	Inventarnos una señal para saber que ha tenido un mal día.

Con la práctica, este ejercicio te permitirá:
- Analizar las situaciones de forma más objetiva y tomarlas como un reto de aprendizaje mutuo. Cambio de foco.
- Tomar distancia con respecto al comportamiento de tus hijos e hijas.
- Introducir un espacio de tiempo reflexivo para poder mirar las situaciones con perspectiva en el momento en que pueda comenzar el caos.
- Responsabilizarte de tus emociones haciéndote cargo de ellas sin transferirlas fuera y ser consciente de que tus hijos e hijas necesitan la ayuda del adulto para integrarse emocionalmente.
- Empatizar con tus hijos e hijas siendo consciente que la adulta eres tú y no ellos o ellas.
- Actuar de forma más flexible, respetuosa y creativa.

Esta es una herramienta de autorregulación imprescindible para la armonía en casa y también para transferirla a nuestros hijos e hijas a través del ejemplo (aunque ellos y ellas encuentran su autorregulación emocional por medio del juego; ya lo veremos más adelante). Es una herramienta con la que nuestros hijos e hijas aprenderán la importancia de conocerse, respetarse, cuidarse y darse cuenta de que todo empieza en cada persona.

Acompañar desde la individualidad

En este recorrido que acabamos de hacer por la educación sin prisas, hemos descubierto que educar es un diálogo bidireccional cargado de sensibilidad y creatividad, donde la consciencia, ese acto de poner la mente y el corazón a disposición del momento presente, nos permite acompañar con paciencia, sentido común, confianza y autorregulación mientras vamos abonando la tierra de la semilla con valores y nuestro mejor ejemplo.

Esta actitud despierta y dispuesta ante la vida nos permite desentumecer los sentidos y nos ayuda con sensibilidad y sutileza a detectar el momento vital y presente en el que se encuentra cada uno de nuestros hijos e hijas y a crear las condiciones ambientales y emocionales para que pueda satisfacer todas sus necesidades y potencialidades. Una actitud que nos permite disociarnos del modo automático para acompañar desde el respeto, la empatía, el amor y el tiempo necesarios.

Nos convertimos en observadoras activas que, desde la distancia prudente, atisbamos las cumbres, los aprendizajes, las motivaciones, los talentos y las flaquezas de nuestros hijos e hijas viendo más allá de lo tangible. Viendo su propia individualidad y particularidad: su esencia.

Cuando empezamos a maravillarnos de estas realidades cotidianas que nos regalan a diario nuestros hijos e hijas, dejamos de entender la educación como el llenar, llenar y llenar en un único sentido, y se despierta la confianza en el proceso personal de cada uno de ellos y ellas, y el respeto profundo por el individuo al que estamos viendo desplegar las alas en plenitud. Dejamos de tener prisa por lo que serán y disfrutamos el ahora de lo que ya son.

Asimismo, nos detenemos a separar lo que nosotras somos de lo que ellos y ellas son, sin mezclar ni trasladar nuestros asuntos, cosa que podría enturbiar y postergar o paralizar su desarrollo pleno e íntegro. Nos autorregulamos conscientemente para poder ver clara la situación y atender la individualidad.

Y aquí vuelvo a la semilla. Imagínate que tienes en las manos dos semillas de manzano. Dos semillas totalmente independientes, que las plantas en dos espacios de tu casa distintos ofreciéndoles los mismos cuidados, el mismo tiempo, la luz y temperatura adecuadas… Nacerán tus manzanos y te darás cuenta de que, a pesar de tener un tronco, ramas y posteriormente llenar esas ramas de manzanas, ambos árboles frutales nacidos de semillas de manzano son distintos.

Pensamos que educamos igual a nuestros hijos e hijas porque somos los mismos progenitores, pero la realidad es que no es así. Por un lado, si tenemos hijos e hijas con diferencia de edad, nuestra atención hacia el segundo estará mucho menos cargada de los miedos naturales que teníamos con el primero. Durante esos años de diferencia, nosotras también habremos cambiado como personas y cuando recibamos al segundo retoño, el entorno será distinto tanto físico como emocionalmente. Y, a la vez, ese segundo retoño llegará cargado de su propia herencia biológica con su temperamento particular, sus potencialidades, sus circunstancias vividas..., que te harán descubrir otras partes de la educación a las que quizá con el primero no les prestabas atención y ante las que reaccionarás de forma distinta.

Mirar a los hijos e hijas con el mismo prisma es encorsetarlos y encorsetarnos a nosotras en unos patrones que probablemente no sean los propios ni adecuados para ellos y ellas ni para nosotras en ese momento (porque recuerda que nosotras también transmutamos educando[nos]).

De ahí la importancia de la observación activa y sensible para detectar y atender las necesidades y peculiaridades específicas de cada cual. Lo mismo deberíamos hacer a la hora de facilitar los aprendizajes de la vida, adaptando el contenido al tempo, necesidades y particularidades de cada persona. Pero esto lo veremos en el siguiente capítulo.

Un ejemplo que me viene a la cabeza es la necesidad de justicia en el reparto equitativo de las cosas cuando tenemos varios hijos e hijas. Para evitar peleas naturales procuramos poner la misma cantidad de cereales a unos y a otros sin pensar que lo razonable sería, atendiendo a la necesidad vital, servir en función del hambre que cada cual tenga y ofrecer la posibilidad de rellenar el bol si necesitan más.

Ante esta situación común, debemos poner el foco en la atención a la necesidad individual de cada miembro de la familia en cada momento, sabiendo que todos estamos en el mismo barco. De esa forma, ayudamos a diferenciar un capricho de una necesidad y, por otro lado, sentamos el precedente de que ahí estaremos para atender lo que sea importante para cada miembro en particular.

Entonces nos vamos a relajar. Bajarán nuestras expectativas de tener que educar de forma equitativa para pasar a educar de forma individualizada.

Crecer juntos: un camino en el que aprender a observar y conectar

Crecer y educar sin prisas es un camino lleno de retos apasionantes que nos despiertan y nos conectan con la esencia del ser humano.

Observar a un niño o niña crecer es acariciar la parte más pura y auténtica del individuo y, a la vez, es abrazar a esa parte nuestra olvidada que también sigue en nosotras y que quiere salir a jugar y disfrutar.

Los hijos e hijas nos ofrecen una nueva oportunidad de observar y conectar con el entorno, disfrutando de la cotidianidad, con nosotras mismas, descubriéndonos como seres creadores y transformadores; y con ellos y ellas, creando vínculos y raíces que sustentarán la gran torre de la vida, en el afán de descubrir quiénes somos y cuál es nuestro propósito en la vida si es que aún no habíamos dado con él.

> **Ser madre o padre no es tener hijos e hijas, sino ir con los hijos e hijas aprendiendo mutuamente de la vida y de nosotras mismas al caminar. Y ese camino de crecimiento lo creamos en cada paso, con cada experiencia, aprendizaje, juego...**

En el transcurso de este capítulo que hemos recorrido juntas he ido dejando miguitas de pan en forma de palabras y frases que ahora me gustaría que recopilaras antes de que pase un pajarito y se las lleve. Te invito a hojear lo leído, seleccionarlas y plasmarlas en este juego que te planteo a continuación, escogiendo, de entre todo lo que hemos estado hablando hasta ahora, aquellas palabras y conceptos que han dejado huella en ti con respecto a educar sin prisas.

Este ejercicio es una actividad de anclaje donde, empezando desde el centro y diciendo en voz alta «educar es...», escogerás uno de los caminos entrecruzados que te llevarán a una de las bases de la educación sin prisas. En esa base escribirás uno de los pilares en los que crees que debe sustentarse la educación que quieres; puedes inspirarte en lo que hemos estado hablando o escuchar a tu voz interior y escribir lo que te sugiere. Debajo de cada base tienes espacio para dejarte alguna nota mental o mantra al respecto.

Para que no te sientas perdida, en el lateral de la hoja tienes sugerencias a modo de inspiración, pero lo interesante es que escribas lo que tú sientas y creas adecuado para tu camino educativo. ¡Recuerda que aquí el criterio que vale es el tuyo!

Cuando hayas acabado de recorrer los caminos, de colocar tus bases y notas, y sientas que esos son los pilares con los que te sientes cómoda en tu camino educativo, toma un rotulador y une cada base con el centro «educar es».

Así habrás creado el mapa mental de tu propio camino educativo, que te servirá de faro cada vez que se boicotee tu autorregulación o te sientas perdida. Te traerá a la tierra y te proporcionará ese espacio necesario para pararte a pensar y reajustar el rumbo.

Al principio te resultará difícil, pero con la práctica y tu voluntad de transmutación y mejora, el piloto automático comenzará a acallarse y cada vez escucharás más la voz interna que te guiará y alentará... Y vuelve aquí siempre que lo necesites.

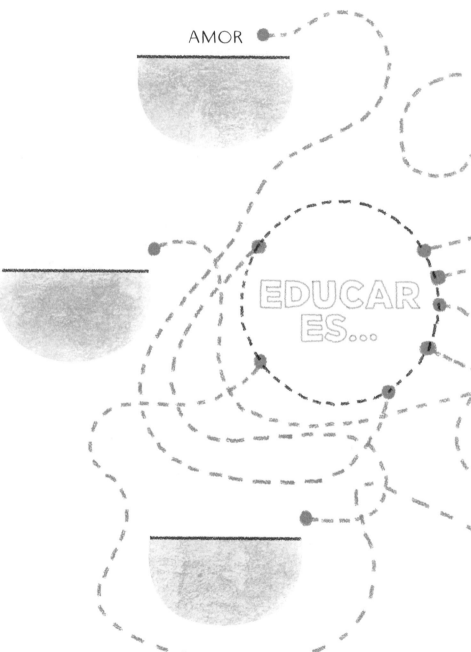

AMOR

EDUCAR
ES...

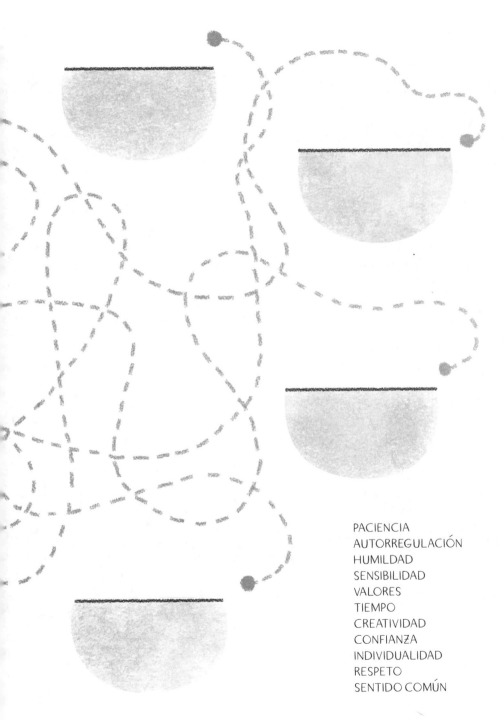

PACIENCIA
AUTORREGULACIÓN
HUMILDAD
SENSIBILIDAD
VALORES
TIEMPO
CREATIVIDAD
CONFIANZA
INDIVIDUALIDAD
RESPETO
SENTIDO COMÚN

Parada 3

aprendizaje
respetado

Acabamos de hablar sobre educar, ese dar y recibir recíproco en el que se produce un aprendizaje mutuo; una forma dialogada de descubrir cómo construir aprendizajes manteniéndonos abiertas y expectantes a las señales que nos ofrecen nuestros hijos e hijas y, al mismo tiempo, una forma de acompañar su proceso de descubrimiento y comprensión del mundo desde una posición paralela y humilde donde no todo está dado, no todo es fijo, donde la verdad no es absoluta, sino donde nuestro conocimiento pasa a ser inspiración, generador de debate y motor de acción.

De esta manera, creamos un aprendizaje basado en el diálogo, la reflexión, la experimentación, la acción, la creatividad y el pensamiento crítico. Dejamos de ser nosotras las que llenamos de contenido para pasar a adquirir un nuevo rol de (co)creadoras de experiencias en el que el aprendizaje surge a partir de la relación e interacción con el entorno, las circunstancias, la cultura y las personas. La educación se convierte en un espacio donde el tiempo se da y se ajusta a las necesidades y ritmos de cada persona, y donde nuestras expectativas se replantean para no ahogar la llama de la motivación que mueve el aprendizaje.

Así, la magia del conocimiento fluye con naturalidad, confianza y suma relevancia desde el inicio de la infancia: desde los primeros descubrimientos, como puede ser la reacción que provoca la sonrisa del bebé en la madre; cuando mira fascinado sus propias manos, que aparecen en su campo de visión; la acción repetida (y divertida) de tirar objetos al suelo hasta investigar el recorrido de una hormiga, ensartar hojas secas en un palo o dividir las patatas fritas de una bolsa en cuatro partes iguales sin tener aún nociones avanzadas de matemáticas...

Es el día a día, con su maravillosa cotidianidad, el que ofrece múltiples posibilidades de diálogo y aprendizaje. Solo es cuestión de favorecerlas, permitirlas y avivarlas dando el tiempo necesario para que, con acción y repetición, el descubrimiento se convierta en un aprendizaje significativo y consolidado.

La motivación: el asombro y la curiosidad

Los niños y niñas nacen motivados por la vida, guiados por la necesidad de crecimiento. No necesitan motivación externa para relacionarse con el cuerpo de la madre o el padre ni, más adelante, para descubrir el suyo propio; ni siquiera la necesitan para aventurarse en el mundo cercano que los rodea. Toda la energía de crecimiento está en ellos y ellas desde que están en el útero, y perdurará toda la vida si la cuidamos y respetamos. Quieren, simplemente, descubrir la realidad porque los atrae, sienten curiosidad por saber qué es eso, el porqué de las cosas y también el «y si...».

Es un proceso fascinante que empieza con la observación y la manipulación sensorial, y que deriva, si la curiosidad perdura y se le otorga tiempo y permiso, en una intención y acción exploratoria minuciosa para llegar al fondo de aquello que tienen entre manos, que genera la oportunidad de comprender lo que no comprendían antes. Se abren a la vida con una mentalidad abierta y flexible, movidos por la curiosidad, y se asombran ante cualquier cosa mundana que acontece ante ellos y ellas. Para eso, activan su gran poder de concentración y se entregan a la aventura de conocer como si de investigadores científicos se trataran.

 Un niño de 2 años está sentado en la arena de un parque. A su lado tiene un cubo y, en la mano, una pala con una piedrecita dentro. Ha descubierto que la pala puede contener la piedra y ahora está intentando averiguar cómo llevar esa piedra de la pala al cubo y depositarla dentro. Desliza la mano, pero, al girar la pala, la piedra cae fuera del cubo. Coge la piedra, vuelve a colocarla en la pala y lo intenta de nuevo, pero falla otra vez. Al recoger la piedra caída, encuentra un palito en el suelo. Coge ese palito con la mano libre y lo mete en el cubo directamente. Luego, coge la piedrecita una vez más y vuelve a ponerla en la pala para conseguir, tras varios intentos, introducirla en el cubo.

¿Por qué no mete la piedra en el cubo con la mano como hizo con el palito?

Antes de continuar, reflexiona sobre lo que te sugiere esta pregunta y selecciona la opción que crees que representa mejor tu respuesta:

- ☐ Porque no se ha dado cuenta de que también puede hacerlo.
- ☐ Porque está empeñado en ello.
- ☐ Porque quiere entender lo que está haciendo y superar el reto que él mismo se ha puesto.

Lo que activa el motor interno de cada persona es el ansia por descubrir y, a la vez, querer superarse. Los niños y niñas necesitan pequeños retos que estimulen su curiosidad y les enciendan la mente, que les planteen un abanico de posibilidades a través de las cuales puedan explorar, decidir, profundizar y desafiarse. Estos retos, como hemos visto, deben estar a su alcance, en su entorno inmediato.

La realidad cotidiana, donde nosotras también debemos estar incluidas interaccionando, ofrece una fuente de estímulos suficiente para activar su intelecto y mantener sus sentidos receptivos. No necesitan más: ni clases especiales ni materiales extra que los incentiven. Nuestros hijos e

hijas precisan un entorno real, cercano y accesible para poder vivir en él y jugar con libertad. Los objetos más comunes, con su forma, peso, tacto, sabor, olor y posición espacial, les brindan un contenido cognitivo extraordinario para entender cómo es esa realidad que tienen delante. Al mismo tiempo, la combinación de estos elementos cotidianos abre un mundo de posibilidades todavía mayor: acciones como meter, sacar, ensartar, apilar, deslizar…, la relación causa-efecto y descubrir sus combinaciones, que se multiplican al interaccionar.

El desarrollo cognitivo de los niños y niñas, igual que el desarrollo motor, acontece poco a poco y se consolida con pequeños hitos uno detrás de otro. Es un proceso progresivo e individual con el que la persona adquiere conocimiento sobre el entorno y sobre sí misma, y acrecienta inteligencias y capacidades mentales como la memoria, la atención, el lenguaje, la comprensión, la asociación, la planificación, el razonamiento y la resolución de problemas. Estos logros paulatinos de saberes significativos van y deberían de ir de menos a más, de lo más sencillo, visto a ojo de adulto, a lo más complejo.

¿Y cómo podemos ayudarlos nosotras en esta adquisición? Hay varias maneras de hacerlo:

- **Contener nuestra pulsión de querer enseñarles el mundo entero** durante los primeros años, movidas más por nuestra propia motivación que por la suya. Tienen toda la vida para descubrirlo.
- **No sobreestimular.** Frenar y medir nuestra necesidad de enriquecer el entorno con estímulos artificiales innecesarios —llamémoslos juguetes, que hacen de todo y más; actividades avanzadas y no apropiadas para su edad; dispositivos electrónicos…— y con acciones que solo causan ruido y confusión a ese cerebro que se está formando, moldeando y adaptando, poco a poco, a «lo real». Con los años, ya pasará a interesarse por «lo abstracto»; no los distraigamos de lo importante, de su propia motivación.

- **No nos adelantemos.** Controlar la tentación de adelantarnos a hacer las cosas por ellos y ellas pensando que así los ayudamos y evitamos que se frustren (¡tienen que frustrarse!); pueden hacer casi todo ellos y ellas solos, solo necesitan un poco más de tiempo.

Precisamente esta frustración, que no será traumática ni se acentuará si no corremos a «rescatarlos» a cada paso, los ayudará a superarse, a intentarlo una y mil veces hasta conseguir lo que buscan, y les enseñará que todo en la vida lleva su tiempo, su práctica, su paciencia y su proceso.

Esta frustración es uno de los motores de aprendizaje más potentes y necesitan descubrirla, experimentarla y transitarla desarrollando la capacidad de autorregulación. Cuando nosotras hacemos constante y consistentemente por ellas y ellos, los estamos privando de sentirla y vivirla; evitamos que ese aprendizaje se adhiera en su memoria y pase a formar parte de su caja de herramientas cognitivas y emocionales; esos recursos tan importantes a los que deberán recurrir más adelante y que tendrán que aplicar para poder resolver nuevos retos de conocimiento y relaciones personales. Ofrecerles reiteradamente la ayuda que no necesitan es, indirectamente, ir apagando la voluntad de «intentar hasta lograr»; es menguar la curiosidad, la motivación intrínseca, la reflexión, el razonamiento, la autoestima, la autoconfianza, el autoconocimiento, el entendimiento y las conexiones neuronales que conforman y modelan el cerebro. Es convertir al niño o niña en un ser dependiente, que espera ser rescatado y motivado desde fuera con estímulos y deslumbramientos sensoriales momentáneos que no invitan a la reflexión ni al pensamiento crítico, sino más bien al adormecimiento de la mente y el espíritu. En definitiva, una vez más, los niños y niñas irán desconectándose de su naturaleza, que les pide ser autónomos y libres.

Para que esto no ocurra, nuestros hijos e hijas necesitan un acompañamiento basado, de forma equilibrada, en el *educare* consciente y respetuoso, donde el adulto favorece el conocimiento desde fuera según la observación de las motivaciones, intereses y potencialidades de cada cual, e invita a él, y también en el *educere*, ese sostén y guía que potencia las habilidades y capacidades de exploración, acción, creación y libertad para que puedan descubrir, adquirir y razonar el conocimiento recibido al interaccionar con el entorno en un espacio emocional armónico gracias a nuestra presencia coherente y al vínculo fiable.

Esta medida justa es la que, innatamente, ya practican los niños y niñas en su afán de enfrentarse a la realidad vivida y aprehender el mundo. El equilibrio entre *educare* y *educere* les proporciona los retos apropiados para no desconectarse de su curiosidad por ser demasiado predecibles o, al contrario, por ser demasiado sorprendentes y que los dejen tan extasiados y excitados que les inhiban la acción y, posteriormente, el razonamiento. Estos retos irán convirtiéndose, poco a poco, en retos más complejos y estimulantes conforme vayan experimentando más vivencias y adquiriendo más conocimientos y habilidades.

Nuestros hijos e hijas necesitan un adulto presente y disponible con el que compartir y descubrir el asombro en forma de alegría y expectación, como diría Rachel Carson, bióloga marina estadounidense; un adulto que conecte con la emoción del descubrimiento y el misterio, que los escuche activamente y avive la llama de la curiosidad con nuevas preguntas, con silencios conscientes para dar tiempo a la reflexión, y que plantee respuestas precisas en el momento oportuno. Y que, a su vez, cultive un entorno cercano, real y adecuado donde puedan seguir nutriéndose de las experiencias y retos que necesiten.

Para poder ser ese adulto, debemos quitarnos el velo que ahora no nos permite ver las maravillas que esconde la vida y pararnos a observar la belleza que sigue existiendo en la naturaleza para disfrutar de nuestras habilidades para desenvolvernos en el entorno y las emociones que se nos despiertan al activar los sentidos. Debemos darnos cuenta de que todo lo que hoy somos lo descubrimos, ejercitamos, consolidamos y cimentamos durante nuestra infancia. Debemos quitarnos la venda de los ojos para

poder ver a nuestros hijos e hijas como auténticos y valientes explorado-
res de la vida, sensibles a la sutileza y el esplendor del entorno al cual no
aplican juicio ni prejuicios. Debemos volver a mirar con ojos de niño y
niña para acercarnos a ellos y ellas desde la humildad, la admiración, el
respeto y el amor que se merecen y merecen sus hallazgos y conquistas.

Con esta nueva sensibilidad con la que los vamos a mirar a partir de
ahora y que necesitamos para educar sin prisas y desde el respeto mutuo,
podemos entender que necesitan lo siguiente:

- **Vínculo:** Un apoyo y sostén emocional positivo en forma de relación
  sana, sólida y fiable, para que puedan aventurarse a la vida con seguridad, predisposición y motivación.
- **Ejemplo:** Un ejemplo coherente y cuidado donde aprender y entender
  cómo interactuar en sociedad y dentro de la cultura a la que pertenecen.
- **Tiempo:** Un tiempo adecuado para poder abstraerse en la contem-
  plación y poner a trabajar la memoria e inteligencias en busca de experiencias similares ya vividas que les permitan generar predicciones
  sobre qué es aquello que les acontece y qué pasaría si jugaran con
  las posibilidades que se imaginan al interactuar…Y, en caso de error,
  volver a intentarlo con naturalidad y empeño.
- **Permiso:** Un permiso sincero e incondicionado para poder experimentar y sentirse dignos de confianza en sus capacidades.

Con todo esto estamos nutriendo una tierra en la que la semilla podrá
seguir su curso natural y desarrollar todo su potencial, igual que un
niño o una niña podrá, con ese entorno real, cuidado y respetado, desarrollarse en plenitud y donde su cerebro, a la vez que se desarrolla, se
modela a partir de las experiencias vividas creando continuas conexiones neuronales y conformando las bases de la propia combinación de
inteligencias. Llegados a este punto es preciso tener en cuenta que, allí

donde pensábamos que la genética era lo único que determinaba al ser humano, se ha demostrado que la exposición continuada al ambiente genera modificaciones en los genes, como viene a demostrar la epigenética humana. Ese ambiente cultivado también conforma y modela el asombroso universo cerebral, como viene a confirmar la neurociencia. De esta forma, los genes no determinan exclusivamente lo que somos, sino que el entorno en el que vivimos tiene un peso sumamente importante; es ahí donde nosotras podemos influir, y esta influencia puede ser tanto a favor como en contra del bienestar de nuestros hijos e hijas.

 Así que ahora te invito a reflexionar sobre los nutrientes que conforman la tierra donde se están cultivando las semillas de tus hijos e hijas, y a que pases a pensar cuáles tienen y cuáles faltarían para hacer de esa tierra el mejor sustrato que los mantenga conectados a su asombro y curiosidad.

Para ello lee abajo los nutrientes más relevantes que hemos expuesto en este apartado, resalta con un color todos los que ya tiene y pinta de otro color las casillas de esos a los que crees que necesitas prestar atención hoy; pueden ser todos o solo uno. Sea como sea estará bien, porque se trata de ser sincera contigo misma para así crear el camino que necesitas y hacerlo a tu medida.

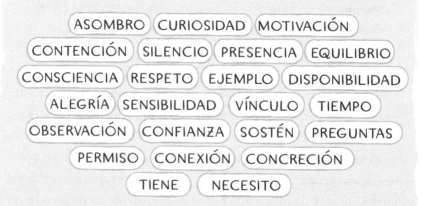

Ahora que has identificado cuáles son los ingredientes que ya tiene esa tierra y a los que debes prestar atención hoy, escoge los 3 más importantes que necesitarías añadirle y escríbelos en las casillas de aquí abajo con un orden de prioridad, siendo 1 el más importante y el 3, el menos. A continuación, responde a la pregunta de por qué lo necesitas y escribe qué 3 pasos puedes comenzar a dar desde ya para empezar a integrar cada uno en ti.

Por ejemplo, si hubieras escogido EQUILIBRIO, la respuesta podría ser porque notas que socorres muchas veces a tu hijo y haces de más por él, y los tres pasos podrían ser: 1. Hacer un análisis semanal sin juicio sobre las tareas que haces con tu hijo y para él. 2. Pensar qué cosas puede hacer él/ella con tu presencia porque sabe hacerlo solo o sola, pero sin tu ayuda directa (solo ofreciendo aliento, confianza o explicación si lo necesitara). 3. Buscar un mantra mental que te ayude en esos momentos de tentación a mantenerte equilibrada: «Confío en sus capacidades».

1	2	3

¿POR QUÉ LO NECESITAS? ¿POR QUÉ LO NECESITAS? ¿POR QUÉ LO NECESITAS?

3 pasos para integrarlo: 3 pasos para integrarlo: 3 pasos para integrarlo:

1 _____ 1 _____ 1 _____

2 _____ 2 _____ 2 _____

3 _____ 3 _____ 3 _____

Respira tranquila; sé que parece mucho, pero empieza integrándolos uno a uno. Cuando veas que se consolida el primero, pasa a poner en práctica el siguiente. Esto no es magia; es tiempo, voluntad y acción. ¡Adelante, tú puedes!

La creatividad y el error como aprendizaje

Nacemos con un poder creativo innato que se despliega conforme nos entregamos a las experiencias que nos ofrece la vida y vamos embebiéndonos de ellas. El asombro nos lleva a introducirnos en los misterios que acontecen y nuestra curiosidad nos impulsa a descubrirlos, explorarlos y, poco a poco, entenderlos e integrarlos como aprendizajes y conocimiento. Y en ese entendimiento y esa integración entra en danza la creatividad, que es la capacidad de relacionar ideas, experiencias o conocimientos para resolver los «por qué» y los «y si…» jugando al antojo con las probabilidades y posibilidades del imaginario. Empleamos el pensamiento, junto con el entorno como apoyo, para buscar soluciones o respuestas a la verdad del misterio. Y es ahí, en ese afán por descubrir y buscar soluciones sin miedo y con valentía, donde aparecen hipótesis y respuestas novedosas, diferentes, curiosas… Es donde aparece nuestra creatividad.

No nos autolimitemos. La creatividad no se halla únicamente en las expresiones artísticas, sino que impregna toda la vida. Es la capacidad de resolver problemas cotidianos de forma ingeniosa movidos por el placer de descubrir las posibilidades y aventurarnos a vivir una de ellas siguiendo nuestro instinto y razón (la inconsciencia y la consciencia de lo vivido) sin miedo a equivocarnos. Una capacidad que nos ha permitido evolucionar como especie desde los orígenes y que hoy en día continúa vigente, y seguirá estándolo, mientras nos dirigimos hacia un porvenir que aún no somos capaces de concebir en su totalidad. Una capacidad que nace con el ser humano y que no debemos desatender ni menospreciar, puesto que será la que nos ayude a seguir adaptándonos a un entorno tan cambiante y asombroso como el que ya estamos viendo ahora.

Si nos fijamos, es la misma forma en la que actúan nuestros hijos e hijas ante los pequeños retos que se encuentran a diario y buscan resolver con resultados ingeniosos, y que muy comúnmente nos enseñan orgullosos de su proeza: «Mira qué torre he hecho», «Fíjate en la cabaña que hemos construido en el salón», «Mira mi coche» (y lo ves dentro de una caja), «Mira qué piedras he encontrado»... Y sí, es probable que entonces nuestra mente se apoye en lógicas de adulto que disparan automatismos como: «Ya, pero las dos últimas piezas de la torre están a punto de caerse», «¿Y quién va a ordenar el sofá luego?», «Te gusta más la caja que tus juguetes»... O que nos entre un sudor frío al ver esa camiseta blanca totalmente sucia por culpa de las dichosas piedrecitas: «¿Quién lavará esta noche la camiseta?». Aquí, en la lógica de adulto, hemos estado y estaremos todas en un momento u otro. No hemos visto ni valorado los momentos creativos que se producen al descubrir que para crear esa torre tan alta tuvo que buscar una silla, subirse a ella y ponerse de puntillas, o el ingenioso sistema para crear esa cabaña, o querer viajar a la luna y utilizar una caja de cartón como nave espacial para lograrlo, o encontrar el nuevo uso de una camiseta como cesta de transporte después de que se le hayan caído todas las piedras que no le cabían en la mano. Y, si me das permiso, quiero retomar aquí el ejemplo del niño con la pala y la piedra que hemos dejado antes a medias: se trata de que el niño de 2 años pruebe y descubra el lugar preciso en el que debe colocar la piedra en la pala, la posición de la pala respecto de la piedra y la velocidad de desplazamiento adecuada para llevar la piedra hasta el cubo sin que se caiga.

Y ahora que hemos despertado esa mirada maravillosa ante la magia del aprendizaje en la infancia, esa mirada ante sus proezas —que no son otra cosa que la conjunción de imaginación, inteligencias, confianza, esfuerzo y perseverancia—, debemos ser conscientes de que debería estar sustentada sobre:

- **La admiración profunda:** Detenernos y darnos cuenta de los grandes hitos que han conseguido y los talentos que están desarrollando nuestros hijos e hijas.
- **El afloramiento del conocimiento:** Traer sus logros y virtudes a lo consciente a partir del reflejo que les ofrezcamos, para que lo tomen como evidencias de lo que ya son.
- **El empoderamiento de la persona:** En el que son los niños y niñas quienes se dan cuenta de sus capacidades y logros a partir de nuestras descripciones o sus conjeturas, y sienten orgullo propio y verdadero de sí mismos por lo alcanzado.
- **El apoyo y el aliento:** Que sostiene y anima a la confianza y las capacidades individuales, e impulsa a continuar.
- **La manifestación de una curiosidad genuina:** Mostrar interés ante el trabajo o el logro, indagando en el proceso con entusiasmo, haciendo preguntas que denoten curiosidad y admiración verdadera por lo que hacen y, sobre todo, por lo que son.

Es verdad. Debemos hacer un poderoso ejercicio de autorregulación y consciencia que nos permita transformar los pensamientos automáticos iniciales de «análisis de riesgos y desperfectos» en pensamientos de «análisis de ingenio y aprendizaje».

 Para ello, propongo a continuación ejemplos de cómo podría ser ese diálogo más constructivo partiendo de los ejemplos anteriormente expuestos:

LOS NIÑOS O NIÑAS DICEN	RESPUESTA AUTOMÁTICA	RESPUESTA ALENTADORA	PENSAMIENTOS INTERNOS QUE CALMAN
«Mira qué torre he hecho»	«Ya, pero las dos últimas piezas de la torre están a punto de caerse»	«¡Vaya, has conseguido poner hasta las dos últimas piezas de la torre sin que se cayera y la torre es más alta que tú…! ¿Cómo lo has conseguido?»	El perfeccionismo es mío, no suyo
«Fíjate en la cabaña que hemos construido en el salón»	«¿Y quién va a ordenar el sofá luego?»	«¡Habéis sido muy ingeniosos al utilizar las sillas en un lado y el respaldo del sofá en el otro para colocar la manta que hace de techo y montar esta cabaña! ¿Cómo habéis sujetado la manta para que no se cayera? ¿Me invitáis a entrar?»	Luego ya solucionaremos lo del orden Porque: ¿Qué es lo importante que nos quieren enseñar?
«Mira mi coche» (y lo ves dentro de una caja)	«Te gusta más la caja que tus juguetes…»	«¡Increíble! ¡Has creado un coche con una caja de cartón! ¿Me llevas a dar una vuelta? ¡Espera que me pongo el cinturón de seguridad!»	Esto es creatividad pura. ¿Quizá debería reflexionar sobre el tipo de juguetes y materiales de juego que necesita?
«Mira qué piedras he encontrado»	«¿Quién lavará esta noche la camiseta?»	«¿Me enseñas tus piedras? ¡Qué interesante, son todas diferentes! ¿Sabes por qué?… Ups, ahora también veo una camiseta que se ha vuelto gris. ¿Qué podemos hacer al respecto?… »	¡Yo también lo hacía! Me alegra ver cómo ha sabido encontrar los recursos para no abandonar lo que para él/ella era importante: sus piedras. Y la camiseta, ya veremos cómo se arregla…

Acabas de ver dos maneras diferentes de reaccionar ante el mundo creativo de los niños y niñas. Ninguna es mala ni buena, ni siquiera mis respuestas inspiracionales; solo hay que tener en cuenta que a la persona que las recibe la lleva a sentir y pensar cosas diferentes.

Contesta en pocas palabras qué crees que piensan o sienten los niños y niñas al escuchar una u otra opción en cada uno de los ejemplos anteriores:

LOS NIÑOS Y NIÑAS DICEN	RESPUESTA AUTOMÁTICA	RESPUESTA ALENTADORA
«Mira qué torre he hecho»	No soy capaz. Decepción.	Lo he conseguido. Motivación.
«Mira qué torre he hecho»		
«Fíjate en la cabaña que hemos construido en el salón»		
«Mira mi coche» (y lo ves dentro de una caja)		
«Mira qué piedras he encontrado»		

Un cambio de mirada puede empoderar «hasta el infinito y más allá». Y, sobre todo, puede dejar que sigan experimentando y viviendo la vida con equilibrio, coherentes con sus pensamientos y con pleno sentido.

Volviendo al principio de este apartado, no quiero olvidarme de hablarte también de la creatividad como arte o manualidad. Para los niños y niñas, la expresión artística es también la forma de comunicar inconscientemente su mundo interior y, a la vez, de comprender y comprenderse desde otra perspectiva. Para poder desarrollarse en el medio artístico, los niños y niñas necesitan disponer desde pequeños de un entorno con materiales adecuados a su momento vital, que les permitan expresarse, ir conociendo técnicas nuevas —las posibilidades que cada material o elemento ofrecen— y desarrollar su expresión artística con permiso y seguridad, y también con libertad y autonomía.

 Un ejemplo que suelen plantearme a menudo las familias a las que acompaño: «Mi hija (de 2 años) rompe todas las puntas de los lápices y pinta fuera del papel». A esto me gusta responder con una pregunta: «¿Te has planteado qué necesita tu hija?». Sin que sepamos la etapa del desarrollo ni la escala de necesidades en la que se encuentra la niña, simplemente observando activamente, podemos descubrir que necesita expresarse por medio del grafismo —quiere pintar—, necesita un material para hacerlo, pero el que se le ofrece no es adecuado —rompe las puntas— y necesita hacerlo a lo grande —pinta fuera del papel.

No hay un problema en la niña, sino en el entorno y, quizá, en los límites. Se puede adaptar el entorno para favorecer y satisfacer las necesidades de expresión y comunicación comprando, en vez de lápices, ceras (las hay de diferentes medidas y formas para ayudar a la prensión a los niños y niñas más pequeños), que al ser golpeadas no se estropean y, a la vez, permiten dejar huella al realizar un trazo. También es posible cambiar el formato y la orientación del papel, ofreciendo uno más grande y largo que pueda colocarse en el suelo o forrando una pared con papel para dibujar con trazos amplios y en diferentes perspectivas, e informando de las

normas del espacio brindando un acompañamiento hasta que su destreza y la comprensión de la necesidad adulta sobre el cuidado del entorno estén más consolidados. Son soluciones que satisfacen las tres bandas fundamentales de la necesidad de respeto: al niño o niña, al adulto y el entorno.

Además de cuidar y adecuar el entorno en el plano artístico, también nos necesitan sin juicios, sin suposiciones y sin perfeccionismos. Nos necesitan presentes, abiertas y expectantes, para que puedan descubrirnos su propio mundo (dibujo o creación) mediante el elogio justo que les provoque ganas de superarse, de proseguir extrayendo del interior y con libertad para comunicar de forma plástica lo que verbalmente quizá no lleguen a decir. Para ello, cuando nos entreguen un dibujo y veamos que nuestra mente comienza a interpretar buscando formas reconocibles en él, parémonos y recordemos estos 2 pasos:

1. **Describe lo que ves:** «Ajá, veo que hoy has preferido usar el azul en vez de otro color porque está lleno de él».
2. **Pregunta con curiosidad de qué se trata:** «Me gustaría conocer todos los detalles, ¿me los cuentas?».

De esta forma, abrimos la comunicación para que nos desvelen el contenido y podamos obtener información real sin suponer ni dar nada por hecho. Porque quizá, al suponer y recrear bajo nuestro prisma, cambiemos el curso de su intención artística y confrontemos aspectos que no son necesarios en ese momento, como, por ejemplo, que no quede representado a nuestra vista lo que el niño o niña quería dibujar.

Seguramente, al leer todo esto, te vengan a la cabeza un montón de situaciones vividas y aspectos que te gustaría tener en cuenta y mejorar. Hazlos aflorar. Y recuerda que la conducta, tu conducta, es transformable. Te dejo un momento para que puedas reflexionar y escribir lo que sientes. Es un acto liberador; confía.

_____

_____

_____

_____

_____

_____

¿Y cómo cuidamos la creatividad, el asombro y la curiosidad?

La creatividad, el asombro y la curiosidad necesitan unos cuidados especiales durante la infancia por parte del adulto. Por un lado, debemos saber y ser conscientes de lo que significa cada una de estas palabras y el valor educativo y cognitivo que encierran para que puedan aprender (utilizar el conocimiento adquirido) y aprehender (interpretar y reinterpretar el conocimiento) de sí mismos y del mundo que los rodea. Por otro, estos motores del aprendizaje y de la necesidad de conocimiento tienen unos requisitos que, a pesar de que ya se han mencionado en su mayoría, vamos a analizarlos brevemente para no perderlos de vista:

- Un espacio inspirador
- Materiales y experiencias que nutren
- Presencia, respeto y confianza
- Preguntas que impulsan
- Juego libre y espontáneo
- El error como aprendizaje

Un espacio inspirador

El entorno en el que viven y se relacionan los niños y niñas es transformador y conformador de la persona, tanto a nivel afectivo como físico (el cerebro) y cognitivo. Así pues, tener un espacio cuidado, ordenado y disponible —en el que al entrar la sensación sea de calma y agrado, el material sea adecuado al nivel de curiosidad y destreza, y se presente accesible para fomentar el movimiento libre y la autonomía— invita a interactuar de forma armoniosa con uno mismo y con el ambiente, enfocando la atención hacia aquello que interesa y desplegando el talento particular de cada persona con libertad y disfrute.

- **Menos ruido (visual y auditivo), más concentración.** Cuantos menos materiales y juguetes haya por medio, más concentración y mejor despertar creativo.
- **Más belleza, más bienestar emocional.** Cuanto más cuidado esté el espacio en cuanto a equilibrio de colores, texturas, disposición, mayor sensación de bienestar emocional, mayor calma mental, mayor concentración y mejor escucha interior.
- **Más autonomía, más libertad.** Cuanto más puedan hacer por sí mismos, más sensación de libertad tienen los niños y niñas, y más ganas de probar y experimentar, lo que despertará su lado más creativo.

Materiales y experiencias que nutren

No se trata de llenar la casa de objetos estrambóticos ni de experiencias que saturen los sentidos, sino de permitir a los niños y niñas integrarse y hacerlos partícipes de nuestra vida, viviendo el entorno con seguridad y libertad (con los límites pertinentes) y disfrutando de vivencias y situaciones sencillas y adecuadas a cada momento del desarrollo y en las que el asombro se tenga en cuenta y se cuide.

Es importante poner la mirada en el momento que están viviendo y en sus intereses para facilitar aquello que enriquezca su intelecto y perfeccione su destreza. Y también es importante salir de las lindes del hogar para introducirlos en otras fuentes nutritivas cargadas de experiencias significativas, como la naturaleza, los museos, los conciertos, diferentes parques… Todas ellas son experiencias que nutren y cultivan el conocimiento que más adelante puede servirles para conectar y relacionar ideas o descubrir sus propios talentos.

- **Pocos y buenos.** Es preferible tener pocos materiales y que sean de buena calidad y jugabilidad; es decir, que un solo material o juguete ofrezca una amplia gama de posibilidades de juego y permita crecer y desarrollar diferentes juegos conforme el niño o la niña crezcan.
- **Menos es más.** Cuantas menos cosas hagan los juguetes a su alcance, más tendrán que utilizar la mente y la creatividad para darles el sentido imaginario que buscan. También es preciso contar con la cantidad justa de materiales y juguetes porque, cuando hay mucho y amontonado, es menos atractivo y más desorden se genera a su alrededor, por lo que el espacio pierde poder inspirador.
- **De menos a más.** Es decir, vivir experiencias gradualmente, disfrutando de aquellas que vayan al tempo en el que se encuentran, sin acelerar ni exponer a la saturación sensorial, que no nutre, sino que desconcierta y desconecta del ritmo natural.

Presencia, respeto y confianza

Para mantener en el tiempo el asombro, hace falta compartir las experiencias; de este modo, se disfrutarán y se asimilarán en profundidad. Y, para ello, nuestros hijos e hijas necesitan que estemos ahí, presentes, abiertas de mente y corazón, sintonizando y participando del momento, respetando su proceso, elogiando su esfuerzo y alentando su curiosidad con preguntas e incluso con silencios conscientes, para que continúen indagando. Con esta presencia les estamos diciendo «Sí puedes», «Eres capaz», «Confío en ti», que son nutrientes para la autoestima y el autoconcepto, tan necesarios para no perder las ganas de seguir intentándolo.

- **Más presencia, más conocimiento, más vínculo.** Cuanto más presentes estemos en lo que acontece en su mundo, más podremos saber sobre su vida interior y sus capacidades, y más vínculos fuertes y conscientes (co)crearemos, que son la base de la confianza y la autoestima.
- **Menos hablar y más escuchar.** Cuanto más espacio demos para que nos cuenten y expliquen, más conoceremos a quienes tenemos delante. Hemos de procurar contener las ganas de hablar y pararnos a escuchar con los cinco sentidos.
- **Más corazón y menos cabeza.** Cuanto más nos relacionemos con nuestros hijos e hijas desde el corazón, más podremos admirar sus proezas e hitos, más podremos verlos en su totalidad como las personas que ya son y más potenciaremos su desarrollo integral con un sostén emocional sano y libre de etiquetas limitantes, que dará rienda suelta a su curiosidad y creatividad.

Preguntas que impulsan

En un espacio nutrido y de confianza, las preguntas que provocan curiosidad contribuyen a cultivar una parte fundamental de la persona: el pensamiento. Acompañar a nuestros hijos e hijas a razonar, a cuestionarse, a no dar todo por hecho, ni siquiera lo que nosotras decimos, los lleva a desarrollar el pensamiento crítico y creativo donde el conocimiento se recibe y se aprehende, consiguiendo así que se asimile y, a la vez, donde ellos y ellas puedan establecer lógicas propias.

- **¿Y tú qué crees?** Esta es la gran pregunta que debemos recordar y plantear ante sus cuestiones, ya que servirá para que ellos y ellas piensen en lo que realmente creen y saben sobre lo que acaban de formular, para que tengan que organizar sus ideas y configuren una exposición ordenada para hacerse entender. Y, a la vez, nos servirá a nosotras para tantear sus conocimientos y necesidades, y descubrir lo que verdaderamente quieren saber sin adelantarnos a cosas que quizá no les interesen o no sea necesario desvelar en ese momento.
- **Ante grandes preguntas, respuestas concisas.** Y si después de la pregunta anterior, quedan dudas y buscan en nosotras una fuente de conocimiento, demos contestaciones concretas y sencillas e invitemos, si es oportuno, a ampliar la información recurriendo a otras fuentes como familiares, libros, internet, etc.

Juego libre y espontáneo

El juego es su forma de acercarse al mundo interior y exterior, y de descubrir placer en ello. Lo hemos mencionado como necesidad transversal junto al movimiento y seguiremos hablando ampliamente del juego en un capítulo específico, pero de momento quedémonos con esta idea: jugar es su medio para aprender.

- **Más juego, más aprendizaje.** Los niños y niñas encuentran placer en el juego, y las emociones placenteras fijan el aprendizaje significativo.
- **«Sigue al niño».** Es una máxima de María Montessori, médica, pedagoga y feminista italiana, y nos sirve para darnos cuenta de que la infancia es sabia y sabe lo que necesita. Y, en este caso, lo que necesita es jugar en libertad y plenitud.

El error como aprendizaje

El error es un requisito fundamental para favorecer la mentalidad de crecimiento y dar alas a la creatividad y al aprendizaje significativo. Debemos abordarlo desde todos los ámbitos de la vida: desde una palabra desafortunada a un comportamiento fuera de lugar, un gol en propia puerta, un «hola» sin H, un vaso que se resbala y se rompe, un pantalón puesto del revés, un dibujo que no sale como uno imaginaba… La vida está llena de continuos desatinos y absolutamente toda equivocación puede vivirse como una gran oportunidad de aprendizaje. Vivirlo desde ese prisma hace que bañemos el acontecimiento de nuevas posibilidades y esperanza, y hace que todas las personas involucradas lo experimentemos de forma más positiva.

Desde que nacemos nos enfrentamos a un mundo desconocido, nuevo por estrenar, y en el que mediante la interacción descubrimos que para entender algo es necesario repetir las operaciones una y otra vez hasta dar con «la verdad» del asunto. Por naturaleza, el ser humano se enfrenta con valentía y curiosidad a la vida sin miedo al error, buscando descifrarla en un proceso cargado de reajustes y revisiones de lo ya aprendido y de las predicciones imaginadas.

> Desde el punto de vista de los niños y niñas, el error les indica que eso que están intentando no acaba de funcionar y que necesitan buscar alternativas. Sin más. Lo viven como un proceso natural que sostienen emocionalmente bien, y más teniendo en cuenta que el área del cerebro que controla las emociones aún está en desarrollo. Se sienten capaces y ponen su concentración y perseverancia en ello, mejorando sus habilidades y capacidades cognitivas con la práctica. Y lo viven así porque, desde fuera, aún no se les ha recriminado nada ni se los ha etiquetado al respecto.

La connotación negativa y reiterada del error entra en vigor en la mente de los niños y niñas cuando el ojo adulto, crítico y juicioso, evalúa lo sucedido y lo transmite de manera verbal («Así no es», «Eso no está bien», «Lo has colocado mal», «¡Qué patoso eres!») o no verbal (nuestro cuerpo habla por nosotras, sobre todo nuestra cara, que puede expresar cualquier emoción sin necesidad de que abramos la boca).

De esta forma, la actitud natural y autocorrectiva de los niños y niñas cambia y se amolda a las exigencias y expectativas externas. Adquieren desconfianza hacia sus capacidades, ideas y talentos, y se corre el riesgo de que se bloqueen su sentido del asombro, sus ganas de experimentar para descubrir el misterio y de aprender por el puro placer de sentir que son capaces de resolver y superarse. Dejarán de intentarlo y los invadirá el miedo a no saber hacerlo bien, a no ser suficientes (respecto a nuestras expectativas), a no ser válidos y, entonces, se estancarán. Y lo harán inconscientemente, por amor (o por miedo), porque nuestros hijos e hijas nunca quieren fallarnos o disgustarnos por algo que hacen mal. Se amoldarán a los cánones y se desconectarán, poco a poco, de su voz interna.

¿Te imaginas cómo sería si, en vez de eso, nos empapáramos de la mirada innata de la infancia, en la que el error forma parte del proceso de aprendizaje? Y no se trata de que no podamos corregir lo que consideremos que no es correcto, sino de cómo lo transmitimos para que ese error se entienda y forme parte de un proceso de aprendizaje en el que se corrija el comportamiento, pero no se dañe a la persona.

Vamos a verlo mejor con ejemplos:

LOS NIÑOS Y NIÑAS DICEN:	RESPUESTA AUTOMÁTICA	RESPUESTA ALENTADORA	PENSAMIENTOS INTERNOS QUE CALMAN
En una rabieta normal te sueltan: «¡Tonta!»	«¡A mí no se me insulta! ¡No te lo consiento!»	«Sí que estás enfadada, ¿puedo hacer algo por ti?»	Entiendo y atiendo la emoción, así como su necesidad, si la hubiera
Caminando por la calle, se agachan y te enseñan su hallazgo: «¡Mira, mamá, una piruleta!»	«¡Eso es caca! ¡No se cogen cosas del suelo! ¡Marrano!»	«Has rescatado una piruleta del suelo, pero no es nuestra. ¿Dónde debería estar?»	¿Qué puede aprender de esto?
Al finalizar un partido, se te acercan muy abatidos y te dicen: «¡Metí un gol en propia puerta!»	«¡Vaya metedura de pata! Y encima perdisteis el partido»	«¡Ya lo vi! ¿Cómo te sientes?»	Abro ventanas de reparación y conversación para reconectar y buscar soluciones
Te entregan una nota con un 'hola' sin H. «¡Ten, para ti!»	«¡Hola va con H!». Y coges un lápiz y lo corriges en rojo bien grande	«¿Es una ola marina que saluda o un hola qué tal?»	Ofrezco la posibilidad de que detecten una confusión, reflexionen y escojan la opción que querían
Oyes un ruido de plato roto, te giras y lo ves de pie con el plato roto en el suelo. ¡Crac!	«¡Cómo se te puede caer un plato, es que no tienes cuidado! ¡Vaya patoso!»	«¿Te encuentras bien? ¡El canto puede estar afilado! ¿Necesitas ayuda?»	Atiendo lo importante y sé que todos y todas podemos cometer errores

Con estos ejemplos puedes hacerte una idea de cómo se sienten los niños y niñas según la respuesta que reciben, ¿verdad? Pues ahora te toca a ti revisar dónde pones el foco, qué enfatizas y cómo comunicas el error para descubrir cómo pueden llegar a sentirse tus hijos e hijas. Para ello, te pido que contestes con sinceridad las siguientes preguntas:

¿Cómo reaccionas tú cuando te equivocas, metes la pata o cometes un error?

¿Qué te dices y cómo lo vives cuando eres consciente de ello?

¿Cómo lo solucionas?

¿Lo cuentas o te lo callas? ¿Por qué?

> **Según cómo vivas el error, se lo transferirás involuntariamente a tus hijos e hijas, así que las próximas veces que lo experimentes, analiza lo que sientes, piensas y haces al respecto, y compártelo en familia y pide su opinión.**

Cuando naturalizamos las cosas es cuando las vivimos con menos carga emocional negativa y entonces podemos optar por pensar soluciones positivas para resolverlo. Desvincularnos del error nos lleva a experimentar sin miedo, a buscar formas diferentes de hacer las cosas, salir de nuestra zona de confort y entregarnos con valentía al juego de encontrar nuevas salidas.

Así que vamos allá. Te propongo otro ejercicio para activarte y salir de lo ortodoxo. ¿Ves esta página en blanco? ¡Es toda tuya!

¿Qué es lo que nunca harías con las páginas de un libro divulgativo como este? ¡Pues hazlo! Esta es tu hoja para ello.

Sé que el que te propongo no es un error fortuito, pero es una provocación para que te enfrentes a un error que seguramente no permitirías y puedas llegar a sentir lo liberador que es mirar las cosas desde otras perspectivas.

¡ADELANTE!

Si te queda algún hueco o trozo en blanco, cuéntate qué tal te has sentido al convertir el error en un momento disruptivo.

Aprendizajes multisensoriales e inteligencias múltiples

Los niños y niñas son los verdaderos protagonistas de su aprendizaje. Como individuos únicos que son (y que somos), construyen su mundo interior a partir de la absorción, asimilación y comprensión de la información que los rodea y de su forma de ver, sentir, oír, oler, saborear y ser en el mundo. Es una consciencia intransferible, única y particular que los hace ser quienes son en el aquí y en el ahora, porque, si hay algo que sabemos gracias a la neurociencia y el descubrimiento de la plasticidad cerebral, es que lo que son y saben hoy no es fijo, sino que se encuentra en reestructuración y reorganización constante por la interacción del mundo exterior con el interior. El punto de contacto entre esos dos mundos, el interno y el externo, son los sentidos: lo que ven, lo que oyen, lo que huelen, lo que tocan y también lo que perciben en el cuerpo en relación con su persona y el entorno (la propiocepción). Son ventanas al exterior que permiten absorber información ambiental que entra en el cerebro para (re)construir el mundo en cada cual.

Esta información, en su camino hacia la comprensión, entra en relación con una parte del cerebro, el sistema límbico, que le imprime una emoción determinada por las circunstancias de la experiencia vivida. Esa impronta le confiere una calificación emocional que le sirve al individuo para matizar la información: bueno, malo, peligroso, gustoso, doloroso, sorprendente, desagradable... Y este matiz emocional fija esa experiencia sensorial como recuerdo inconsciente o consciente que, junto al resto de las áreas cerebrales —hablando de forma rápida—, crean la maravillosa armonía del significado, las ideas, las asociaciones, el pensamiento, la reflexión y el aprendizaje significativo. En resumen, no hay aprendizaje si no hay emoción asociada, como diría Francisco Mora Teruel, médico y neurocientífico español.

En capítulos anteriores hemos hablado, por un lado, de la seguridad y la conexión (vínculo sano) como necesidades básicas que el adulto presente debe favorecer y, por otro, del asombro y la curiosidad como emociones que impulsan al descubrimiento. Ambos bloques emocionales positivos son básicos y fundamentales porque crean las condiciones de bienestar adecuadas en la persona para la predisposición al aprendizaje y a la memorización —eso que vale la pena no olvidar para la vida—; fertilizan la tierra de forma rica y nutritiva para que aquella semilla, que sembramos metafóricamente al principio de este libro, crezca impregnándose de aprendizajes significativos para la vida.

En resumen, el entorno, con su atmósfera emocional y sensorial, entra por medio de los sentidos para quedar fijado de una manera u otra dependiendo de lo positivo o negativo que se haya percibido.

Los sentidos son esos canales al exterior que los bebés y los niños y niñas tienen tan activos y saben aprovechar para conocer y reconocer las sutilezas de la realidad y de los objetos que los rodean como, por ejemplo, la forma, el color, la textura, el peso, el olor y el sabor, así como el esfuerzo que supone en la musculatura corporal el sostener o mover un elemento en el espacio. Y, aparte de ser una entrada de información del mundo exterior al interior, los sentidos son la manera en la que los niños y niñas se relacionan con mayor facilidad con el mundo y lo transforman.

¿Qué quiere decir esto? Pues que, a la hora de aprender, los niños y niñas, y cualquier persona en general, utilizan más de un sentido a la vez. Esto es fácil de entender si, por ejemplo, nos acordamos de cuando estábamos sentadas en clase de pequeñas escuchando a la maestra mientras explicaba algo: nuestra vista y oído estaban perceptivos a la información que estábamos recibiendo. Pero hay algo más. No solo la percibíamos con los ojos y las orejas, sino que también la percibíamos con el resto de los sentidos, incluido el de la propiocepción que hemos comentado antes. Y vayamos un pasito más allá: cada individuo tiende a percibir el mundo con unos u otros sentidos. Es decir, hay personas que integran mejor el conocimiento si cuentan con un apoyo visual, las hay que necesitan tocar las cosas para entenderlas e incluso quienes necesitan escucharlas en voz alta a la vez que se mueven. En realidad, hay tantas combinaciones como personas. Pero curiosamente, y a pesar de que los bebés y los niños y niñas pongan todos los sentidos al servicio del aprendizaje, cuando llegan a la escuela —y en casa también sucede— solo tienen la oportunidad de poner dos de ellos en juego: la vista y el oído, igual que nos pasaba a nosotras de pequeñas. Y eso es perfecto si nuestras ventanas sensoriales predominantes son, sobre todo, los ojos y las orejas, pero si entendemos mejor la realidad tocando, moviéndonos, oliendo o saboreando, estaremos restando integración y aprendizaje.

Los niños y niñas necesitan volcarse íntegramente en el mundo que los rodea para descubrirlo; necesitan llegar hasta él por completo, de ahí que debamos dejar que lo exploren con libertad y autonomía, ofreciéndoles un espacio real y rico en experiencias que les permitan experimentar la multisensorialidad y donde el aprendizaje pueda ser tal y como ellos y ellas necesiten para hacerlo suyo y ser los verdaderos protagonistas de su aprendizaje.

Aunque parezca complicado a primera vista, es algo tan sencillo y lógico como, por ejemplo, dejar disponible una manzana dando permiso con nuestra presencia afable a tocarla, olerla, arañarla, morderla, probarla, pesarla, partirla, compararla…, lo que surja. Así, poco a poco, los niños y niñas se abren al mundo de posibilidades que les ofrece la experimentación con la realidad y nosotras pasamos a ser las guías que crean hilos que nutren esos descubrimientos aprovechando las oportunidades que nos da la vida cotidiana. Siguiendo con este ejemplo: detenernos maravilladas ante un puesto de fruta que ofrece una gran variedad de manzanas (¿qué ocurriría si nos lleváramos una de cada?), descubrir un manzano en medio de un paseo por el campo, desmenuzar todas las partes de una manzana hasta encontrar las semillas (entonces…, ¿esas manzanas de dónde venían? ¿Y esas semillas?), preparar una receta bien sabrosa o disfrutar de un cuento donde se hable de manzanas. Percibir la manzana con todos los sentidos, descubriéndola y manipulándola en su diversidad de posibilidades, los lleva a captar la información y a sintonizarla con el mejor canal (o canales) sensorial de cada persona.

Aquí llegamos al quid de la cuestión: cada uno interioriza la información de manera particular y aprende de forma diferente. Ofrecer la posibilidad de aprender en la realidad, y de ella, y de forma multisensorial rompe barreras y da alas a los niños y niñas, y favorece el descubrimiento de sí mismos sin limitaciones, el desarrollarse de forma integral, y les ofrece la posibilidad de ir averiguando las propias tendencias, aptitudes y talentos.

Esto nos lleva a ver por qué antes he utilizado el plural al referirme a la inteligencia. Es una realidad ya demostrada científicamente que no poseemos un solo tipo de inteligencia, sino que coexisten al menos 8 tipos: todas ellas independientes, importantes y necesarias para el desarrollo, el aprendizaje y la vida. Howard Gardner, psicólogo e investigador estadounidense que formuló la teoría de las inteligencias múltiples, descubrió que estas 8 inteligencias están en potencia en cada individuo y se combinan de forma única y particular en cada persona teniendo algunas más relevancia sobre otras (igual que nos pasa con los sentidos).

Las inteligencias de las que nos habla Gardner son:

- **Inteligencia lingüística:** Es la capacidad relacionada con el habla, la escucha, la lectura y la escritura. Los niños y niñas hacen de la comunicación un medio de interacción y expresión importante desde bien pequeños, descubriendo y disfrutando de los matices y tonalidades de las conversaciones, la narración, los cuentos, etc.
- **Inteligencia lógico-matemática:** Es la capacidad relacionada con los números, las abstracciones y el buen razonamiento. Los niños y niñas se acercan al mundo observándolo e interactuando con él en su afán de conocer, como si aplicaran el método científico: deduciendo, planteando hipótesis, comprobando y razonando. También

disfrutan de hacer listas, enumerar, clasificar, resolver problemas...

- Inteligencia visual-espacial: Es la capacidad de descubrir el entorno visual y espacial con exactitud, y pensar en imágenes sin necesidad de tenerlas presentes. Los niños y niñas son capaces, igual que los adultos, de recrear, transformar o recordar el mundo en su mente en forma de imágenes: disfrutan dibujando, creando con bloques, viendo imágenes, descubriendo texturas y colores, etc.

- Inteligencia cinético-espacial: Es la capacidad de expresar, realizar, crear y resolver una actividad o problema a partir de involucrar el cuerpo en ello, ya sea parcial o totalmente. Los niños y niñas entienden el mundo experimentando con el movimiento de su cuerpo y aplicando el sentido del tacto: disfrutan corriendo, saltando, tocándolo todo (incluso instrumentos)...

- Inteligencia musical: Es la capacidad de percibir el ritmo, el tono y el timbre de las diferentes formas musicales. Los niños y niñas tienen una sensibilidad especial para los sonidos y sus matices: disfrutan sintiendo el ritmo, moviendo el cuerpo al compás, cantando, entonando a la hora de hablar, descubrir los sonidos de las cosas...

- Inteligencia interpersonal: Es la capacidad y sensibilidad para sintonizar con la otra persona y ponerse en su lugar. Los niños y niñas tienen la capacidad de leer sutilezas emocionales y corporales en los demás que les sirven de guía para su adecuada relación con ellos y ellas, y disfrutan de las relaciones sociales cooperando, ayudando y guiándolos.

- Inteligencia intrapersonal: Es la capacidad y sensibilidad para sintonizar y conocerse a sí mismos. Los niños y niñas se comprenden y reconocen en sus acciones, reacciones y sentimientos, y pueden llegar a tener manejo sobre ellos y ellas. Disfrutan de su mundo interior, del tiempo en calma y consigo mismos, de su imaginación y fantasía.

- Inteligencia naturalista: Es la capacidad de entender y ser sensible con el mundo natural, queriendo profundizar y descubrirlo. Los niños y niñas se sienten atraídos por la flora y la fauna, y disfrutan observando, reflexionando, conectando, clasificando e integrando las percepciones que reciben del mundo natural y humano.

Todas estas inteligencias son necesarias y se interrelacionan para conformar el mundo pensante, particular y propio del individuo, teniendo más o menos tendencia hacia unas u otras. Aparecen en potencia, a la espera de que se las active. Esta activación dependerá del contexto afectivo, físico y sociocultural en el que se encuentren los niños y niñas, y de las oportunidades que les ofrezcamos para descubrirse y descubrirlo. Ser consciente de la tendencia hacia unas inteligencias u otras nos ayuda a entenderlos mejor y, sobre todo, a acompañar adecuadamente su aprendizaje tanto para potenciar sus talentos como para guiar aquellas inteligencias que quedan más escondidas y que, aun así, es necesario desarrollar para que su ser brille en plenitud. ¡Pero ojo! Sin sobreestimular, sino buscando estrategias cotidianas que los acerquen a descubrir ese potencial que tienen latente, ayudándonos de los sentidos y las habilidades en los que se encuentren más cómodos.

 Recuerdo una mamá que estaba preocupada porque su hija de 6 años se pasaba horas en el patio del colegio buscando, observando y tocando insectos y plantas. Apenas se relacionaba en el exterior con sus iguales, como les hubiera gustado a la madre y los docentes, y dudaban de que absorbiera otros conocimientos curriculares. A simple vista, esa niña tenía unas inteligencias naturalista e intrapersonal notorias y marcadas, y seguramente el sentido del tacto y la vista predominantes. Por eso, para explorar e integrar las otras inteligencias, le propuse utilizar las inteligencias predominantes y poner en marcha un cuaderno donde pudiera dibujar los insectos que encontraba —o poner una fotografía que hicieran juntas—, darles un nombre —aunque fuera en garabatos si no sabía escribir aún—, añadir curiosidades de cada uno —colores, texturas, formas, número de patas...— y recordar alguna canción donde aparecieran los insectos, la cantaran y la bailaran. Y, al tener unos cuantos registros hechos de sus hallazgos, podría invitar a otras personas y hacer una exposición en casa o llevarla a clase, donde la niña pudiera contar todo lo que había descubierto sobre cada insecto.

Se trata de observar qué los motiva, dónde fluyen y en qué son hábiles, y, como a mí me gusta decir, comenzar a «tirar del hilo» de la madeja mental. Te quedas maravillada cuando tú tan solo favoreces el ambiente acercando oportunidades y formas de interactuar con el entorno alineado a ese cóctel único de inteligencias predominantes y ves al niño o niña en sintonía real consigo mismo. Así, el aprendizaje en todos los sentidos se presenta como revelaciones propias, como conexiones que empiezan a cobrar sentido y generan en el interior de los niños y niñas múltiples improntas emocionales que los impulsan a creer en sus posibilidades, habilidades y talentos. A creer que son dignos y dueños de su aprendizaje, que son capaces de avanzar, transformar y transformarse para cultivarse en su ser auténtico; a descubrir, en este proceso, su propio «elemento», como lo llamaba Ken Robinson, experto británico en educación, creatividad e innovación. La zona donde confluyen las cosas que se les da bien hacer y los llena de energía y placer, con aquellas que les apasionan y surgen de manera natural. En esa zona, en ese «elemento», se sienten auténticos, plenos y libres.

Y sí, no en todos los colegios ni todos los docentes acompañan de esta manera el aprendizaje de los niños y niñas, pero no olvidemos que nosotras (co)creamos la educación de nuestros hijos e hijas y aportamos mucho a ese andamiaje cerebral individual. Así que, si no podemos modificar la educación reglada, sí podemos ser nosotras las que guiemos el camino de experimentación y conocimiento que queremos para ellos y ellas. No hay excusas, sino convicciones internas de que nosotras lideramos la educación que queremos para nuestros hijos e hijas. Por lo tanto, somos las que podemos favorecer en gran medida el entorno rico, vivido y compartido, para que, con observación y todos los ingredientes que vimos en el capítulo de la educación, acompañemos a nuestros hijos e hijas hacia el conocimiento de sí mismos, de su relación con el entorno, su cultura y su poder transformador.

Y una cosa más. Todo esto podemos conseguirlo más fácilmente si sintonizamos con ellos y ellas y hablamos su mismo lenguaje: el juego. El juego es el mejor medio para que nuestros hijos e hijas aprendan. Ellos y ellas se relacionan con el mundo jugando; así es como descubren el mundo y como despiertan sentimientos positivos que crean huellas emocionales para toda la vida. El juego es su medio para aprender, aunque no juegan para ello. Lo veremos más adelante.

Estoy segura de que ya te has puesto a pensar cuáles deben ser las inteligencias que predominan en tus hijos e hijas y cuáles en ti; te invito a que respondas unas cuantas preguntas. Así formularás otras que pueden ayudarte a tener una ligera orientación sobre este tema.

- ¿En qué se le pasan las horas? Leyendo, construyendo, pintando, bailando, cocinando, cuidando animalitos…

_____

_____

_____

- ¿Notas que tenga alguna sensibilidad especial? La música, los animales, el cuidado de las personas, contar las cosas, tocarlo todo…

_____

_____

_____

- ¿Qué necesita hacer cuando te cuenta algo que le interesa? Moverse, mover los ojos hacia arriba como buscando algo, buscar objetos para ejemplificar, dibujar, razonarlo, narrarlo como una historia que necesita contar entera...

- ¿Qué sentido consideras que tiene más desarrollado? El oído, el tacto, el olfato, el gusto, la vista, el corporal.

- ¿Cómo es su relación con los demás? ¿Y con él o ella misma? Es sociable, retraído, observador, introspectivo...

- ¿Qué le resulta fácil resolver? Un puzle, una adivinanza, un conflicto entre amigos, problemas tecnológicos...

No son, ni mucho menos, preguntas de manual ni de test; son acciones que a mí me gusta observar en los demás, y en mí misma, y que pueden llevarte a indagar y descubrir un poco más a la persona que tienes delante, sabiendo de qué forma puedes acercarte mejor a él o ella y de qué manera va a abrir la mente y conectar placenteramente con la realidad. Y quizá llegues a visualizar cuáles de las inteligencias y los sentidos predominan, pero no te obsesiones; solo intenta estar abierta a observar sutilezas que te darán pistas para el camino.

crecer en conexión

Si hay algo que sostenga todo lo que acabamos de compartir antes es precisamente lo que vamos a ver en este capítulo: la conexión.

Como seres sociales, se nos concibe, nacemos y nos desarrollamos gracias a la relación con las otras personas que comparten nuestro entorno cercano. Al nacer inmaduros y vulnerables, durante los primeros años de crecimiento y desarrollo necesitamos los cuidados especiales de personas cercanas para satisfacer las necesidades básicas que garantizan nuestra supervivencia. Ya desde el útero, el feto se encuentra protegido y cuidado en la envoltura cálida del cuerpo materno. El bebé seguirá necesitando esta calidez, cuidado y seguridad durante toda su etapa infantil y adolescencia. Es en estas etapas y, sobre todo, en los primeros años de vida, donde la conexión con el otro y con el entorno es fundamental para asentar las bases del desarrollo físico, psíquico, emocional y social del individuo.

Aparte de garantizar la supervivencia durante los primeros años, esta conexión con las otras personas les sirve a los niños y niñas para:

- Desarrollarse y conocerse
- Aprender a relacionarse con ellas
- Sentirse parte de la cultura y la sociedad en la que viven
- Reconocerse como parte de ella y de la naturaleza que habitan

Dependiendo de la calidad y calidez de esta conexión, la relación se vivirá, sentirá e interpretará de una u otra manera, lo que contribuirá a un desarrollo más o menos armónico. Como madres, padres y educadores que tenemos este libro en las manos, somos conscientes de que queremos que los niños y niñas que acompañamos crezcan sin prisas y, a la vez, conectados a la vida, su vida, de forma positiva, alegre y equilibrada; no lo simplifiquemos solo a felices. Para ello, esta conexión debe basarse fundamentalmente en la construcción de un vínculo sano, seguro, fiable y mantenido en el tiempo con ellos y ellas.

 Y este vínculo se crea y se desarrolla alrededor de una emoción que te invito a descubrir mientras unes con un lápiz los números de aquí abajo:

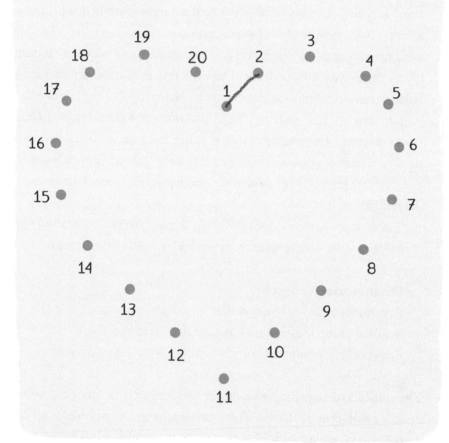

Así es: el amor es la emoción que nos permite sintonizar afectiva, mental y físicamente con las personas, nos aporta el sustento para sentirnos seguros, sostenidos y consolados, y nos ofrece el bienestar físico y emocional para lanzarnos, sintiéndonos capaces, a explorar y experimentar la vida. Este amor que cada progenitor, independientemente de que sea biológico o no, brinda a cada uno de sus hijos e hijas es el que irá hilando y construyendo, paso a paso, el vínculo de apego entre ambos.

En este camino es preciso conocer y revisar las características particulares de la conexión para que esta sea como realmente queremos y para que les llegue a nuestros hijos e hijas como ellos necesitan. En primer lugar, vamos a revisar aspectos importantes de la propia conexión con nosotras mismas; luego, de la conexión con los hijos e hijas y, por último, de la conexión con nuestras emociones. Más adelante, revisaremos también la conexión con el juego y con la naturaleza como partes esenciales del ser humano.

Crecer en conexión con nosotras mismas

Seguramente, al ir leyendo el libro y completando las actividades propuestas y jugando con ellas, nos hemos visto directa o indirectamente haciendo inventario de nuestra propia historia pasada y presente, viendo cómo se sembró nuestra semilla y cómo estamos sembrando y cultivando la de nuestros hijos e hijas. Nos habremos dado cuenta de que esas vivencias, experiencias y aprendizajes, tanto cognitivos como emocionales y sociales que hoy percibimos en nosotras, se deben, en parte, a los momentos que vivimos durante nuestra infancia y la conexión que experimentamos al vivirlos. Hoy somos lo que somos, en parte, gracias a todo ello. Y recalco «en parte» una vez más porque, como dicen el psiquiatra Siegel y la psicoterapeuta Bryson: «La historia no determina el destino». Nuestro cerebro, aun siendo adulto, ha sido y es plástico y moldeable, al igual que nuestros pensamientos y comportamientos. Nada es fijo ni estático. Por eso, vengamos de donde vengamos y con la historia que llevemos a la espalda, nuestra historia estará con nosotras, sí, pero no tiene por qué configurar ni determinar nuestras acciones o sentimientos ni nuestra forma de educar presente o futura.

Volver a conectar con nuestra esencia, de la que quizá nos hemos distanciado por las exigencias impuestas por la vida y las realidades vividas, nos lleva a recordar lo que somos y lo que hemos venido a ser, y nos da la oportunidad de recobrar el camino de nuestro ser auténtico, de reencontrarnos con ese estado de *flow* con el que vivíamos de niños y niñas —del cual nos habla el psicólogo húngaro Mihály Csíkszentmihályi en su teoría del *flow* (flujo)—, que nos llenaba de energía y nos conectaba con las posibilidades del momento. Volver a conectar con nosotras significa volver a fluir con la vida tal y como queremos: volviendo a habitar nuestro cuerpo y a cuidar de él, velando por satisfacer nuestras propias necesidades y viviendo una vida con sentido, en lugar de esperar a encontrar el sentido de la vida.

> **Qué idílico suena todo esto, ¿verdad? Y qué difícil llevarlo a cabo, ¿no es cierto?**

Yo aún sigo buscándome, pero el camino recorrido ha valido la pena y cada vez estoy más cerca de la conexión que quiero conmigo misma y que siento que me permite conectar mejor con los demás y, en especial, con mi hijo y mi hija. Y si puede ayudar a estar más conectadas con una misma, comparto estos 3 pasos que a mí me sirven para tomar consciencia de las conexiones pasadas, creencias y limitaciones que llevo en mi mochila, y también como ancla para volver a tierra cuando mi mente entra en caos emocional y busco ir a un espacio ordenado y de calma para pensar y actuar con mayor serenidad, conexión y coherencia:

1. **Entiéndete**
2. **Acéptate**
3. **Reconéctate**

Déjame que te los explique con más detalle.

Entiéndete

Conocer quiénes somos, cómo somos, qué fortalezas y debilidades tenemos, cómo pensamos y cómo nos controlan nuestros pensamientos
y se activan nuestros disparadores emocionales, cómo conectamos y
nos gusta que nos conecten, etc., es conocer nuestro mundo interior
para entender mejor nuestros sentimientos, palabras y reacciones. ¿Nos
acordamos del «pienso, siento, digo y hago»? Pues es eso: saber cómo
está nuestra coherencia en nosotras. Así también podemos detectar los
automatismos que se disparan y alteran el equilibro y el bienestar personal y de nuestro hogar, y entenderlos.

Es algo normal. Muchas entramos algunas veces en caos emocional.
Nos ocurre a la mayoría de las madres y padres. En ocasiones, las reacciones automáticas y los patrones de convivencia adquiridos aparecen
en momentos de tensión y nos llevan a desbordarnos sin que podamos
contenerlos, y suman culpa y arrepentimiento al saco de la baja autoestima propia.

- Reacciones automáticas que no suman:

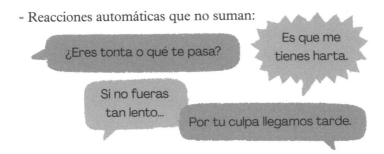

- Culpas autoimpuestas que no nutren:

> Les digo que no griten y voy yo y les pego un grito que los dejo temblando.

> ¿Cómo pude humillarla de esa manera?

> ¿Cómo puedo ser tan mala madre?

Salen. Se disparan. Y no nos gustan, pero surgen como dardos directos hacia nuestros hijos e hijas, y luego hacia nosotras mismas en forma de arrepentimiento, culpa, frustración, desconsuelo, tristeza... Y generalmente suelen desencadenarse por razones de peso como:

- Un quebrantamiento de nuestros valores más profundos.
- Una falta de límites claros.
- Unas necesidades no satisfechas, pasadas o actuales. Porque ¿nos acordamos de las necesidades de la infancia del primer capítulo? Pues igual aplica para los adultos: detrás de una reacción desbordante hay una necesidad insatisfecha; en cambio, de una emoción positiva deviene una necesidad satisfecha.

La realidad y la buena noticia es que estas frases:

- Hablan de nuestra historia pasada y de una conducta concreta, no hablan de nuestro ser ni del de nuestros hijos e hijas.
- Hablan de necesidades no escuchadas ni atendidas, como una falta de conexión con nosotras mismas y con la otra persona.
- Hablan de no encontrar las herramientas o los recursos favorables para gestionar la situación de forma adecuada para todos y todas, o de no disponer de ellos.

Es decir, si nos fijamos, hablan de acciones o reacciones que pueden solventarse o transmutarse, si fuera necesario, poniendo consciencia, acción y perseverancia.

Entender que no somos nosotras, sino nuestra historia; la desconexión, el descuido de nuestras necesidades o la falta de recursos no nos justifica, pero puede ser la ocasión de contemplarlo como un detonante para el despertar de la mente inconsciente y podemos verlo como oportunidades que nos ayuden a entendernos y conocernos un poco más a fondo y ser conscientes de que, como nos dice el psicólogo estadounidense creador de la comunicación no violenta Marshall B. Rosenberg: «El comportamiento de los demás puede ser un estímulo para nuestros sentimientos, pero nunca la causa... Es importante establecer una separación clara entre estímulo y causa».

Darnos cuenta de estas reacciones automáticas es un gran primer paso que nos lleva a percibir nuestras fugas de comportamientos y emociones, así como las de nuestros hijos e hijas. Asimismo, nos proporciona las herramientas para abrir un oasis de consciencia, aunque sea breve, en momentos de conflicto, donde poder tener, con alguna herramienta de autorregulación, espacio para la reflexión, evitar la reacción automática y encontrar soluciones más creativas, empáticas y didácticas para todos y todas. Esto nos llevará a actuar, hablar y hablarnos sin perder la conexión y la coherencia educativa que buscamos. ¡Y ojo, que, si se pierde, tiene solución! Rápidamente podemos repararla con humildad, sensibilidad y amor.

En este oasis mental que abrimos, podemos tener el tiempo breve para disociar el estímulo (el disparador emocional) y la causa, identificar nuestros sentimientos y necesidades, así como los de la otra persona, y evitar juicios, etiquetas, castigos y gritos que no suman a la relación, sino que distancian.

Acéptate

Se trata de mirar con valentía y consciencia la realidad y la situación en el entorno concreto, desde la perspectiva del amor y la toma de responsabilidad, aceptándola tal y como es y girando la vista hacia la búsqueda de soluciones para el cambio. Para ello, debemos concentrar la energía en gestionar y transformar la emoción, atender la necesidad y buscar la reconexión con el bienestar para sentirnos integradas e integrar a las otras personas si fuera necesario.

No podemos cambiar lo que ha ocurrido, pasado incluido, pero sí transformar los pensamientos y sentimientos del momento para encaminarlos hacia acciones y palabras que favorezcan una relación más constructiva y nutritiva para nosotras y también para las personas con las que compartimos el camino.

Así pues, no nos quedemos en el pesar, sino que hoy, en el presente y siempre que lo necesitemos, debemos empatizar con compasión hacia nosotras y la situación, conectar con el corazón (el amor) y las posibilidades de aprendizaje (la transmutación). Con esta nueva mirada y actitud liberamos la mente de juicios, etiquetas destructivas y culpas, e incentivamos la empatía, la conexión y el proceso de cambio ahondando en nuestros sentimientos y en las necesidades que hay detrás y que no han sido atendidas, y hacemos que nuestra forma de tratarnos y comunicarnos con nosotras mismas se vuelva más amable, respetuosa y empática.

Reconéctate

En este nuevo estado de consciencia somos cada vez más capaces de vernos en plenitud y sentirnos creadoras de nuevas posibilidades en las que construir el tipo de conexión que realmente queremos tener con nosotras y con nuestros hijos e hijas, y de pasar a ser las líderes de la educación que queremos para ellos y ellas. Tenemos claro de dónde venimos, quiénes somos ahora y hacia dónde queremos ir, sin necesidad de sentirnos manejadas por el juego de pensamientos y emociones que nos incitan al juicio, la culpa, la frustración o a vivir con expectativas asfixiantes o conductas incómodas. En esta consciencia descubrimos nuestro ser conectado y coherente con lo que pensamos, sentimos, decimos y hacemos. Es una conexión con nosotras mismas que se sustenta sobre un estado de conocimiento, serenidad y estabilidad y que nos lleva a pensar con claridad y creatividad, la conjunción perfecta para poder discernir en momentos complicados.

Y cuando estamos ahí, ya podemos dar el siguiente paso hacia la búsqueda de nuestra propia esencia, la que nos espera latente en el corazón de nuestra semilla, redescubriéndonos a partir de la reconexión con nosotras mismas y la conexión con nuestros hijos e hijas, que, como hemos estado viendo, nos regalan esos «despertares de consciencia» que podemos transmutar desde ya mismo aplicando la compasión, la aceptación, la voluntad y la acción, porque toda transmutación requiere una acción para lograrse.

Este es el gran proceso transformador que nos regala el ser madre o padre. Porque tener un hijo o hija nos transforma o, mejor dicho, nos transmuta. Y está en nosotras el poder de omitirlo, voluntaria o involuntariamente, y seguir viviendo en confrontación con nosotras mismas y con nuestros hijos e hijas, o aceptarlo y agradecerlo, viéndolo como una oportunidad que nos permite reconectarnos y convertirnos en mejores personas y acercarnos cada día un poquito más a la madre o al padre que necesitan nuestros hijos e hijas y a la mujer u hombre que habita en nosotros.

Así que, dime, ¿dónde decides estar tú? Coge un lápiz, escribe tu nombre y selecciona el compromiso que te haces a ti misma ahora llenando de color la casilla escogida:

YO

☐ ME OMITO   ☐ ME TRANSMUTO

¡Ya estás comprometida! Aunque déjame decirte que esta rápida decisión es tan solo un paso muy sintetizado y un tanto frívolo por mi parte, porque es difícil determinar un tema tan serio e importante como este con un sí o un no. Lo cierto es que se trata de un paso ágil que activa la decisión y la determinación sobre lo que queremos, hacia dónde vamos y desde dónde partimos en este camino que es el de acompañar a nuestros hijos e hijas sin prisas y respetando sus procesos y necesidades, así como los nuestros propios. ¡Por eso es tan importante que te comprometas a ello! Porque si has escogido omitirte, estás en pleno derecho y te diría que dejaras el libro para otra ocasión, cuando creas que es el momento de seleccionar la opción «me transmuto» o cualquier otra que necesites. Sin embargo, si has elegido ya la otra opción, pasarás con más decisión a aplicar los cambios y pasos que necesitas para acercarte a esa persona que sabes que eres.

Y, por supuesto, este proceso no es inmediato. Crecemos como personas a la par que nuestros hijos e hijas. A veces a más velocidad, a veces con menos; en ocasiones volvemos para atrás, pero si tenemos presente nuestra decisión, cada paso será siempre hacia adelante, aunque no nos lo parezca en ese momento. Así que, estemos donde estemos, ¡celebrémonos! Porque si tenemos este libro en la mano, o cualquier otro que nos impulse a conectarnos con nosotras mismas para conectar mejor con nuestros hijos e hijas, es porque tenemos una intención clara de cambio y transmutación. Todo es cuestión de tiempo y el nuestro ya ha empezado a contar.

Y también, ¡celebrémonos imperfectas! Porque saber que somos unos seres maravillosamente imperfectos nos aligera la carga, nos permite ver oportunidades de aprendizaje en las equivocaciones, transitar emociones difíciles sabiendo que de ahí saldremos más fortalecidas y, sobre todo, les quita cargas mentales y emocionales a nuestros hijos e hijas, que no nos quieren perfectas, sino auténticas y presentes, y los libera de tener que mostrarse perfectos según nuestros cánones para poder entregarse al error sin temor y desarrollarse sin juicios ni prejuicios junto a nosotras mientras crecemos y aprendemos juntos.

Cuando nos liberamos de la perfección autoimpuesta, de las culpas, de las expectativas y de la frustración por no ser la madre o el padre perfectos que imaginábamos, entre tantas otras cosas que sentimos, todo se relaja. Todo comienza a fluir: baja la necesidad de control, las emociones se transforman y producen una energía positiva y optimista muy contagiosa, y todo ello nos permite disfrutar la vida y encontrarle el delicioso sabor que tiene a pesar de los trompicones.

Ligeras como vamos, confiamos en nosotras y en nuestras posibilidades, nos sentimos capaces de acompañar como queremos a nuestros hijos e hijas (y a nosotras mismas, porque maternar también es autocuidarnos), procedemos a activar con facilidad la autorregulación cuando sentimos que nuestra historia llama a la puerta, y nos miramos, nos compadecemos y nos aceptamos tomando la responsabilidad y actuando para reconectarnos y repararnos.

Es asombroso comprobar cómo, cuando vivimos el proceso, volvemos a estar en el aquí y el ahora, volvemos a saborear el placer de tener unos hijos e hijas al verlos competentes, completos y dignos de un amor incondicional, sin ataduras ni condiciones, que entregamos como nutriente para cultivar nuestra relación sincera. Y en esta seguridad no nos olvidamos de nosotras y ponemos los límites necesarios para preservar los ratos de autocuidado para ir encontrando el equilibrio entre nuestros momentos, los profesionales y los familiares.

Y ahora pregunto: ¿sabemos dónde comienza la verdadera conexión que todo lo puede?

¡Un momento! Quiero descubrírtelo de una forma especial. ¡Atenta! Tal cual estás con el libro abierto, sujeta las páginas de la derecha del libro con la mano derecha y, con la otra, deja que las páginas de la izquierda se escapen rápido del pulgar; en el movimiento de las hojas descubrirás un camino por seguir. Pruébalo y síguelo; te conduce a una frase que te ayudará a responder a la pregunta anterior y a completar la frase que tienes a continuación.

¡La verdadera conexión que todo lo puede

_____!

¿Y qué podemos hacer para conseguir una buena conexión con nosotras mismas?

Pues un gran trabajo de autoconocimiento y aceptación, está claro; pero para que podamos llevarlo a cabo es necesario comenzar con pasos pequeños y encontrar espacios personales de reencuentro y disfrute. A continuación, a modo de inspiración, comparto algunas ideas que podemos probar:

- Caminar. Salgamos a caminar sin un objetivo marcado o un destino preciso. Si podemos hacerlo rodeadas de naturaleza, mejor; por ejemplo, en un parque, campo, playa...

- **Escribir.** A primera hora de la mañana, dediquémonos un rato a escribir y vaciar la mente, aunque no le encontremos sentido al principio. Poco a poco irán apareciendo cosas interesantes que nos ayudarán a entendernos y conocernos mejor.
- **Crear.** Pensemos con las manos. Cuando creamos de la forma que sea —pintando, coloreando mandalas, cocinando, haciendo ramos de flores…—, ponemos las manos en danza y liberamos la mente, y eso nos lleva a pensamientos más profundos.
- **Bailar.** Soltemos el cuerpo un rato dejándolo danzar en libertad. El movimiento despierta un estado de felicidad y serenidad increíble para reconectarnos con nosotras mismas.
- **Agradecer.** Busquemos al final del día un momento para agradecer tres cosas vividas, pensadas o sentidas. Nos daremos cuenta de la abundancia que nos rodea y de las cosas maravillosas que ocurren en nuestra vida.

Vamos a indagar un poco en tus gustos para encontrar actividades que sean compatibles contigo.

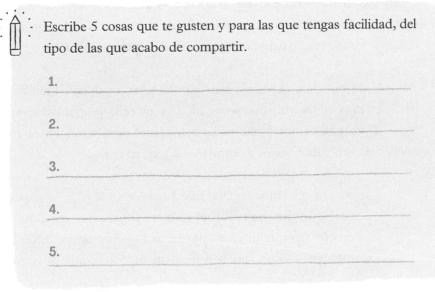

Escribe 5 cosas que te gusten y para las que tengas facilidad, del tipo de las que acabo de compartir.

1.

2.

3.

4.

5.

Ahora escribe 5 cosas que te gustaría hacer, pero que hace mucho tiempo que no haces o que no has hecho nunca; por ejemplo, patinar, ir a clases de cerámica, bucear...

1.

2.

3.

4.

5.

A continuación, escoge una de estas 10 cosas que te gustan o se te dan bien y anótala en la agenda para ponerla en práctica esta semana, y otra de las que te gustaría hacer y que hace tiempo que no haces o que nunca has hecho y prográmala para la semana que viene.

Comprométete y fíjate en cómo te sientes haciéndolo, cómo reacciona tu energía, y vuelve a programar más momentos para ti durante las semanas siguientes. Ya tienes unas cuantas ideas para empezar.

 Y ahora, antes de seguir, y siendo fiel a la idea de que todo comienza en una misma, ponte al día y no te dejes para el final. Tómate tu tiempo y retoma las actividades propuestas a lo largo del libro para trabajar tu consciencia y conexión:

Revisa el bosque familiar que dibujaste en la pág. 23 ¿Apareces tú? ¿Refleja ese árbol cómo te sientes ahora? Recuerda que siempre puedes transformarlo —borrarlo y volver a dibujarlo— para que te represente tal como quieres. Si no estás dibujada en él, ¿qué tal si te dibujas? ¡Tú eres muy importante en ese ecosistema!

☐ Revisa si has contestado las preguntas del apartado «Punto de partida» de la pág. 47.

☐ Revisa si has coloreado la «Rueda de la vida» de la pág. 53 y si has seleccionado tus tres necesidades a atender. ¿Las has agendado y llevado a cabo? ¿A qué esperas si no?

☐ Revisa la tabla con los disparadores emocionales del apartado «La autorregulación» de la pág. 90 y actualízalos con los nuevos automatismos que hayas detectado estos días.

☐ Vuelve a mirar tu «Mural de inspiración» de la pág. 57 y, si necesitas añadir o cambiar algo, este es el momento. Recuerda mantenerlo cuidado y actualizado.

☐ Revisa si has contestado las preguntas del apartado «El error como aprendizaje» de la pág. 125. ¿Has notado algún cambio en ti desde que tomaste consciencia de ello?

☐ ¿Has jugado hoy? Espero que contestes que sí, porque hace un momento te he invitado a jugar con este libro para que buscaras una frase. ¿Te has dado cuenta? Y es que jugar no tiene por qué significar hacer cosas grandes y complejas, así que no te olvides de hacerlo. Ya puedes empezar con estas dos actividades de reencuentro y disfrute que acabas de elegir para hacer en estas dos próximas semanas. Y no dudes en seguir rellenando citas de conexión contigo misma.

Crecer en conexión con nuestros hijos e hijas

La conexión con nuestros hijos e hijas es la labor más importante y que deberemos tomar con más seriedad en relación con ellos y ellas. Sin conexión no se establece la relación verdadera, sincera y profunda que necesitan para crecer y desarrollarse sintiéndose y creyéndose competentes y merecedores de vivir su vida en bienestar y felicidad.

Biológicamente, nacemos listos para generar conexión con las personas que nos rodean, especialmente con quienes nos cuidan, porque de ellas depende nuestra supervivencia. Los primeros tres años de vida, sobre todo los primeros meses del bebé, son fundamentales para sentar las bases de una buena conexión, pero, ojo, ¡que no cunda el pánico!

Recordatorio importante: hasta ahora lo hemos hecho —y lo hacemos— lo mejor que hemos sabido con lo que hemos tenido, ¿de acuerdo? Y otro recordatorio: ¡tranquilidad! Porque ya sabemos que la plasticidad cerebral siempre nos ofrece oportunidades para crear la conexión que necesitamos y necesitan. Cada día se dan nuevas ocasiones para revisarnos, revisar nuestra conexión con nuestros hijos e hijas y reajustar lo que detectemos necesario. No nos necesitan perfectas, sino reales y auténticas. Y en esa realidad buscan nuestra presencia, nuestra mirada disponible y nuestro amor, así como nuestra firmeza y redirección cuando sea necesario.

Imaginemos esta conexión en el vínculo familiar como un laboratorio creativo, sensorial y emocional. En él, nuestros hijos e hijas —con la certeza de saberse seguros, apoyados y alentados— exploran, practican y corrigen en libertad y con nuestra guía todo lo necesario para crecer y desarrollarse sintiéndose competentes, dignos y confiados tanto en sí mismos como para conocer, entender y asimilar las normas sociales y culturales del entorno. Un pequeño ecosistema seguro y tangible donde puedan crecer y vivir a pequeña escala el mundo exterior con sus relaciones, sus retos y misterios, y el mundo interior donde cultivar las habilidades que les servirán para conocerse, relacionarse sanamente y vivir empoderados más allá de las lindes del hogar. No se trata de meterlos en una burbuja de sobreprotección, sino de crear un ambiente familiar que ofrezca la autonomía y la guía amorosa y firme necesaria para que ellos y ellas puedan descubrirse en sus fortalezas, sus debilidades y en todo su potencial, que les permita afrontar los retos de la vida con resiliencia gracias al sostén, la confianza y el aliento de sentirnos cerca, sin juicios, sin reproches ni chantajes, si nos necesitan.

¿Nos lo podemos imaginar? Dan ganas de vivir ese ambiente-laboratorio, ¿verdad? Pues se va creando desde el momento en que nos imaginamos a nuestra criatura antes de nacer, antes de tenerla en brazos, independientemente de si somos madres o padres biológicos. Este ambiente familiar se crea en nuestra fantasía al imaginarnos junto a nuestros hijos e hijas jugando, paseando, comiendo…; al soñar su cara, su ternura, su alegría… Un mundo soñado que nos prepara emocionalmente para recibir a esa criatura de una determinada manera. Y cuando ya la tenemos en brazos, comienza una danza de conexiones sensoriales, mentales y emocionales intensa y grandiosa para ambas partes, que lleva al bebé a llamar nuestra atención para que lo asistamos según lo que vaya necesitando, y a nosotras a calibrar nuestra sensibilidad para descubrirlo, interpretarlo y cuidarlo. Así empezamos a crear juntos esa conexión, ahora real, a partir de lo que el bebé es, y a despertarnos nosotras de la ensoñación para centrarnos en el presente con responsabilidad y amor.

Esta relación que comienza y que creamos nosotras con cada uno de nuestros hijos e hijas se inicia con un nuevo y particular diálogo donde se da y se recibe conexión para construir, poco a poco, la base sólida en la que crecerá y se desarrollará la personalidad del bebé. ¿Nos suena esto? Es probable que nos recuerde la definición de «educar» que hemos visto antes: «un diálogo basado en la entrega y el recibimiento incondicionales que se gesta a fuego lento». Y es que la educación sin prisas tiene un sustento fundamental, que es la conexión.

Y, de repente, todo encaja y tiene sentido: educamos desde el primer momento en que tenemos a nuestro bebé en brazos. En la interacción de nuestros actos — conscientes e inconscientes — y con las palabras empezamos a crear nuestro propio estilo educativo y, por supuesto, nuestra conexión particular con cada uno de nuestros hijos e hijas. Una conexión que se asemeja a esos diales de las radios «antiguas» en las que teníamos que mover con suavidad la ruedecilla hasta sintonizar la emisora que queríamos escuchar. En este caso, lo que sintonizamos es nuestro corazón con el de nuestros hijos e hijas, para escucharnos con sinceridad y a fondo, permitiéndonos descubrirlos y amarlos, así como ser descubiertas y amadas por él o ella.

A esta conexión se le llama «apego» y nuestro mayor fin como adultos que cuidamos a niños y niñas es ofrecer a cada uno de ellos y ellas, según sus individualidades y necesidades, un tipo de apego que sea seguro, confiable y sostenido en el tiempo. Debemos ofrecer un apego que dé cobijo y bienestar físico, emocional y relacional, y que permita construir unas raíces fuertes en las que nuestros hijos e hijas puedan sostenerse mientras crecen y se desarrollan con autonomía hacia la independencia personal que llega con la madurez.

Para conformar este apego es necesario crear con nuestra mirada, nuestro contacto, nuestras palabras y nuestras acciones un ambiente-laboratorio particular donde nuestros hijos e hijas se sientan profundamente seguros y amados por lo que son, y donde se ofrezca una verdadera confianza en lo que puedan ser y sentir, y libertad para expresarse con curiosidad y asombro en todas las dimensiones y tonalidades.

En un ambiente así podremos descubrirlos en plenitud, sin condicionamientos que desvíen la auténtica esencia de nuestros hijos e hijas. Porque cuando se desvían de su esencia, generalmente, es porque buscan agradar y encajar en nuestras expectativas hacia ellos y ellas, lo que piensan que esperamos (ya sea lo que tienen que decir o cómo deben comportarse) de ellos y ellas. Otras veces también lo hacen para evitar castigos y amenazas. Y, aunque duela decirlo, pero es una realidad que existe, por temor a humillaciones (públicas o privadas) o terror a un mal trato. Sea la razón que sea, lo que se produce es una desconexión de sí mismo.

> **Me imagino que ya estás revisando y reajustando tu dial, ¿verdad? ¡Vale verdaderamente la pena!**

¿Cómo crear un apego seguro, confiable y sostenido?

Lo principal y más importante es que tengamos claro que la relación y, por ende, la conexión que creamos individualmente con cada uno de nuestros hijos e hijas es clave en su proceso madurativo a nivel físico, mental, emocional y relacional; es decir, que esta relación es fundamental para el tipo de adultos en los que se convertirán. Y, a la vez, debemos tener en cuenta que es nuestra responsabilidad y trabajo diarios el cultivar y cuidar la conexión siempre que surja la ocasión, haciéndonos cargo de nuestra propia realidad con entendimiento y aceptación, y adquiriendo el compromiso de llevar a cabo los pasos y reajustes necesarios para acompañar y atender sus necesidades sin olvidarnos de las nuestras.

A partir de este compromiso de responsabilidad tan importante, pero que no tiene por qué ser complicado, como veremos a continuación, vamos a ver una serie de pasos que nos ayudarán a recalibrar los diales para crear un apego lo más seguro, confiable y sostenido.

> **0.** Sintonízate
> **1.** Activa tu sensibilidad
> **2.** Entiende y conoce a tu hijo o hija
> **3.** Conecta con tu hijo e hija y atiende la necesidad

Sintonízate

Este es nuestro punto de partida diario en el que, antes de empezar a poner en marcha cualquier tipo de sintonización con nadie, hemos de sintonizarnos con nosotras mismas. Teniendo en cuenta el trabajo de reconexión que abordamos en el apartado anterior, ahora nos toca poner a punto nuestro bienestar diario; un ritual matutino donde descubrir nuestro estado emocional, físico y mental —sentimientos, pensamientos, preocupaciones, tensión corporal— que pueda alterar la transparencia de nuestra sintonización con el exterior. Revisémonos y aceptémonos para reconectarnos y comenzar el día presentes y disponibles, con nuestros límites sanos necesarios.

Hemos de ser muy conscientes de que nuestro bienestar personal repercute directamente en el ambiente que ofrecemos. Hemos de recordar también que somos seres perfectamente imperfectos y que tenemos derecho a sentir y a equivocarnos, sabiendo que la mejor medicina para ello es la conexión. Por eso, debemos encontrar cada día el mejor equilibrio interior.

> **Pregúntate cómo estás y qué necesitas hoy.**
> **Toma consciencia y acción para cultivarte.**

Activa tu sensibilidad

La sensibilidad es la capacidad que, además de activar nuestros sentidos, nos facilita sintonizar física, mental y emocionalmente con nosotras mismas y con las personas que tenemos cerca. Tener activada esta capacidad nos permite leer con mayor claridad y sin juicios el estado físico, mental y emocional de nuestros hijos e hijas, y nos permite hacer un mapa aproximado de cómo se encuentran y sienten en ese momento sin que interpongamos nuestros estados emocionales ni pensamientos.

De entrada esto suena difícil, pero, aunque no siempre acertemos en la lectura, veremos que servirá para abrir ventanas de posibilidades al tipo de acompañamiento que necesita nuestro hijo o hija en ese momento. Y en esa sintonización debemos tener en cuenta dos cosas importantes:

- Activar la sensibilidad no es agotarlos a preguntas, ¡no! Es ajustar el tempo propio, hacer las preguntas justas con curiosidad y entregarnos a observar. Y observar no tiene por qué ir acompañado de palabras. El silencio en conexión, aquel que se crea en un espacio respaldado por la confianza y la seguridad formado a fuerza de tiempo y respeto, nos permitirá ver más allá del comportamiento y deleitarnos en el descubrimiento de lo que nuestros hijos e hijas son, pero, sobre todo, y lo más emocionante, en lo que se están convirtiendo.

- No solo hemos de activar la conexión y la sensibilidad cuando haya un conflicto. De hecho, la buena conexión empieza en momentos cotidianos de bienestar donde todos y todas estemos emocionalmente positivos y abiertos a entregar y recibir. Esos momentos son los mejores para entrenar la sensibilidad (porque sí, ¡se entrena!) y conocerlos a fondo.

> **Mirar a tu hijo o hija con curiosidad y admiración hará que tu sensibilidad se active con mayor facilidad.**

Entiende y conoce a tus hijos o hijas

En ese estado de observación silenciosa pasamos a la acción de jugar a imaginar: «¿Qué estará pensando?», «¿Por qué lo estará haciendo?», «¿Cómo se estará sintiendo?», «¿Por dónde proseguirá?», «¿Qué aprendizajes está asimilando y cuáles ya tiene integrados?», «¿Qué le surge con naturalidad y qué le cuesta más?», «¿Qué necesidades está satisfaciendo y cuáles está necesitando satisfacer?»… Este último punto, el de las necesidades, es sumamente importante. Pero antes de entrar en esta materia, tengamos en cuenta que con esta observación lo que estamos consiguiendo es entender, por lo que nos resultará más fácil empatizar con la otra persona y, a la vez, conocer la esencia de esa personita que se muestra totalmente entregada en cuerpo, mente y corazón.

Retomando el punto de detectar y atender las necesidades de nuestros hijos e hijas, debemos asumir que es clave para poder acompañar y sostener emocionalmente su sentir, pero también va más allá, porque poner la mirada en las necesidades de cada niño y niña es ponerlos en el centro de la conexión, de su crecimiento, de la educación y de su vida. Es construir el camino conjuntamente conforme a lo que son, descubriéndolos, entendiéndolos y atendiéndolos en su totalidad, para hacer que se sientan protagonistas de su propia vida. Y esto es algo impresionante, porque ahí, en esa mirada sincera donde no solo conectamos, sino que también acompañamos en el crecimiento y desarrollo verdaderos, favorecemos todo su potencial y su autoconocimiento con la mínima desconexión.

¡Ojo! Esto no significa que sean los reyes de casa. En absoluto. Son el centro al cual observar y conocer para crear eso de lo que venimos hablando a lo largo de todo el libro: un diálogo bidireccional en el que los adultos tomamos el papel consciente y la responsabilidad de ser guías y guardianes, de ser la memoria externa que les recuerde sus talentos y superaciones, de ser aliento y presencia, y también límites firmes y redirección amable.

Conecta con tus hijos e hijas y atiende el momento

Conectar y atender el momento es fácil de entender cuando pensamos en el llanto de un bebé y sus necesidades vitales: hambre, sueño, frío, calor o algún tipo de malestar corporal o dolencia. Distinguir estímulo y causa es relativamente fácil cuando ya los hemos relacionado con la práctica, ¿verdad?

Pero habrá otros momentos y necesidades en los que tendremos que afinar todos nuestros sentidos y escuchar nuestra intuición para entrever más allá de lo que dicen o expresan física y emocionalmente nuestros hijos e hijas. Pongamos un ejemplo: podemos observar patrones que se repiten en su juego, como la necesidad de cobijo o de cubrirse creando cabañas con lo que encuentren, metiéndose debajo de la cama o la mesa, escondiéndose dentro de una caja, tapándose con ropa... Es algo normal que forma parte del proceso del juego en un momento determinado del desarrollo. Si observamos esto, podemos facilitar el espacio, el tiempo y la materia prima necesarios para que sigan explorando esta necesidad, de la cual obtendrán muchos aprendizajes significativos. Si no nos diéramos cuenta del valor de este tipo de juego, quizá nos molestaría verlos jugar debajo de la mesa o solamente veríamos el desorden que han armado en el salón con sábanas y sillas.

¿Qué ocurre cuando nos damos cuenta? Que hemos conectado y empatizado con lo que les pasa y necesitan, y cuando esto ocurre nuestra actitud cambia y podemos acompañar desde otro lugar más sintonizado.

Esto también se aplica cuando las cosas se tuercen y aparece un comportamiento inapropiado: quizá la verdadera causa escondida sea que nos han echado de menos durante el día, han tenido una discusión con un compañero, una pesadilla o han relacionado ideas y se han creado una película mental que necesitan desgranar, organizar y entender. Si no tenemos en cuenta estos pasos sutiles de conexión, quizá solo veamos la superficie del problema: el berrinche, el tirón de pelo al compañero, ese «¡Eres la peor madre del mundo!» o ese portazo y no percibamos el grito de ayuda que está por debajo y que ellos y ellas expresan inadecuadamente, desde nuestro punto de vista, con ese comportamiento.

Si de momento solo oímos el grito de auxilio y no vemos el trasfondo del problema, tomémoslo como un maravilloso regalo. Nos permitirá despertar nuestra mirada y activar el radar emocional e instintivo; nos entrenaremos en ir reconociendo sus verdaderas necesidades para poder satisfacerlas u ofrecer el acompañamiento necesario para que encuentren la manera de resolverlo.

Un día, una mamá con la que trabajábamos las necesidades propias y las de sus hijos e hijas estaba con su hija de 4 años en el supermercado y la niña no paraba de correr hasta que casi hizo caer a una persona en el pasillo de las conservas. La madre se mordió la lengua para frenar el automatismo que estaba a punto de salirle por la boca («¿Eres tonta o qué te pasa? ¿No ves que hay gente?»), que solo habría servido para etiquetar, enjuiciar y provocar sentimiento de culpa y desconexión. Pero recordó la importancia de conectar y aplicó los pasos: respiró y se sintonizó rápidamente, activó su sensibilidad, detectó estímulo y necesidad de ambas y pensó internamente: «Me siento nerviosa por si rompe algo, hace caer a alguien de verdad o nos llaman la atención; me da vergüenza y me siento en evidencia. Por otro lado, necesito comprar, controlar la situación para sentirme segura y competente como madre. Veo que mi hija se siente desbordada de energía y necesita canalizar su movimiento porque lleva toda la mañana en casa y no hemos tenido tiempo de ir al parque». Entonces, replanteó la situación para atender las necesidades de ambas, conectó visual y corporalmente con la niña, y le dijo con calma: «Veo que necesitas moverte. Ahora me doy cuenta de que no hemos ido al parque antes de venir al supermercado y seguramente te habría gustado haber ido a jugar un rato, ¿verdad? Y yo ahora me siento nerviosa e intranquila al verte correr por los pasillos y necesito acabar de comprar. Te pido que me ayudes para acabar la compra y luego nos vamos al parque a jugar y correr. ¿Crees que lo conseguiremos? ¿Sabes dónde está la fruta?». Y terminaron de comprar y fueron luego a correr al parque conectadas y felices.

Pregúntate cómo está (estímulo) y qué necesita en ese momento. Conecta y atiende la necesidad.

Sean cuales sean las circunstancias que tengamos delante, lo que buscamos con este tipo de conexión segura, confiable y sostenida es que los niños y niñas sepan y sientan la seguridad de nuestra presencia y amor incondicional, que se noten seguros, amados, pertenecientes, comprendidos y valorados. Si nos fijamos, son sentimientos que se destilan al atender las necesidades básicas de la infancia. Porque, más allá de cubrir las necesidades vitales, la necesidad de seguridad está en la base y esencia del ser humano, y no solo a nivel físico, sino también emocional. Somos capaces de ofrecer esta seguridad cuando creamos un ambiente emocionalmente positivo, accesible y lo más estable y coherente posible, siendo conscientes de que existirán los momentos tensos —ya sea por nuestra parte o por parte de nuestros hijos e hijas—, pero también que siempre podemos volver a conectar para que la relación no se resienta. Necesitan sentir y saber que, pase lo que pase, hagan lo que hagan, digan lo que digan o se conviertan en un gusano o un cocodrilo, contestaremos un «Siempre te querré de corazón», como le decía la mamá zorra a su hijo en el libro infantil *Siempre te querré, pequeñín* de la escritora e ilustradora escocesa Debi Gliori. Y para que sientan ese «de corazón siempre» necesitamos crear algo propio que nos mantenga en conexión: a mí me gusta pensarlo como una torre de cubos a la cual llamo «torre de conexión».

 Como muy bien has leído a lo largo de todo el libro, cada uno de tus hijos e hijas es único y particular, por lo que necesitará una «torre de conexión» única y particular, construida, creada, con su propia combinación de nutrientes. ¿Verdad que cada árbol necesita unos cuidados y unos nutrientes y cantidades específicos? Pues a tu semilla le ocurre igual, y está en ti descubrir cuál es la mejor fórmula, así como tener la sutileza de ajustarla según vaya creciendo y necesitando pequeños cambios. Por eso piensa en cada uno de tus hijos e hijas; incluso piensa en tu pareja y en ti misma también, porque esto vale para todos y todas.

Paséate mentalmente por los momentos vividos juntos, por su personalidad y temperamento, por aquellas inteligencias más predominantes, por sus talentos y debilidades, por todo aquello que los hace únicos y especiales y en lo que sintonizáis con facilidad y en lo que no y, con esa imagen en mente, crea la «torre de conexión» propia para cada cual.

Yo pongo las bases que creo fundamentales —amor y sensibilidad— y te propongo otros nutrientes interesantes que hemos ido trabajando en el libro para que puedas inspirarte. Pero esta es vuestra torre y vuestro camino, así que también tienes espacio para añadir aquellos nutrientes que creas que necesitáis y que no están en la lista.

Coge tus colores, otórgale un color al topo de cada nutriente de la lista, añade los que sientas y colorea siguiendo este código de color los cubos de la torre según lo que necesites y la cantidad en la que lo necesites; fíjate en que los cubos de la torre no son todos del mismo tamaño. Así encontrarás la combinación que mejor se ajuste a cada uno de tus hijos e hijas. ¡Disfruta de este momento íntimo de conexión y creación!

Para ayudarte a escoger mejor la combinación, te puede servir hacerte esta pregunta: teniendo en cuenta cómo es y las necesidades particulares de la otra persona con la que quiero conectar, ¿qué necesito poner de mi parte en esta relación para crear una buena conexión?

Y si necesitas más torres de conexión, puedes escanear el código QR que encuentras al final del libro y descargarte la plantilla.

NUTRIENTES: amor incondicional, sensibilidad, confianza, paciencia, autorregulación, escucha, contacto físico, juego y disfrute, presencia, sentido del humor, creatividad, respeto.

AMOR INCONDICIONAL

SENSIBILIDAD

CONFIANZA

PACIENCIA

AUTORREGULACIÓN

ESCUCHA

CONTACTO FÍSICO

JUEGO Y DISFRUTE

PRESENCIA

SENTIDO DEL HUMOR

CREATIVIDAD

RESPETO

SENSIBILIDAD

AMOR INCONDICIONAL

TORRE DE CONEXIÓN
Y MÍA

SENSIBILIDAD

AMOR INCONDICIONAL

TORRE DE CONEXIÓN
Y MÍA

Y aunque estas torres puedan caerse y desmoronarse al ponerse en práctica en el día a día, el amor incondicional siempre permanecerá, por lo que tan solo tendrás que volver a conectar con tu interior y comenzar a apilarlas de nuevo mientras reconectas con la otra persona.
¡Así es el juego de la vida!

¿Y cómo transmitir esa conexión a los hijos e hijas?

Si hay algo que conecta es mirar a los ojos, el contacto físico y las palabras amables. Así que agachémonos a su altura para mirarlos a los ojos, pongámosles de vez en cuando una mano en el hombro o cojámosles las manos cuando les hablemos. Cuidemos la postura, las palabras, el tono, el volumen y la velocidad. Todo suma para crear la atmósfera que queremos.

Luego, podemos pararnos a mirar los momentos cotidianos y encontrar multitud de oportunidades de conexión.

Comparto estas ideas que podemos probar para poner en práctica nuestra «torre de conexión»:

- Tomarnos un tiempo y ofrecer una caricia al despertarlos y un «te entiendo» cuando les cueste levantarse de la cama.
- Un «Qué ganas tenía de verte» con un abrazo al recogerlos del colegio.
- Prestarles atención, es decir, dejar las cosas que tengamos entre manos cuando vengan entusiasmados a contarnos algo y ofrecerles toda nuestra presencia, mostrando interés y curiosidad genuina por lo que nos cuentan. Si en ese mismo momento no podemos, seamos sinceras y expliquémoselo; digámosles en qué momento podremos; recuerda que el concepto del tiempo es abstracto y puede ser que aún no lo entiendan, por lo que podemos darles referencias con algún momento de la rutina diaria y, por supuesto, cumplámoslo.
- Dejar una nota escondida con un mensaje que los motive, los aliente y sirva para sentirnos más cerca de su corazón.
- Programar un tiempo a solas con cada uno de nuestros hijos e hijas, durante el cual podemos hacer lo que nos apetezca a ambos; pronto pasarán a convertirse en momentos especiales y esperados.
- Jugar. No subestimemos los pequeños momentos como un «¿A que te pillo?» en el pasillo de camino a lavar los dientes.

- Leerles un cuento sin prisas y con dedicación antes de dormir.

Hay tantos momentos durante el día que se prestan a convertirse en momentos de conexión que tan solo hemos de activar nuestra presencia —el aquí y el ahora— y la voluntad para verlos y llevarlos a la acción con disfrute y entrega. Serán los mejores nutrientes para que esa semilla se cultive con la mejor tierra abonada.

Crecer en conexión con las emociones

Saberse y sentirse. Pensamiento y emoción. Mente y corazón. Inteligencia racional e inteligencia emocional. Una sin la otra y la otra sin la una: así somos y así nos sentimos seres completos. De ahí la necesidad de conocernos en plenitud sin descuidar u omitir ninguna de las dos partes de los binomios.

Venimos viéndolo durante todo este viaje emocionante: no hay motivación si no hay emoción que impulse, no hay aprendizaje si no hay emoción que fije significado, no hay conexión si no hay emoción que vincule, no hay ser auténtico si no hay emoción que haga sentirse viva y plena…

Nos hemos formado en el universo de la razón y poco o nada en el universo emocional. Muchas llegamos con las emociones silenciadas y anestesiadas y, cuando nos disponemos a sentir, nos cuesta encontrarle el sabor a lo que nos está pasando y ponerle un nombre. Sin nombre, no podemos hacer tangible lo que sentimos, por lo que este sentimiento queda deambulando en nosotras, adormecido, sí, pero no desaparece y, por lo tanto, no lo atendemos como deberíamos. Y resulta que un sentimiento no atendido fue antes una necesidad no atendida, y una necesidad no atendida nos hace vivir en carencia emocional, genera malestar y, a la larga, desconexión con los demás y con nosotras mismas.

Así pues, si queremos acompañar el crecimiento y desarrollo armoniosos y sanos de nuestros hijos e hijas, también hemos de poner el foco en el mundo emocional, tanto en el nuestro como en el suyo.

El apego seguro crea el espacio y el entorno ideales para ponerlo en práctica. Al hablar del apego, hemos visto la importancia de activar la sensibilidad para poder leer y sintonizar con el mundo físico, mental y emocional de nuestros hijos e hijas. Esta lectura nos ayuda a entenderlos, empatizar con ellos y poder acompañarlos como sentimos que necesitan, jugando con los bloques que conforman las propias torres de conexión. Esta forma de interactuar les sirve a los niños y niñas no solo para sentirse vinculados a nosotras con todos los beneficios que ello comporta, sino también para dar sentido a lo que piensan y sienten. Se descubren interiormente y encuentran un nombre y significado que dar a lo que está ocurriendo en su interior.

Cuando sabemos que lo que nos ocurre tiene nombre y significado, es muy liberador y podemos darle el sentido que necesita, y más si lo podemos experimentar con naturalidad en un espacio seguro y respetado. Este hecho simple favorece el entendimiento profundo de la persona, dignifica su estado emocional, la empodera y le da una visión amplia a la mente (pensamiento y emoción integrados) para poder transitar y resolver ese estado emocional de una forma positiva. Con la práctica y el desarrollo cerebral, los niños y niñas llegan a separar el disparador (estímulo) que lo ha detonado de la necesidad (causa) que en realidad estaba llamando la atención para que la atendieran.

Así vemos que pensamiento y emoción también dialogan y coexisten en todo ser humano, y se expresan con sus matices e intensidades en una danza interna de cooperación y sabotaje que busca equilibrio. En ese ir y venir nos ofrecen la posibilidad de descubrir e identificar qué vienen a contar, porque los pensamientos, como las emociones, tanto los agradables como los desagradables, tienen un valor y significado en cada individuo que al descifrarlo ayuda a entenderse más y a atenderse y hablarse mejor.

Seguramente habremos comprobado que en la infancia se viven las emociones con intensidad, a veces desmesurada para nuestro gusto, pero la realidad es que no son los niños y niñas, sino su cerebro en desarrollo, que no ha alcanzado el nivel de madurez necesario para que la parte racional pueda intervenir con la rapidez requerida para gestionar dichos estados emocionales. Por este motivo, cuando les pedimos a nuestros hijos e hijas que se calmen y no lo hacen, es que realmente no pueden. Necesitan nuestra ayuda para hacerlo y, muchas veces, en esas situaciones tensas, también nosotras nos sentimos desbordadas, nos contagiamos de su emoción y respondemos con automatismos.

 Imagina a una niña corriendo. Se tropieza y cae al suelo, y rompe a llorar. Tú te acercas y, desde tu altura, le dices:

> No llores, que no es nada. Venga, no llores más, que te pones muy fea.

> Va, que pareces una llorica... ¡Malo suelo, malo, malo! —Y pegas al suelo, causante del dolor.

O tu hijo te llama porque tiene miedo a la oscuridad y desde la puerta de su habitación le dices:

> Pero si ya eres muy mayor para tener miedo, ¿o es que eres un miedica?

> ¡Va, que los monstruos no existen! En la habitación no hay nadie, ¡a dormir!

De esta forma, aunque sea con buena intención, creemos que resolvemos el mal trago minimizando el problema o distrayendo al niño o niña de ese momento poco agradable. Y ojo, que puede funcionar y muchas veces funciona. Porque puede que nuestro hijo o hija deje de llorar, se quede en su cama y al final se duerma o decida que realmente eso que siente es una tontería, pues trata de agradar para no defraudarnos. Y así todo en el exterior vuelve a la «normalidad». Pero... ¿cómo queda el interior?

Ahora pongamos los ejemplos anteriores en otro escenario.

Te acercas, la tomas en brazos, te agachas para contactar visualmente o la colocas en tu regazo, la abrazas con ternura y le dices:

> ¿Estás bien?
> He visto el golpe que te has dado. Eso debe de haber dolido y debes de haberte asustado.

> ¿Me dejas mirar?

> ¿Quieres que pongamos un poco de hielo?

O, en el otro caso, entras en la habitación con calma y te sientas junto a él en la cama mientras le acaricias la cara o le tomas la mano:

> Cuéntame, ¿qué sientes?

> Debe dar miedo sentir eso, ¿qué te haría sentir mejor?

Y dejas que te cuente las ideas, que las imagine o las pensemos juntos. Puede ser dejar una luz encendida o una linterna cerca para cuando la necesite, quedarte un rato más junto a él, revisar toda la habitación como si fueras una auténtica detective para comprobar que esos monstruos se han ido...Y de día podría dibujar los monstruos que ha visto, doblar ese dibujo y encerrarlo en una caja para que no vuelvan a salir, o hacer un cartel con un «¡Prohibido monstruos!» para la puerta de la habitación, o crear un espray derrite monstruos a base de agua y algún aceite esencial relajante que pueda rociar por la habitación antes de irse a dormir.

¿Cómo crees que se sienten ahora? Selecciona las opciones para responder:

☐ Comprendidos y atendidos.
☐ Tenidos en cuenta y tranquilizados.
☐ Ignorados y asustados.
☐ Avergonzados y tristes.
☐ Reconfortados y seguros.
☐ Ridiculizados y angustiados.

Seguramente, las frases que han quedado sin marcar son los sentimientos y el estado emocional en el que se encontrarían al escuchar las respuestas automáticas anteriores en las que no se crea conexión, sino que se invalida la emoción y su sentir, y queda sin cubrir la necesidad que desencadenó esa emoción. Y, seguramente, las opciones que hemos seleccionado, respondiendo a esta última propuesta más respetuosa con el sentir del niño y la niña, expresan que hay una presencia real y consciente del adulto que entabla conexión, por lo que el niño y la niña se sienten vistos y tenidos en cuenta, pasan a sentirse seguros y atendidos y se genera un fuerte vínculo entre ambos. Porque hemos de tener muy presente que los sentimientos que ellos y ellas sienten son reales en su interior y los viven con la intensidad que pueden o se les ha permitido expresar.

Así pues, podemos deducir que tenemos un rol como madre o padre, que es el de gestora emocional: aportamos la parte racional que aún no tienen desarrollada y los ayudamos a autorregularse. Hay tres puntos básicos para esta regulación emocional:

1. Conectar y validar la emoción desplegando la propia torre de conexión.
2. Atravesar y redirigir la emoción con herramientas de gestión emocional positivas para que en esa explosión emocional no se vean

dañados ni ellos o ellas a nivel emocional y físico, ni el entorno ni nosotras.

3. Reconectar y reconocer la emoción. Posteriormente, cuando el «secuestro amigdalar» haya pasado, podremos retomar el momento vivido y ayudar a reconocer la emoción y descubrir su significado. Podemos hablar de lo sucedido en un momento de calma e intimidad, recurrir a cuentos infantiles en los que aparezca esa emoción y aprovechar la ocasión para hacer preguntas de curiosidad ayudándolos a situar y reconocer en su cuerpo la emoción experimentada, descubriendo los indicios de esa emoción y pensando opciones para detectarla y controlarla o buscando estrategias que los ayuden a transitarla de una forma más amable en la próxima ocasión.

Cómo gestionamos nosotras la situación, e incluso cuáles son nuestras propias emociones, desempeña un papel muy importante en estos momentos. Nuestra forma de entender la emoción, experimentarla —o anularla— y las herramientas emocionales que utilicemos para autorregularnos serán guías ejemplares para el aprendizaje de nuestros hijos e hijas. Porque recordemos que seremos ejemplo durante muchos años, aunque si en el camino ya vamos cultivando la gestión emocional, haciéndolos partícipes de la práctica de identificar las emociones y la búsqueda de soluciones apropiadas, nos daremos cuenta de que van ganando poco a poco en confianza y autonomía de su propia gestión emocional. Y llegará un día, aunque nos cueste creerlo ahora, en el que nos ayudarán a gestionar nuestras propias emociones al sentirnos desintonizadas, y nos acercarán herramientas que les han funcionado a ellos y ellas para ayudarnos.

Haciendo de gestoras emocionales conectamos con ellos y ellas y les ofrecemos herramientas y perspectivas para que puedan pintar la realidad ocurrida poniendo palabras a los sentimientos, vivencias y experiencias de la vida, empatizando y expresando, ya sea de forma verbal o no verbal, que estamos ahí para recordarles que no son ellos y ellas, sino su emoción que los embarga. Nos abrimos de cuerpo, mente y corazón para ofrecerles nuestro consuelo y apoyo sincero en cualquier momento bajo o circunstancia de la vida, teniendo muy presente por ambos lados que no estamos allí para allanar las piedras del camino, sino para alentar y acercar las herramientas que puedan necesitar para superarlas, aprovechando para ver las experiencias emocionales como oportunidades de aprendizaje para la vida.

 Recuerdo con mucho cariño una mañana de colegio en casa con mi hija de 5 años. Ella quería galletas para desayunar, pero no quedaba ni una. Por muchas otras opciones que le ofreciera, a todas se negaba. Quería galletas y nada más. Su enfado iba en aumento, así que busqué qué necesidad podía estar no atendida (sueño, anhelo o pocas ganas de ir al cole…) y atenderla. Reconecté con lo que más le gustaba, la fantasía, y empecé a hablar con voz entusiasta y misteriosa diciendo: «¿Te imaginas si montáramos una fábrica de galletas aquí en casa? En la mesa pondríamos todos los ingredientes y los echaríamos en la butaca, que nos haría de cuenco, y usaríamos la lámpara de pie como cucharón para mezclarlo todo…». Relajó la cara y comenzó a escuchar con atención: «Pondríamos una cinta transportadora para que fueran de aquí a la cocina, pasando por el horno. ¡Ya las estoy oliendo recién hechas!». Se le dibujaba una sonrisa en la cara; ya lo estaba viendo y oliendo también: «¡Y las haríamos de muchos sabores!», apuntó ella con alegría. Y ahí, estando conectadas, estuvimos un buen rato imaginando cómo sería nuestra fábrica de galletas hasta llegar a imaginar que toda la casa estaba hecha de galletas. Tal era así que podíamos darle un mordisco a la pared o a la mesa en cualquier momento que nos apeteciera. Cuando volvimos a mirarnos después de viajar a ese mundo imaginario, le pregunté: «¿Te parece que pasemos por el supermercado cuando te recoja del cole y hacemos esta tarde galletas?». «¡Síí!», dijo ella. «Y ahora, ¿prefieres una tostada o cereales?». «¡Cereales!». Por la tarde, mientras hacíamos las galletas, pudimos hablar de su frustración, de lo que sentía y cómo le hizo sentir el jugar a imaginar. Hoy por hoy se acuerda de esa fábrica de galleta y, a veces, la propone ella misma cuando ve que puede desbordarse. ¡Hemos llegado a convertir el salón en una piscina de chocolate líquido!

> **Dos herramientas mágicas para conectar: la fantasía y el humor.**

Y así vamos cultivando la inteligencia intrapersonal y las necesidades básicas, aportando nuestra mirada y la narración de su propia historia como memoria viva de todos sus logros y superaciones, enseñándoles el maravilloso ser en que se han convertido. Son aportaciones tan poderosas como para configurar o reconfigurar su propia percepción y opinión de sí mismos.

¿Y si nuestros hijos e hijas pudieran conocerse tan bien como para amarse tal cual son, respetarse y cuidarse desde bien pequeños?

Pues esa magia la podemos crear nosotras al conectarnos desde el amor y el respeto. Con ese vínculo seguro les estamos diciendo que sí, que los aceptamos tal y como son, les hacemos conscientemente de espejo para que se descubran en su mundo corporal, emocional e intelectual, resaltando sus dones y habilidades (sabiéndose y sintiéndose competentes, capaces, respetados…) y también sus dificultades (esos retos que es preciso revisar y entrenar), cultivando su confianza, su amor propio y sus posibilidades de relacionarse sanamente consigo mismos, así como con los demás.

¿Y cómo crecerían nuestros hijos e hijas si fueran conscientes de sí mismos?

Crecerían conectados a la vida, empoderados, libres y dueños de sí mismos. Crecerían escuchándose, sintiéndose, cuidándose y amándose con confianza, conexión, sensibilidad, autorregulación, resiliencia... Justo lo que buscamos ofrecer al conectar y al educar sin prisas. Justo lo que queremos que nuestros hijos e hijas lleven en la mochila cuando se hagan mayores y se sientan equilibrados, serenos y conectados con su elemento, con su esencia y con todo su ser al completo.

Sé que todo esto podemos sentirlo como una gran carga o pesadez, sobre todo cuando no vemos los frutos inmediatos de nuestro trabajo y esfuerzo diarios. Lo entiendo. Es que realmente es grande educar a nuestros hijos e hijas como nosotras queremos y requiere una gran responsabilidad y compromiso, a pesar de los días malos, los comentarios ajenos y la poca ayuda que podamos recibir del exterior. Educar y conectar es un acto de humildad, confianza y esperanza, porque no veremos los frutos de todo lo que hagamos hoy hasta pasados unos cuantos años, y esto desmotiva y frustra. Pero pensémoslo: no se conecta ni se educa en un día, sino durante toda la vida, ajustando los pasos según las necesidades nuevas que vayan surgiendo. Recordemos que vamos creciendo sin prisas a la par que nuestros hijos o hijas. Y si para ellos y ellas este es un camino maravilloso donde asombrarse y descubrir la vida, ¡imagínate para nosotras! Tenemos delante todo un mundo de posibilidades para conectar, explorar, escoger, transformar, transmutar y (co)crear juntos.

> **¡Adelante! ¡Este camino es tuyo!**

Crecer en conexión con el juego

Vivir y crecer en conexión con el juego es vivir y estar conectadas con la libertad expansiva de expresión, movimiento y sentir; es decir, es estar en sintonía con nuestra libertad de ser en la vida. Y, al mismo tiempo, el juego es el medio más sincero de interacción con las personas, pues nos entregamos a ellas desde el gozo y la alegría de vivir en plenitud. Por eso concibo el juego, junto con el movimiento corporal, como hemos visto en el primer capítulo, como una necesidad transversal en la infancia y lo proclamo como una necesidad a atender y cuidar durante toda la vida.

Estar conectadas con el juego es una actitud ante la vida que genera gozo, optimismo y profundo bienestar. El juego es un elemento poderoso de conexión con el disfrute, el autoconocimiento, el aprendizaje y la autorregulación, que permite mantener alineados y liberados nuestra mente, nuestras emociones y nuestro cuerpo.

 A continuación, encontrarás un listado de hacia dónde nos mueve/ lleva intrínsecamente el juego. ¿Cuáles de estas palabras te resultan familiares cuando escuchas «conexión con el juego»? Si echas en falta alguna, apúntala, y rellena de color las escogidas; así podrás ver rápidamente qué significa para ti este tipo de conexión.

LIBERTAD	ESPONTANEIDAD
ALEGRÍA	CREATIVIDAD
CURIOSIDAD	MOVIMIENTO
ACCIÓN	PASIÓN POR LA VIDA

Todas o muchas de estas palabras nos transportan a la infancia. Desde que nacemos estamos en estrecha conexión con esta necesidad. Somos juego. La vida es juego y experimentamos nuestra existencia con la pulsión de querer ser vivida y jugada en plenitud y libertad. Tenemos esta actitud ante la vida: queremos expandir nuestra voz particular, nuestra capacidad de explorar y manipular las posibilidades que se nos presentan, fluir con espontaneidad y creatividad, y brindarnos al presente con júbilo y placer. El juego es una fuente de optimismo y disfrute a la que deberíamos vivir siempre conectadas.

Pero la realidad es que, conforme nos vamos haciendo mayores, la mayoría de nosotras vamos perdiendo por el camino esa vitalidad lúdica y nuestros pasos se centran en alcanzar objetivos. Y cuando caminamos solo buscando conseguir objetivos, nos sumergimos en la vorágine de las expectativas, los papeles, las obligaciones, las voluntades externas y el ritmo que rige la sociedad, entre otras cosas, y disociamos nuestra mente consciente, que viaja como una flecha para dar en la diana del objetivo, de nuestro cuerpo y de nuestras emociones, que lo siguen como pueden y que quedan, poco a poco, silenciadas para no estorbar en la voluntad del objetivo.

Es como la imagen de un adulto que va por la calle a paso rápido camino al colegio de sus hijos tirando de los brazos de dos niños que se quedan rezagados y van casi arrastrándose. ¿Nos resulta familiar esta imagen? Pues nuestra mente es ese adulto y los dos niños son el cuerpo y el corazón, que van a otro ritmo completamente distinto de ese al que está yendo la mente en ese momento. El cuerpo y el corazón se miran con mirada cómplice y resignada, dejándose arrastrar por esa mente que no los escucha, no los mira, no les presta la atención necesaria. Una mente que está educada para dar en la diana del objetivo sin disfrutar de la trayectoria y sin ser consciente del precio que están pagando corazón y cuerpo en esa manera de proceder en la vida.

Ahora imaginemos esa misma mente andando tranquilamente por la calle en dirección al colegio, con el corazón y el cuerpo de la mano, con los brazos relajados y a la par, saltando baldosas de colores, caminando por una finita línea del suelo sin caerse, esquivando las zonas de sombra como si de lava volcánica se tratara… ¿Cómo se sienten ahora cuerpo y corazón? ¿Y la mente, con qué emoción llega al colegio y se despide de ellos?

¿Sabes cuál es la diferencia entre las dos imágenes que acabamos de describir?

Lo sabrás si colocas en orden estas letras para descubrir la palabra escondida.

La diferencia es:

Así es. Cuando sentimos el juego en el cuerpo, en la mente y en el corazón todo fluye, todo es posible, y nuestra actitud hacia nosotras mismas y hacia el entorno es optimista, transformadora, potente, expansiva... Porque estar en conexión con nuestro propio juego significa estar en coherencia con nosotras mismas, y desde ahí podemos atender con mayor facilidad todas nuestras necesidades y las de los demás con amor, placer y disfrute, y activar toda nuestra sensibilidad y curiosidad.

Este tipo de conexión es una actitud ante la vida donde la mirada lúdica baña todo aquello en lo que se posan sus ojos y encuentra la perspectiva optimista de todas las cosas. Así lo viven los niños y niñas, que encuentran juego, su juego, en cualquier parte y sin necesidad de ningún tipo de material. Ellos y ellas están en conexión permanente con el juego, lo llevan de serie igual que lo llevábamos nosotras de pequeñas y utilizábamos este lenguaje para comunicarnos e interactuar con nosotras mismas y con la vida.

Es tan vital esta conexión que es fundamental conservarla. De ahí que debamos cuidarla y cultivarla en nuestros hijos e hijas como algo trascendente y relevante, para que puedan experimentar en armonía y bienestar el resto de las necesidades humanas. Y nosotras, estemos en el momento en que estemos, también es importante que volvamos a reconectar con el juego; con ese gozo y disfrute propio del ser mamífero que activa sus sentidos, su fluir en la conexión consigo mismo y con los otros seres cuando se deja llevar por la frescura del momento, por la curiosidad, la complicidad y la diversión. Tenemos unos buenos aliados para hacerlo: nuestros hijos e hijas. Ellos y ellas son los verdaderos maestros en el arte de conectar jugando. De hecho, la conexión por medio del juego es su mejor forma para conectar con nosotras y nuestro mejor instrumento para conectar con ellos y ellas en cualquier momento para crear vínculos verdaderos.

Si retomamos la imagen de los diales de una radio y sintonizamos la emisora del juego, sentiremos que, de repente, todos y todas hablamos el mismo idioma sin necesidad de decir una palabra; de repente, todos y todas somos iguales. Cuando entramos en esta frecuencia, se para el tiempo y comienza una danza emocional maravillosa que teje la red del vínculo a partir de los momentos compartidos y el amor sentido. Cuando nos brindamos al juego desde el respeto y la conexión sincera, y lo compartimos con nuestros hijos e hijas, les estamos diciendo:

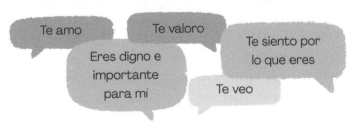

¿Cómo se sienten nuestros hijos e hijas cuando les decimos todo esto? Y, encima, ¡hablando su mismo idioma! ¡Con el juego! No puede haber confusión en la comunicación si esa conexión sale del corazón.

¿Qué te parece si ahora, a modo de regalo, dibujas nuevas hojas en las semillas que plantaste y germinaste en tu bosque del primer capítulo (pág. 23) y escribes en ellas esas frases alentadoras para cada uno de los miembros de tu familia y para ti misma?

¡Menuda declaración de amor verdadero!

Relacionarnos con nuestros hijos e hijas desde el vínculo y la conexión del juego es expresar amor a esa parte esencial y particular de cada uno de ellos y ellas, respetándola y cuidándola como se merece, creando conexiones emocionales con una base profunda y sólida fijada en nuestros corazones a fuerza de sentimientos agradables como la alegría, la felicidad, la confianza, la complicidad...

Quizá estemos pensando: «¡Pero es que yo no sé jugar!» o «¡Me resulta incómodo jugar con mis hijos e hijas porque no conecto con su juego!». ¿Nos hemos dicho alguna vez esto? Si nos sentimos un poquito identificadas con estas exclamaciones, me gustaría ofrecer otra frase para que nos la repitamos, tal como lo hago yo, y consigamos parar a tiempo los pensamientos que solo nos llevan a la preocupación y no a la ocupación de lo importante.

> **No subestimes los pequeños momentos. En ellos se basan los grandes recuerdos.**

Y te lo digo porque solemos culparnos por no jugar con nuestros hijos e hijas; la sociedad nos culpa por ello. Pero la realidad es que a menudo confundimos «jugar» con pasar horas comiendo comida hecha de plastilina, escondiéndonos por todos los rincones de casa, desparramando todos los juegos de mesa, construyendo cabañas en el bosque, haciendo carreras por la calle, rebozándonos con arena en la playa... Y sí que todos estos ejemplos forman parte del juego compartido, pero no son los únicos ni tienen por qué ser los nuestros. Cada día y durante todo el día, por muy poco tiempo que tengamos para compartir con ellos y ellas, hay pequeños espacios cotidianos de encuentro que no solemos relacionar con momentos de conexión lúdica. Por ejemplo: cuando le cambiamos el pañal a nuestro bebé y le sacamos la lengua y se ríe, y hasta quizá nos saca la suya; cuando lo sentamos en nuestras piernas en el autobús y lo llevamos al trote como si fuera a caballito; cuando sentamos a nuestro hijo o hija en el carrito del supermercado e imaginamos que es un coche circulando por los pasillos; cuando ponemos una canción para bailar mientras cocinamos o ponemos la mesa; cuando subimos los escalones contándolos sin que se escape ni uno; cuando cogemos el cepillo de dientes como si fuera un micrófono y saltan las risas; cuando la ida al cole la hacemos cantando o saltando baldosas... Todos estos ejemplos son momentos sencillos de conexión con nuestros hijos e hijas por medio del juego: son espontáneos, no tienen por qué durar mucho y generan momentos de risas compartidas. Más adelante veremos ejemplos más concretos de juego para inspirarnos, pero quería adelantar estos para que reflexionáramos sobre nuestros momentos cotidianos de conexión. Si buscamos momentos de risa cotidiana, ¡los encontraremos seguro!

Para un momento y piensa. ¿Los tienes? ¿Has descubierto algunos juegos escondidos en tu cotidianidad? No los dejes escapar y apúntatelos para tenerlos siempre presentes y volver a ellos. Incluso puedes observar cuáles gustan más, cuáles menos y por qué. Si no te vienen, puedes observar durante una semana vuestras dinámicas y, si aun así no logras percibirlos, haz memoria y recuerda aquellos juegos simples y rápidos que compartías con tu madre, padre, hermanos, abuelos... y que aparecían en momentos cotidianos en tu infancia:

Mis juegos de conexión

Si aun así no conseguimos recordar ninguno, calma. Es la señal de que necesitamos activar nuestra mirada y despertar nuestra actitud lúdica y la conexión con nosotras mismas. Vamos a dar un pasito más hacia las profundidades del ser porque, como hemos visto antes, solemos tener frenos, creencias o limitaciones que nos llevan a pensar que no sabemos jugar, que no podemos jugar como jugábamos de pequeñas o como juegan nuestros hijos e hijas.

En realidad, el juego está en nosotras desde siempre y nos va a acompañar durante toda la vida, solo que, igual que nuestro cuerpo y pensamientos, ha ido evolucionando. Hoy nuestro juego no tiene por qué ser igual que el que jugábamos de pequeñas. Pero lo que seguramente perdura es esa esencia que le poníamos nosotras a nuestro propio juego, eso que nosotras inconscientemente aportábamos y que hacía que fuera especial y particular: quizá nuestros diálogos fantásticos, nuestro poder conciliador a la hora de establecer reglas, nuestra habilidad creativa para resolver la falta de materiales... Si nos fijamos y pensamos a conciencia, descubriremos que había un rasgo que siempre se repetía y que era muy nuestro. Seguramente, hoy en día, seguimos teniendo ese rasgo, y si lo hemos escuchado a lo largo de la vida, actualmente se habrá convertido en uno de nuestros talentos y medio de vida. Y cuando conectamos con ese talento es como si brotara como un juego, desde el interior, con facilidad y naturalidad; y cuando lo sacamos, nos llena de placer y disfrute porque estamos en nuestra salsa. ¿Lo sentimos?

Pues conectarnos con eso que ahora nos genera placer es conectarnos a nuestro juego actual, que nos lleva a vivir el momento presente en el que el tiempo se escurre, los pensamientos pesados desaparecen, las expectativas no rebotan en la mente y solo está la conexión de nuestro interior con el exterior que «representamos» en ese instante. Al conectar con el juego sintonizamos perfectamente nuestro mundo interior, nuestro mundo mental y nuestro mundo corporal. Todo vibra en sintonía y armonía. Es estar en nuestro «elemento». Y en ese espacio de seguridad, nos damos permiso para explorar otras formas de ser, sentir y hacer. Y esos momentos de conexión con nuestro ser son momentos de autocuidado tan importantes como los de comer una comida sana y dormir las horas que necesitamos. Porque nos llenan de energía vital, activan una actitud positiva ante la vida y nos predisponen a relacionarnos de una forma empática, dinámica y amorosa con nosotras mismas y con los demás.

Si aún nos sentimos lejos de sentir esta conexión con el juego, observémonos durante un tiempo, veamos dónde nos gusta estar y qué nos gusta hacer, más allá de la relación con nuestros hijos e hijas y pareja, y permitámonos sentir y descubrir cómo vamos de disfrute. Quizá sea un buen momento para poner atención a esas partes que hemos de atender de nuestra «Rueda de la vida», porque seguramente están influyendo en cómo estamos viviendo nuestro espacio de conexión con el juego. Ver dónde nos frenamos cuando nos lanzamos a intentarlo y reflexionar sobre por qué y desde dónde lo estábamos haciendo, porque, si lo hacemos desde la obligación, eso ya no es un juego.

A veces es solo cuestión de encontrar aquello que tanto nos gusta hacer y que no tenemos el espacio ni el permiso para hacer. O podemos intentar averiguar más sobre los sentimientos que nos embargan e imaginarnos jugando, porque podría ser que sintiéramos vergüenza al vernos como unas niñas cuando ahora somos adultas y relacionáramos el juego con cosas de pequeñas que ya no nos tocan porque son una pérdida de tiempo. Pero lo repito: el juego está en nosotras hasta el último suspiro de nuestra vida. Tan solo nosotras decidimos si soltamos lastre y nos entregamos a la vida con curiosidad, espontaneidad y alegría de vivir. ¿Nos soltamos? Recordemos que ya tenemos disponible el listado de cosas que escribimos para conectar con nosotras mismas y ya podemos lanzarnos a probarlas (pág. 153).

¿Qué podemos hacer para conectar con nuestro juego?

Para empezar, vamos a hacer algo maravilloso y sencillo, que es sentarnos en silencio cerca de nuestros hijos e hijas. Una vez allí, y en el momento en que nuestra presencia pase ya inadvertida para su juego, vamos a observarlos con corazón, atención y curiosidad para descubrir a qué y cómo juegan, cómo ven el mundo, cómo se relacionan con él y cómo ese juego es reflejo de ellos y ellas mismos. Fijémonos en lo que nos llama la atención de esta observación: quizá las cosas en las que se fijan (una hoja, una piedra, un palo...), algún diálogo curioso, una reflexión que nos plantean... Dejémonos llevar por esa espontaneidad natural y fresca. Nada más. Tomémoslo como pequeñas rutinas y confiemos en que, poco a poco, vamos a redescubrir nuestras ganas de explorar en libertad, pero sin exigencias ni expectativas. Y cuando lo sintamos, ¡lancémonos! Busquemos y probemos nuevas formas de jugar dejándonos fluir, viendo adónde nos llevan las sensaciones. Y en este momento vivamos el juego como un entrenamiento al que dedicarle un tiempo para que se convierta en algo que fluya con soltura. ¿Lo probamos?

A continuación, propongo unas pequeñas indicaciones que pueden ayudarnos en esos momentos en que nos apetezca conectar con nuestro juego. Lo único que debemos hacer es dejar las exigencias, las expectativas y el juicio fuera (y si vienen a la mente, los agradecemos y los invitamos a marchar, que ahora no es su turno) y no intentar encontrar un significado u objetivo. Entreguémonos simplemente a sentir con el cuerpo y el corazón, esos dos olvidados que llevamos tiempo silenciando. Ya llamaremos a la mente para que venga a jugar con nosotras más tarde.

Aquí van las pequeñas píldoras para reflexionar e ideas para probar:

 - Dejar que la conexión con el juego surja en cualquier momento. Lo mismo que hacen los niños y niñas, el juego puede surgir en cualquier situación; tan solo debemos prestar atención a la cotidianidad con curiosidad y probarlo. ¡Lancémonos sin más! Activemos nuestro lado curioso, creativo, espontáneo y lúdico buscando cualquier cosa para convertirla en juego. Sabremos que vamos por buen camino porque nos sentiremos bien y con entusiasmo. Integrémoslo en nuestra rutina diaria de autocuidado y, poco a poco, saldrá solo.

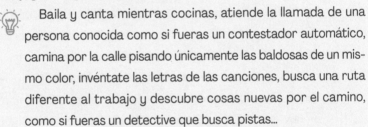

Baila y canta mientras cocinas, atiende la llamada de una persona conocida como si fueras un contestador automático, camina por la calle pisando únicamente las baldosas de un mismo color, invéntate las letras de las canciones, busca una ruta diferente al trabajo y descubre cosas nuevas por el camino, como si fueras un detective que busca pistas...

- No controlar el momento. Es algo normal querer controlarlo todo si ha sido nuestra manera de proceder durante tantos años. No nos preocupemos. Mirémoslo como ese compañero de juego al que no queremos invitar más a jugar. La mente está muy acostumbrada a llevar el mando, pero queremos darle un descanso, así que, cuando veamos que se asoma:

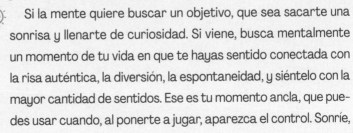

Si la mente quiere buscar un objetivo, que sea sacarte una sonrisa y llenarte de curiosidad. Si viene, busca mentalmente un momento de tu vida en que te hayas sentido conectada con la risa auténtica, la diversión, la espontaneidad, y siéntelo con la mayor cantidad de sentidos. Ese es tu momento ancla, que puedes usar cuando, al ponerte a jugar, aparezca el control. Sonríe, respira, respira otra vez y trae ese momento a la mente, conecta con esas emociones y... ¡déjate llevar por el cuerpo y el corazón!

- **Darnos permiso.** Para que lo anterior pueda darse, necesitamos darnos permiso, porque, muchas veces, ni siquiera nos atrevemos a probar cosas nuevas, a hacer algo de forma diferente o tomarnos simplemente tiempo para nosotras y no hacer nada (que es un momento maravilloso para que aparezca la creatividad y nos brinde una idea para explorar). ¿Y por qué no nos lo damos? Porque nos invade la seriedad de creernos adultas, la vergüenza, el miedo al ridículo, a equivocarnos... Lo bueno que tiene conectar con el juego es que en ese espacio todo es posible y está permitido si nos hace sentir bien; podemos explorar nuestra voz en libertad...

> Si lo necesitas, puedes decirte: «Me doy permiso para hacerlo», «Inténtalo a ver qué pasa», «Todo irá bien, ¡pruébalo!».

- **Hablar con la niña o niño interior.** Seguramente hace tiempo que no visitamos a la niña o niño que habita en nosotros. Y, a veces, es necesario tener una charla «cara a cara» con ese momento en la vida en el que realmente vibrábamos a su son. La intención no es ir a tocar piezas dolorosas; forman parte de lo que somos ahora, pero no tienen por qué condicionarnos. La intención de ir a hablar con nuestra niña o niño interior es poder recordar aquello que nos hacía ser en plenitud, aquel lugar donde nos sentíamos plenos. Y cuando lo recordemos, probemos a hacerlo sin más y a ver qué ocurre. Quizá sea pintar, jugar con barro, ver documentales, colorear, dar volteretas. Reconectemos con nuestro *flow*, con esos espacios de tiempo donde todo fluía. Y dejemos que nuestro niño o niña interior nos guíen. Ella o él, seguramente, tengan muchas ganas de jugar.

> Cierra los ojos, haz unas cuantas respiraciones profundas y, poco a poco, sintiendo el ritmo de la respiración, ve buscando

esa imagen de tu infancia donde te sentías realmente bien, tan tú. Mírate. Siéntete. Y cuando te sientas lista y a gusto, pregúntale: «¿Cómo estás? ¿Qué necesitas?». Confía en tu diálogo interno y déjate llevar por donde ella te lleve. Al acabar, no olvides agradecerle el rato compartido; puedes regalarle esas palabras sinceras que surjan de la conexión verdadera, como por ejemplo: «Te amo; te valoro; eres digna e importante para mí; te veo...». Seguramente tu niña o niño interior te ha regalado ideas para probar: no las desestimes y lleva alguna a la práctica cuanto antes, recuerda que te está esperando para jugar.

- **Reconectar con aquello que nos apasiona.** No callemos aquello que nos encanta o que recordemos que nos apasionaba. Es nuestra guía para llegar a tocar nuestra esencia y despertar nuestros talentos dormidos. Es esa pulsión interna que activa en nosotras el bienestar, el optimismo y la capacidad de descubrir las posibilidades de la vida. Dejémonos guiar sin dirección, simplemente sintiendo lo que el corazón nos dicte; liberemos la creatividad y liberémonos nosotras dándonos el permiso que nos merecemos.

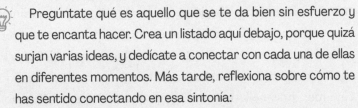 Pregúntate qué es aquello que se te da bien sin esfuerzo y que te encanta hacer. Crea un listado aquí debajo, porque quizá surjan varias ideas, y dedícate a conectar con cada una de ellas en diferentes momentos. Más tarde, reflexiona sobre cómo te has sentido conectando en esa sintonía:

_____

_____

_____

_____

- **Salir a la naturaleza.** La naturaleza es el mejor espacio para reconectarnos, donde sentir el verdadero tempo y despertar todos nuestros sentidos. Salir a conectar con ella es salir a buscar nuestros orígenes. Acerquémonos a ella para descubrir qué nos despierta (acogiendo lo bueno y lo no tan bueno que aparezca).

Aunque a continuación, y siguiendo la lectura de este libro, vamos a entrar de lleno en la conexión con la naturaleza, te invito a que dentro de un entorno natural (un bosque, un parque, el campo, la playa...) cierres los ojos y juegues a explorar con cada uno de tus sentidos, uno cada vez. Afina el oído y céntrate en él. ¿Qué oyes? ¿Puedes oír algo aún más lejano? Luego prueba con el tacto. ¿Qué siente tu piel en este momento? ¿Y si giras 90°? ¿Ha cambiado algo? Así con cada sentido, descubriendo que eres capaz de percibir con mayor profundidad si prestas presencia y atención plena.

Podemos probar y combinar estas píldoras como más nos guste y en el orden que queramos, e incluso no probarlas y buscar las nuestras. Pero no perdamos la ocasión de explorar este canal de conexión vital que es el juego: para conectar con nosotras mismas, para recargar la energía, para enseñar al mundo lo que somos en esencia y para reencontrarnos cuando nos sintamos perdidas. Quizá (y ojalá) pase a ser nuestro medio de comunicación y conexión con el entorno, porque lo que percibiremos podría llegar a ser un baño de belleza, bienestar y disfrute. Pero si por alguna razón no sentimos esta sintonía de esta manera, no nos preocupemos, porque lo más seguro es que no hayamos llegado a calibrar en nuestra vida el juego y necesitemos una mirada externa que nos lo enseñe. Tal vez en el último capítulo podamos encontrarla.

Crecer en conexión con la naturaleza

Siguiendo el hilo del baño de belleza, bienestar y disfrute, no hay mejor lugar para percibirlo con todos los sentidos que en la naturaleza, ese espacio majestuoso que late y vibra a su propio tempo, que vive y crece sin prisas, cíclicamente, y nos regala, a cada paso que damos, dosis de esplendor y paz con suma humildad, abundancia y gratitud. Y yo pregunto: ¿cuánto hace que no nos damos un baño de naturaleza?

La realidad es que las que vivimos en ciudades nos vemos privadas de tener a menudo este tipo de experiencias inmersivas. La lejanía y las prohibiciones de acceso a los espacios verdes, las agendas repletas de actividades y compromisos, la velocidad frenética de la city, la vida tecnificada, envasada y sedentaria hace que cada vez nos alejemos más de estos placeres, desconectemos nuestro abanico sensorial y olvidemos ejercitar parte de nuestro cuerpo y nuestros sentidos. De esta forma, nos disociamos de nuestra propia naturaleza de seres vivos pertenecientes a este ecosistema donde somos uno con el todo. Olvidamos nuestro origen natural y salvaje, y esa esencia marcada por nuestro propio tempo que tan bien calibrado teníamos en nuestra infancia. Nuestra mirada se vela y nos volvemos temerosas de un entorno tan rico y nutritivo como es el entorno natural y al aire libre. En el aquí y ahora de la ciudad, lejos queda la conexión con la naturaleza si nosotras mismas no hacemos un ejercicio para conectarnos con ella… Y si nosotras no nos conectamos con esta fuente vital y no la valoramos, ¿qué conexión y relación pueden crear nuestros hijos e hijas con ella? Pero ¿y qué más da? Podemos pensar con razón…

Voy a contar una historia personal… Cuando yo era pequeña vivía en una gran urbe bulliciosa, Buenos Aires, pero tenía la suerte de pasar parte de los fines de semana y las vacaciones en la casa de mis abuelos. Una casa humilde de campo, en medio de la nada, a kilómetros de la ciudad, sin luz eléctrica, con caminos de tierra, pastos, árboles, huerto, perros, gallinas, vacas y toda la naturaleza disponible para nosotros solos. ¡Eso era pura libertad, alegría y felicidad! Esos días forman parte de mis mejores recuerdos de infancia y sé con certeza que conforman lo que soy hoy como persona y la relación que tengo con ella. Y mira que no teníamos juguetes ni tecnología para entretenernos, solo lo que encontrábamos por ahí: palos, polvo del camino, barro que creábamos y las mil y una aventuras que inventaba con mi hermano y, a veces, con mis primos. Había espacio para todo tipo de juegos, incluso para la soledad y el silencio. Recuerdo horas en silencio observando el polvo del camino y seleccionando el más fino para mis juegos. No miento si digo que aún hoy soy capaz de sentir su temperatura y suavidad en las manos...

Desconozco la infancia de todas, pero me aventuro a decir que muchas de nosotras pasábamos largas horas de juego al aire libre en espacios naturales y, si ponemos en marcha la memoria, nos llegan hasta hoy emociones y sensaciones placenteras que nos transportan a esos momentos en el exterior, con risas, alegría y también silencios. Estas experiencias calan y nos conforman.

Mi madre y mi padre no lo hacían, que yo sepa, con la intención de preservar nuestra conexión con la naturaleza ni la suya propia. En aquel momento eso era lo normal para la familia y para nosotros, sus hijas e hijos. Y les tenemos que estar enormemente agradecidos a mi madre y a mi padre porque, gracias a esas experiencias de juego espontáneo y de conexión con la naturaleza que nos facilitaron, pudimos disfrutar de:

- Un entorno variado y adecuado para el desarrollo armónico a nivel físico, psíquico, cognitivo y relacional.
- Un espacio de bienestar y salud donde equilibrar mente, cuerpo y corazón de forma sana y adecuada al tempo de cada cual.
- Desarrollar un sentimiento de pertenencia y vínculo con el entorno natural, generando un respeto y admiración hacia la naturaleza, acercándonos a nuestra esencia.
- Conexión con «... las ganas de vivir [que] nos hacen sentir vivos, más presentes, más "nosotros". Nos hacen entender que somos naturaleza», como describe Katia Hueso, fundadora de la primera escuela infantil al aire libre en España.

Es difícil encontrar un espacio que proporcione no solo la conexión y los sentimientos que se despiertan en la naturaleza, sino también los momentos de bienestar, desarrollo, aprendizaje y grados de dificultad adecuados para todas las edades que en ella se experimentan.

¿Cuánto hace que no vivimos estas sensaciones en vivo y en directo? Durante mucho tiempo yo estuve lejos de ellas. Dejé el campo de mis abuelos al cambiar de continente, crecí y me dediqué a lo que tocaba, cultivar mi futuro, sin darme cuenta de que estaba olvidando esa libertad y felicidad que me regalaba estar en contacto con la naturaleza. ¿Nos suena esto de crecer y olvidar? ¡No solo pasa con el juego! ¿Nos damos cuenta? A mí me costó darme cuenta y reconectarme. Creo que cuando tuve a mi primer hijo fue el momento en el que bajé a la tierra y regresé a mis raíces. Observarlo fue el regalo de volver a conectar con el estado natural con el que nacemos. Con esa semilla que tanto menciono en este libro. Sin saber cómo y sin hacer demasiado: crecía, se desarrollaba y adquiría habilidades por sí solo. No necesitaba mucho más que dejarse llevar por su propio ritmo biológico y recibir de su familia los cuidados que ya he mencionado y que por aquella época yo aún no había descubierto e integrado como ahora. Por sí solo, él ya era él y evolucionaba a pasos agigantados. Yo sentía naturaleza en el regazo. Magia pura. Conexión natural.

Así, llego a este punto para recordar dos cosas básicas que no deberíamos olvidar, aunque nos cueste conectar con ellas:

1. Somos naturaleza
2. A la vez, necesitamos estar y sentirnos conectados a ella, aunque sea solo en algún momento

Cuando estas dos partes confluyen, nos sentimos parte de la naturaleza, crecemos conectadas a ella y somos capaces de maravillarnos, percibir la sutileza interna y externa de los ciclos naturales y conectar con el bienestar, la armonía y la sintonía de la vida. A la vez, volvemos a ser conscientes de la importancia y relevancia de permitir y facilitar a nuestros hijos e hijas este estado natural de conexión con su naturaleza y con la naturaleza.

Conectar con la naturaleza que somos

Desde mi punto de vista, y respetando todos los debates filosóficos y científicos sobre la naturaleza del ser humano, conectar con nuestra naturaleza es saber quiénes somos y sentirnos conectadas al sentido de nuestra vida. Es vivir alineadas con nuestro ser —cuerpo, mente y corazón— siguiendo nuestra pulsión interior y desarrollándonos a diario de la forma más coherente con nosotras mismas. Sé que cuando hablamos de nosotras mismas y nos descubrimos cubiertas de capas impuestas y autoimpuestas, cuesta ver nuestro ser y nuestro sentido, ¿verdad? Pero, como he comentado en alguna ocasión en este libro, el autoconocimiento nos ayuda a descubrirnos de nuevo (re)conociendo e integrando nuestras partes, transmutando lo que sea necesario y avanzar hacia esa esencia que cada una traemos de forma única y personal.

En el transcurso de este libro he ido dejado miguitas de autoconocimiento entre los párrafos y actividades. Ahora me gustaría que sumáramos una más para seguir avanzando en este conocimiento de nosotras mismas para entendernos mejor, para descubrir esa parte del ser natural y abrazarla y aceptarla como propia.

En este mundo terrenal tenemos el cuerpo que nos recuerda nuestra naturaleza humana. En nuestro cuerpo, aparte de las señales internas que nos avisan de que algo dentro no va bien (dolencias corporales, ansiedad, estrés) y que deberíamos tomar en serio para revisarnos y reajustarnos, también tenemos señales que danzan al son de la naturaleza. Me refiero, por ejemplo, a la falta de energía y las ganas de estar en casa en invierno o, al contrario, la reactivación de la energía en la primavera, a la caída del cabello relacionada con los cambios de estaciones o a cosas más sutiles y que muchas veces pasan desapercibidas, como la ciclicidad femenina.

 Hace no mucho tiempo, en mi camino de reconexión con mi propia naturaleza, descubrí, gracias a alguna observación de mi pareja, un patrón en mi conducta que me llamó la atención. Resulta que con cierta regularidad tenía alguna discusión con mi hijo o hija donde yo reaccionaba de forma desproporcionada a lo que aconteciera con él o ella. Afiné la mirada cada vez que me sucedía y descubrí que justo ocurría una semana antes de la menstruación, justo al comienzo de mi fase premenstrual. Averigüé qué ocurría en esa fase y descubrí que la mujer durante la premenstruación, en general y entre otras cosas, tiende a sentir las emociones más a flor de piel, tiene más dificultad para encontrar la serenidad necesaria para acompañar conflictos y prefiere estar más hacia el interior que hacia el exterior. Tenía todo el sentido: mi serenidad, mis emociones, mis necesidades y yo no íbamos acompasadas en esos momentos. Así que el conocimiento, que es poder, sobre mi naturaleza me permitió estar más atenta a mis reacciones, saber salir de escena a tiempo para no reaccionar como lo hacía y, si aun así no llego a tiempo, mi lenguaje hacia mí misma ahora es de compasión, aceptación y me dirijo a restablecer la conexión con mi hijo o hija, si no he reaccionado apropiadamente.

Conocer nuestra naturaleza, como el ciclo menstrual y sus sensibilidades, nos lleva a conocer e integrar esa parte de la naturaleza biológica que coexiste con la parte mental y emocional para poder actuar a favor y no en contra de ella ni de nosotras mismas. Investiga, revisa y percátate de los matices sutiles que danzan en tu interior para poder entenderte mejor y poder ajustar lo que creas necesario.

Mi intención con estas píldoras de autoconocimiento es que nos lleven hacia un encuentro personal un tanto más profundo de lo que quizá estamos acostumbradas, para que nos descubramos y podamos brillar con nuestra propia luz natural, porque será la manera más auténtica y sincera de educar.

Pero ahora centrémonos en atender la naturaleza que habita en cada uno de nuestros hijos e hijas. Este libro va de eso exactamente: de acompañar su propia naturaleza descubriéndola primero para compartir un camino donde esa semilla crezca nutrida de todo lo esencial que necesita para convertirse luego en el árbol adulto que ha venido a ser y no en el que a nosotras nos gustaría que fuera. Un detalle sutil que marca la diferencia en cómo crecerán y se desarrollarán nuestros hijos e hijas alejándose o acercándose a su propia naturaleza.

Bajemos a tierra. Nuestros hijos e hijas crecerán, dependiendo de la edad, triangulando realidad-adulto-niño/niña; es decir, que, a partir de nuestra reacción y posicionamiento ante el entorno y las circunstancias, el ejemplo que directa o indirectamente estemos ofreciéndoles y la suma de sus propias percepciones y experiencias pasadas darán sentido a la realidad vivida. Crearán su propia lógica privada: su particular percepción de la realidad. Y en esa particular forma de percibir su realidad, que se suma a su propio carácter y temperamento, es donde, como adultos responsables de su educación, debemos poner la mirada para descubrir el tipo de personitas que son en este momento. En su propia y particular naturaleza, ni más ni menos. Porque con esta información, mucha de la cual hemos ido adquiriendo con las actividades propuestas, obtendremos una visión global de su ser y estaremos listas para tener una visión global de su mapa particular.

 Descubre cuáles son las 3 partes fundamentales de este mapa integral. Lee las descripciones y rellena las palabras que faltan.

Estas descripciones te ayudarán a crear el mapa actual y particular de cada uno de tus hijos e hijas.

Momento de desarrollo de habilidades motrices, predominancia de sentidos, tempo, forma de expresión...

Desarrollo cognitivo —lenguaje, atención, memoria...— y aprendizajes adquiridos, inteligencias predominantes, pensamientos y reflexiones, talentos y debilidades...

SER

Forma de vincularse y conectarse, con ellos o ellas mismas, la realidad y las personas, formas de canalizar y vivir sus emociones...

Este recorrido tan rápido nos lleva a tener una visión global de cada uno de nuestros hijos e hijas y saber cómo de integrados se encuentran. Porque el hecho de que estas tres partes que los (y nos) conforman fluyan en armonía y libertad significa que están conectados con la naturaleza propia de cada cual, y que son coherentes y actúan de forma coherente con las partes (comportamiento-pensamiento-emoción). Conocen, entienden y atienden sus necesidades y aceptan, recorren y modelan lo que sea necesario para el bienestar personal, el entorno o las personas que los rodean. Así, cuando hemos ido hablando sobre el cuidado y el respeto del ser durante las páginas anteriores de este libro, de lo que se trata es del cuidado y el respeto del estado natural de cada cual, que necesita florecer siguiendo la guía natural que cada persona lleva dentro.

Y también, por otro lado, cuando hemos visto la importancia de facilitar entornos cercanos, reales y vividos, no solo nos referíamos al entorno de nuestra casa, sino, en especial, a facilitarle a la infancia el acceso a la naturaleza para que puedan explorarla, conocerla y sentirla como propia. Porque un entorno como el que la naturaleza nos ofrece, con su variedad sensorial, desniveles y retos característicos, no podremos encontrarlo ni recrearlo en ningún otro contexto.

Conectar con la naturaleza de la que formamos parte

Somos naturaleza y, como parte de un todo, necesitamos percibirnos como parte de ella para sentirnos realmente vivos, a pesar de que distraigamos esta necesidad con entretenimientos tecnológicos, agendas abarrotadas, compras compulsivas, medicamentos...

Si algo bueno tuvo la pandemia mundial de la COVID-19 y sus nuevas circunstancias fue la necesidad de conectar con las personas y, a la vez, de volver a sentir la necesidad de conectar con la naturaleza. Los balcones eran un lugar preciado, del mismo modo que lo era tener un perro para poder bajarlo a pasear al aire libre (algo que puede dar mucho que hablar con respecto a las necesidades de la infancia desatendidas durante este restrictivo periodo, pero que en este libro no vamos a tratar, aunque es necesario mencionarlas y reflexionar sobre ellas). Luego, cuando pudimos salir de casa, hubo un *boom* de familias que dejamos la ciudad para instalarnos en pueblos más tranquilos, quizá escuchando esa vocecita interna que pedía volver a lo esencial. Otras no dieron un salto tan grande, pero llenaron la casa de plantas y huertos, y cada vez que podían, salían disparadas a algún paraje natural para desconectar y reconectar con la fuente natural.

¡Necesitamos naturaleza! Disfrutar del aire libre para recalibrarnos: calmar la mente, renovar la energía y canalizar las emociones. Y esto que vimos y vivimos en su momento no fue por el confinamiento de la pandemia, no. Ya desde hacía años, por no alarmar diciendo «décadas», se observaba una desconexión hacia el mundo natural y esto ha comportado, según estudios sobre este tema, un empeoramiento del bienestar personal y una pérdida de habilidades y desarrollo físicos, psíquicos y cognitivos.

Y seguramente hoy no sentiríamos la impronta que nos ha dejado la naturaleza si no hubiéramos podido disfrutar de ella en libertad durante nuestra infancia. Lo curioso y preocupante es que somos nosotras, estas generaciones de familias, las que actuamos de manera temerosa y sobreprotectora con nuestros hijos e hijas cuando se encuentran en el exterior jugando. ¿Qué nos ha ocurrido?

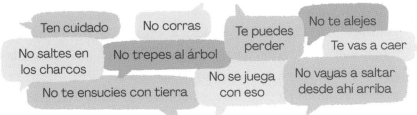

Al final, ¿qué ganas les quedan de salir si no paramos de controlarlos y no les dejamos hacer nada? Cuánta lógica tienen. Si es que los niños y niñas tienen que vivir el privilegio de ser niños y niñas, y lo que ello comporta: arriesgarse, correr, explorar, caerse y levantarse, alejarse, saltar, ensuciarse, trepar, tocar, chupar, gritar, reír… Y estén o no fundamentadas las preocupaciones que transmiten estas frases, tendríamos que replanteárnoslas para expresarlas de forma más positiva para que ese júbilo no mengüe. Es preciso conceder más confianza, aprendizaje y autonomía, por un lado, y replantearse qué está fallando en esta ecuación adulto-infancia-naturaleza, por otro. Lo que se percibe al respecto son factores que limitan su conexión con su propia esencia de niños y niñas como:

- **Hiperprotección.** Tanto proteger y controlar el entorno por donde se mueven los niños y las niñas les limita la experimentación con el mundo real y los retos que necesitan asumir para fomentar su aprendizaje y desarrollo, y el sentirse capaces, autónomos y valientes para presentarse ante la vida.

- **Desconocimiento.** Si no se tiene un conocimiento de las habilidades y capacidades de los niños y niñas, resulta complicado saber hasta dónde llegan sus posibilidades y hasta dónde ofrecer libertad. Entonces, en esta situación, se actúa limitando las acciones y movimientos de forma excesiva.

- **Pereza y comodidad.** Hay que decirlo. Hay familias que prefieren estar en la comodidad del hogar y mantener a sus hijos e hijas quietecitos con una pantalla que tener que salir a la calle, donde han de activar los sentidos y estar pendiente de ellos y ellas.

- **Entorno.** En las ciudades, los espacios al aire libre de juego son poco estimulantes para los niños y niñas. Están concebidos bajo la mirada adulta de control y vigilancia, y así el entorno se vuelve aséptico y esto hace que los niños y niñas al poco rato se desmotiven porque no encuentran espacios donde esconderse del adulto, materiales de juego donde dejar volar la imaginación, elementos constructivos que los reten y estimulen.

Y en estas condiciones que rige la ciudad y la sociedad actual poco se estimula a la infancia y la adolescencia a salir al aire libre, y mucho menos a acercarse al bosque, la playa o el campo con libertad, espontaneidad y autonomía. Seguramente en su cabecita se les repiten en bucle las frases anteriores y «para jugar así de estresado, mejor me quedo en casa».

¿Y qué puede ocurrir si la infancia permanece en casa desconectada de la naturaleza?

El periodista y escritor estadounidense Richard Louv acuñó a principios del 2000 el término «déficit de la naturaleza» para referirse a la falta de contacto que tienen los niños y niñas con el entorno natural. Si esta falta de contacto con la naturaleza en acción y libertad sigue patente en la infancia y la adolescencia, resulta que muchos de ellos y ellas acabarán desconectándose de sí mismos, sin energía vital, desmotivados y sin entusiasmo. Disociarán su parte natural del resto de sus áreas y tendrán probabilidad de padecer, en vez de déficit, trastornos muy preocupantes como los que docentes, pediatras y terapeutas ya ven a diario:

- Problemas de concentración, aprendizaje, hiperactividad...
- Problemas de salud físicos, como la obesidad, miopía, debilidad del sistema inmunológico...
- Problemas en el ámbito mental, como miedos, agresividad, ansiedad, depresión...
- Carencias motrices y sensoriales que conllevan un bajo fortalecimiento de las zonas del cuerpo fundamentales para posteriores habilidades, lesiones y fracturas, problemas de coordinación, orientación y equilibrio, desintegración sensorial o falta de desarrollo sensorial.

Recordemos las anécdotas que compartían conmigo algunos docentes, en las que observaban a niños y niñas que se caían con facilidad, se desorientaban, tenían serias dificultades para cortar con las manos o las tijeras, pedían ayuda inmediatamente o se frustraban rápido por no verse capaces de hacerlo... Pues muy probablemente estas realidades de las aulas son el reflejo de una gran parte de la sociedad, que vive con falta de contacto con la naturaleza y falta de juego libre y espontáneo al aire libre donde poder ejercitar la musculatura, canalizar las emociones y activar la mente y la creatividad como hubiera sido necesario y normal para su edad.

Se perciben niños y niñas débiles, inseguros, dependientes, incapaces, desmotivados y, en algunos casos, enfermos. Pero no es culpa suya. Está en nuestras manos que los niños y las niñas tengan acceso a la intemperie, a disfrutar del entorno al aire libre y de todos los misterios, materiales y recovecos que la naturaleza pueda proporcionarles con un control adecuado a cada edad y circunstancia, con una serie de normas claras que nos confieran seguridad a todos y todas, conociendo y confiando en sus posibilidades y ofreciendo nuestra presencia cuando sea necesario para acompañar el descubrimiento del ambiente con disposición y frases alentadoras que inviten a tomar consciencia de su propio cuidado y a intentarlo:

> Observa el terreno   ¿Quieres intentarlo?
>
> Busquemos un
> punto de referencia   Sube hasta donde   Siempre tres puntos
> para saber dónde   te sientas seguro   de apoyo para estar
> estamos   más estable
>
> Estoy a tu lado para lo que necesites

Porque sí, necesitamos infundirles confianza en sí mismos y en el espacio, acompañar este tipo de aprendizajes y también, lógicamente, poner las normas que nos hagan sentir seguras ahí fuera permitiendo la movilidad adecuada a la edad de cada niño y niña. Y mucho mejor si esas normas se crean junto a ellos y ellas; será mucho más sencillo que las recuerden y las cumplan. Y sí, he de confesar que alguna que otra vez he preferido cerrar los ojos, morderme la lengua y confiar porque hubiera soltado cualquier frase del grupo anterior. Porque sí, como madres y padres, tenemos miedo a que se hagan daño y somos conscientes de los peligros y accidentes que pueden ocurrir, pero hemos de procurar identificar correctamente los miedos que nos alertan de un problema real, y conocer las habilidades de nuestros hijos e hijas y depositar nuestra confianza en ellos y ellas sabiendo que la experiencia y la superación de los retos a veces acarrean raspones y chichones. Será mucho más seguro que exploren sus límites en la infancia que tratar de probarlos después, en la adolescencia, sin conocerse lo suficiente.

La realidad es que, entre los miedos, el desconocimiento o la pereza de acercarnos a la naturaleza los estamos desconectando de una actividad fundamental y beneficiosa para su desarrollo y crecimiento paulatino, integral y armónico. Pero creo que hay algunas cosas más. Creo que, por un lado, al vernos nosotras mismas desconectadas de la naturaleza, difícilmente se las acercamos, porque nosotras mismas no la disfrutamos. Como la desconocemos, tampoco sabemos qué hacer en ella y qué peligros conlleva, por lo que la evitamos. A la vez, nos sentimos sumergidas en una sociedad que nos vende la perfección como objetivo; entonces nos vienen a la cabeza aquellas veces que lo intentamos, pusimos todas las expectativas en ello y resultó un fiasco en el que todos acabamos enfadados. ¿Para qué volver a pasar por lo mismo? Seguimos viendo imágenes en las que salir a la naturaleza es llenar el coche de artilugios, caminatas largas y alcanzar cimas. Y no tiene por qué ser así. Puede ser algo tan sencillo como bajar a la calle, acercarnos a un parque o ir en coche a alguna zona natural sin necesidad de alejarnos mucho del aparcamiento, en el que podremos dejar, además de las pretensiones y las expectativas, objetos que nos faciliten la experiencia: ropa de recambio, agua y algo para picar. Lógicamente, es mucho mejor si el entorno tiene la variedad de desniveles, texturas, olores, sonidos que caracterizan el campo o el bosque, pero, si no puede ser, ¡pongámonoslo fácil, pero hagámoslo! Vayamos poco a poco, porque los beneficios que nos llevamos todos y todas habrán valido la pena.

 Este ejemplo lo ilustra a la perfección, porque estoy segura de que habrás vivido alguna situación parecida. Estás en casa, tus pequeños cada vez comienzan a alterarse más, suben los gritos, los contactos son más estrechos; intervienes porque eso puede acabar muy mal, pero no hay forma de calmarlos y el ambiente cada vez se tensa más y más. Entonces, cansada, por decirlo de alguna manera, te iluminas y mandas a todo el mundo a calzarse: «¡Nos vamos a la calle!». ¿Y qué ocurre al poco de bajar? Pues que la tormenta ha pasado, las tensiones se han relajado y ya están jugando y correteando sin dramas. ¿Te suena? Estoy segura de que sí. Pues este es uno de los grandes poderes que tiene la naturaleza, que calma.

> La naturaleza es un aliado perfecto para canalizar energías y emociones, aunque haga frío o llueva (esto es solo cuestión de llevar la ropa adecuada). ¡Volveréis nuevos a casa!

Dejemos a un lado, por un momento, lo que frena y reflexionemos sobre lo que suma, que, en este caso, son los beneficios de ofrecer un espacio real, cercano y vívido para crecer sin prisas, conectados a la naturaleza y manteniendo equilibrada la esencia natural: cuerpo-mente-corazón. Y vamos a hacer una analogía del mapa que hemos visto antes con una metáfora de la naturaleza, que también requiere mantener el equilibrio para el bienestar y la vida en este planeta y que liga muy bien, por ser muy necesaria, con la semilla que estamos cuidando: el ciclo del agua (con algunas licencias propias).

CIELO

Como CORAZÓN. Transforma y canaliza la emoción positivamente. Fortalece el sentido de pertenencia y el vínculo. Afina la sensibilidad.

TIERRA

Como CUERPO. Ofrece variedad de posibilidades y retos adecuados a cada edad y nivel de desarrollo. Favorece un desarrollo motriz y sensorial armónico, la coordinación, el equilibrio y la percepción espacial. Fortalece el cuerpo y revitaliza la energía.

VIDA

AGUA

Como MENTE. Deja volar la creatividad, invita a reflexionar, pensar y resolver problemas. Motiva al conocimiento, potencia el asombro y la curiosidad y favorece la concentración. Libera y despierta la mente.

Así que necesitamos que más niños y niñas vivan, disfruten y vean los ciclos de la naturaleza. Están disponibles en la naturaleza exterior, es gratuita y siempre está lista para todos y todas. ¡Manos a la tierra!

Ideas para conectar con la naturaleza en la que vivimos

Para «ensuciarnos las manos» y dejar que nuestros hijos e hijas lo hagan, primero tenemos que estar bien concienciadas nosotras de ello, así que aquí comparto algunas ideas que me ayudan y pueden ayudarnos a todas a empatizar y conectar con la naturaleza en nuestro día a día para, desde el disfrute con cosas sencillas, atraer y motivar a los peques de casa. Luego ya veremos juegos para hacer en la naturaleza en familia.

 - Activar el asombro y la creatividad. Cuando salgamos a la calle, abramos los ojos, busquemos con curiosidad y activemos nuestra sensibilidad para percatarnos de las sutilezas que encontraremos por el camino. ¡Y comentémoslas en voz alta si vamos con ellos y ellas! Disfrutemos mirando con ojos de infancia.

> Aprovecha los paseos por la calle para encontrar tesoros naturales. Mira el cielo y el suelo, y descubre la naturaleza que suele pasar inadvertida: caracoles en un solar, una planta que crece en la rendija del hormigón, las flores caídas de los árboles que hacen de alfombra. Descubre en los frutos otras utilidades para jugar...

- Activar los sentidos. Afinemos cada uno de los sentidos cuando salgamos o nos asomemos al balcón. Uno cada vez, y averigüemos cuál de ellos predomina en nosotras ahora mismo. Los sentidos se entrenan, así que abrámonos a sentir con más intensidad.

> Afina los oídos para escuchar el sonido de los pájaros o las gotas de lluvia al caer más allá del bullicio; abre las fosas nasales para oler las flores del parque e identifica olores; toca sin vergüenza los troncos, las hojas, los pétalos y siente las texturas; prueba frutas y verduras diferentes y en distintas cocciones; mira hacia arriba y descubre el cielo, las copas de los árboles... ¿Qué sentidos se conectan? ¿Qué recuerdos?

- **Dejar que la naturaleza entre en casa.** Salir está genial, pero no siempre se puede, así que puedes disfrutar de ella trayendo la naturaleza a casa con simples gestos: mentalmente, recreándote en los detalles de algún momento vivido o trayendo objetos que nos permitan tocarla y verla.

Regálate un ramo de flores, compra plantas y dedícate un rato a cuidarlas cada día; recoge durante un paseo por la naturaleza elementos como palos, frutos, hojas, tierra, arena, piedras, caracolas y déjalos como decoración, disponibles para manipular y jugar; cultiva un huerto...

- **Encontrar nuestra montaña.** Más bien quiero decir que encontremos ese espacio cercano donde haya naturaleza y nos guste estar. Tomémoslo como nuestro lugar de referencia para conectar con la naturaleza y comprometámonos a visitarlo cada vez que podamos. Podemos incluir la visita en nuestro plan de autocuidado.

Hazlo simple: puede ser un árbol cerca de casa que tiene un banco donde sentarte y poder mirarlo o un lugar recóndito de un parque, bosque, playa, montaña... Cuida ese momento. Puedes llevarte un termo con infusión para disfrutarlo en ese lugar, un libro para leer tranquilamente, un cuaderno para bocetar o una esterilla para tumbarte. Y cuenta en casa que tienes un espacio secreto al que ir. Estoy segura de que a alguien de la familia le entusiasmará conocerlo. ¡Ahí decidirás tú si lo llevas!

- **Relajarnos.** Cuando estemos fuera, ya sea a solas o en compañía de nuestros hijos e hijas, hagamos unas cuantas inhalaciones profundas y exhalaciones lentas. Podemos hacerlas quietas o andando. Nos servirán para tomar un aire más puro que el de casa, llenar los pulmones de aire fresco y percibir su temperatura al entrar y aligerar la mente. Son acciones que nos ayudarán a relajarnos, importantes para nuestro bienestar y también para estar bien a la hora de acompañar sin tanto control los juegos de nuestros hijos e hijas al aire libre.

Céntrate en tu respiración, en cómo entra y sale el aire suavemente. Realiza inhalaciones en 4 tiempos y exhalaciones en 4 tiempos. Y así ve jugando a combinar tipos de inspiraciones profundas con, por ejemplo, exhalaciones rápidas, como si soltaras todo el peso. Y ve encontrando la que más te guste.

El vínculo de nuestros hijos e hijas con la naturaleza se forjará según nuestra conexión con ella, nuestro respeto hacia su propio ser y las vivencias que les permitamos tener en el entorno natural. Comenzamos este capítulo hablando sobre el vínculo que se crea y desarrolla sustentado en el amor que expresamos por lo que tenemos delante y lo que conocemos. Cuando amamos lo que tenemos delante es cuando lo respetamos y lo cuidamos. Y justo esto necesita también la naturaleza, tanto de ti como de todos los futuros adultos que están por llegar. Por esta razón también vale la pena, ¿no?

crecer jugando

Empezamos el último capítulo de este libro destinado a hablar del juego; sobre todo, de crecer disfrutando de sus beneficios y del placer de jugar. Y no por ser el último es el menos importante. Más bien al contrario. Cuando hemos visto las necesidades de la infancia, había una que aparecía transversal a todas ellas: la necesidad de movimiento, juego y placer. Así que vamos a ver por qué es necesario hacer visible esta necesidad y atenderla, y por qué es importante y transversal al resto.

Seguramente, conforme hemos ido avanzando en la lectura de este libro, nos hemos dado cuenta de los aspectos importantes que tiene el juego en el crecimiento, desarrollo y aprendizaje en la infancia. Es imposible hablar de niños y niñas y no mencionar las palabras «juego, movimiento y placer», ¿verdad? Y no solo porque lo observemos externamente, sino porque también internamente están ocurriendo cosas fundamentales que sustentan, consolidan e impulsan los pasos del crecimiento en bienestar.

Es la forma que tienen los niños y niñas de ser, sentirse y estar en conexión y armonía consigo mismos y con el mundo que los rodea en el aquí y ahora. Por eso, el juego es una necesidad transversal, porque, con esta energía vital interior que les posibilita tener el cuerpo (movimiento), la mente (juego) y las emociones (placer) en equilibrio, viven el presente con una actitud positiva en la que solo se plantean posibilidades y oportunidades para probar, explorar, sentir, superarse... Es una actitud de vida que pone en marcha la motivación, la curiosidad, la creatividad y la imaginación necesarias para abordar y sostener, inconscientemente, el resto de las necesidades, haciendo del juego y el movimiento medios para satisfacerlas o canalizarlas y transitarlas.

Pero antes de entrar de lleno en el tema, es importante esclarecer una pregunta: ¿a qué nos referimos cuando hablamos de juego en la infancia? Porque matizarlo es importante también. Cuando hablemos de juego en este capítulo, si no se especifica lo contrario, nos referimos al juego que genera sensación de bienestar y energía positiva, y a la actividad que se genera de forma espontánea, activa y libre, sin guía ni condición más que la que los propios niños y niñas se pongan para sí mismos o, consensuadamente, con sus compañeros y compañeras de juego. Una actividad en la que no hay dirección, control ni vigilancia adulta; por lo menos, de forma aparente para ellos y ellas.

Se trata de ese juego que surge en cualquier lugar y momento, movido intrínsecamente, activado por inspiración del entorno, la relación de ideas, la conexión sensorial, la emocional…, sin que sea necesario disponer de juguetes o materiales de juego para practicarlo. Un juego que hace que los niños y niñas estén y se sientan en profunda conexión con su interior y que lo expresen en el exterior a través de movimientos, emociones, pensamientos y la transformación del entorno que crean sus acciones. Ese juego que los mantiene absortos en el aquí y el ahora; en su hacer, descubrir y recrear sin pensar en un objetivo final predefinido, sino disfrutando del mismo proceso de jugar.

Al intentar definir ese juego, las palabras se quedan cortas para expresar la magnitud emocional, física y cognitiva que conlleva, sobre todo porque cada individuo lo representa, vive y siente de manera distinta.

 Así que, antes de empezar, coge un lápiz. ¿Lo tienes? Bien, pues ahora déjame preguntarte algo y contesta lo primero que te venga a la cabeza: ¿qué es para ti el juego? Un, dos, tres… ¡YA! Escribe, no pienses más. ¡Todo vale!

_____

_____

_____

_____

_____

_____

_____

¡Gracias por escribirlo! Acabas de dejar apuntado tu punto de partida sobre la mirada que tienes hacia el juego de tus hijos e hijas; una mirada indispensable para observarlos globalmente, reflexionar y poder transformar, quizá, tu opinión conforme vayas descubriendo y admirando esta necesidad del ser humano que hace que se sienta en plenitud y lo acompaña en su desarrollo y bienestar.

Antes de proseguir, y aunque lo desarrollaremos ampliamente más adelante, es importante comentar de entrada que, en la actualidad, se detectan dos factores que hacen que el juego espontáneo y libre mengüe en la infancia y la adolescencia.

1. Agenda colapsada de actividades extraescolares y compromisos. Falta de tiempo y espacio diario para jugar a este tipo de juego.
2. Consumo excesivo de tecnología. Falta de límites tecnológicos claros que limiten el consumo y la calidad.

Los siguientes apartados pretenden ofrecer una mirada sana y equilibrada sobre estos dos puntos en la vida diaria de los niños y niñas.

El valor del juego

El juego es un tema muy serio y, durante mucho tiempo, incluso a día de hoy, se percibe y concibe como algo jocoso, un pasatiempo o entretenimiento sin mayor relevancia, tal y como se desprende de su raíz latina: *iocāri*. También de esta raíz surge la definición «hacer algo con alegría». Y claro, la alegría y el pasatiempo son antónimos de lo solemne en nuestra cultura. Así que eso de entender el juego como un tema serio desde estas voces latinas, pierde consistencia y pasa a comprenderse como hasta ahora: ese pasatiempo de la infancia que ha de perderse a los pocos años para poder dedicar el tiempo a las actividades formales que sí valen la pena, como, por ejemplo, estudiar.

Seguro que hemos oído estas expresiones en más de una ocasión:

¡Deja ya de jugar, que eso es cosa de niños!

¡Ya eres mayor para andar ensuciándote!

¡Deja ya de jugar y ponte a trabajar!

¡No pierdas el tiempo con juegos de niños!

¿Nos suenan? Es normal. En una sociedad donde priman el hacer, la productividad y la competitividad, el juego, considerado un pasatiempo, es algo secundario que nos distrae del fin último: el éxito. Y así crecimos, con esa idea del juego, y por eso actualmente nos cuesta conectar con la seriedad y el verdadero valor que tiene. Porque lo tiene. Igual que lo tienen la alegría, el disfrute y el entretenimiento (entendido como la acción donde transcurre el tiempo de forma placentera y no como la acción de pérdida de tiempo que también contempla el diccionario). Así que ahora vamos a ver de qué se trata en realidad el juego.

¿Qué es el juego?

Cuando me hacen esta pregunta, me viene a la mente la frase que pronunció san Agustín respecto a la definición de «tiempo»: «Si nadie me lo pregunta, lo sé; pero si quiero explicárselo al que me lo pregunta, no lo sé». Porque el juego tiene tantas definiciones como personas lo viven y lo experimentan. Es algo que solo se puede entender si se siente. Pero vamos a ir desmenuzando el concepto poco a poco para poder encontrar un «todo» que nos ayude a crear una definición que, más que entenderlo, nos permita sentirlo.

De esta forma, comencemos por bajar a lo evidente y sencillo. Jugar para la infancia es:

correr	rodar	saltar	rotar	balancearse
escalar	lanzar	subir	bajar	explorar
descubrir	apilar	meter	sacar	cubrir
esconderse	construir	deconstruir	dibujar	bailar
cantar	imaginar	tocar	ensuciarse	chupar
oler	morder	disfrazarse	perseverancia	tenacidad
voluntad	satisfacción	paciencia	curiosidad	ilusión
asombro	creatividad	capacidad	valentía	felicidad
frustración	placer	diversión	reto	superación
conquista	cooperación	socialización	comunicación	motivación
concentración	observación	experimentación	reflexión	análisis
hipótesis	prueba	error	incertidumbre	reglas
resolución	conocimiento	fantasía		

A partir de la observación de este listado, podríamos simplificar el concepto de juego en 3 categorías fundamentales:

ACCIÓN · PENSAMIENTO · EMOCIÓN

Y, si nos fijamos bien, estas categorías se corresponden con algo de lo que venimos hablando durante todo el libro:

CUERPO · MENTE · CORAZÓN

Un trinomio que coexiste y cohabita en equilibrio en la infancia cuando esta se ha acompañado desde el amor y la conexión, respetando sus ritmos, sus momentos de desarrollo, sus emociones y dando espacio y tiempo para que los niños y niñas encuentren y creen sus universos lúdicos para sentirse plenos y también para reequilibrarse cuando lo necesiten.

 Coge 3 lápices de colores distintos y dale un color a cada categoría:

ACCIÓN   PENSAMIENTO   EMOCIÓN

Con esta codificación cromática que acabas de crear, colorea los recuadros de la tabla de la página anterior que contengan las palabras que hayas identificado en el juego de tus hijos e hijas conforme a la categoría de acción/pensamiento/emoción a la que correspondan. Por ejemplo: correr/ACCIÓN, esconderse/PENSAMIENTO, descubrir/EMOCIÓN. Y te darás cuenta de que habrá casos que puedes colorear más de un color en cada palabra. Si echas de menos alguna palabra en la tabla, añádela en las casillas blancas y dales también su categoría con color. Y si quedan palabras sin colorear, tenlas en cuenta para observarlas durante el juego de los próximos días o meses, porque puede ser que no te hayas percatado de esas acciones o que aún no sea el momento evolutivo para vivirlas.

NOTA: Puedes encontrarte con que tengas dudas o no sepas en qué categoría poner algunas palabras. En ese caso, y también como ejercicio general, indaga en el significado de esas palabras. Te servirá para dar más sentido y profundidad al juego que observas.

Así pues, el juego es acción, emoción y pensamiento, que se conjugan y brotan en forma de impulso vital; una necesidad que surge del interior del individuo desde los primeros meses de vida y necesita ser canalizada por medio del movimiento interno y externo, y vivida bajo unos parámetros emocionales de goce y disfrute. El juego es un medio para vivir en conexión con la esencia, escuchando y atendiendo las necesidades y buscando la autorregulación emocional para sentirse en bienestar y equilibrio interior.

Características generales del juego libre y espontáneo:

- Obedece a una motivación interna, por lo que la ideación, la recreación y el imaginario utilizados pertenecen al universo personal del que juega, así como los pensamientos, observaciones, emociones y reflexiones que surjan mientras se desarrolla el juego.
- Es voluntario. Al surgir de una motivación personal, se entiende que los niños y niñas escogen jugar o no jugar, y no se mueven bajo mandatos de obligatoriedad ni imposiciones. Cuando esto último ocurre, deja de ser un juego para quien lo siente o percibe.
- Se puede decidir jugar individualmente o en grupo. En este último caso, el juego entre iguales surge a partir de los 3 años aproximadamente y con él aparecen poco a poco aprendizajes y habilidades tan

importantes como la sociabilización, la empatía, la cooperación y la resolución de conflictos, que permiten la determinación y el desarrollo armonioso del juego.

- **No hay un objetivo prefijado por alcanzar**, pero sí una motivación que inicia el juego y lo hace evolucionar, que puede virar de foco dependiendo de los descubrimientos y las nuevas posibilidades que surjan mientras se desarrolla. Este «objetivo no prefijado» favorece que los niños y niñas permanezcan centrados y concentrados en la actividad que se está desarrollando en ese preciso momento, en el aquí y el ahora, disfrutando con suma presencia, aceptando la realidad y el «quién se es» en ese momento.

- **No es lineal.** Los niños y las niñas no piensan conscientemente en una estructura determinada ni en unos pasos fijos para jugar, sino que van trazando espontáneamente el recorrido del juego: desde cuándo comienza, cómo transcurre y se desarrolla, hasta cuándo se da por finalizado. Pero desde la mirada adulta —respetuosa, amable y afinada— sí podemos percibir lo metódicos, sistemáticos y lógicos que pueden llegar a ser los procesos de juego conforme ellos y ellas van adquiriendo más conocimientos e información sobre el entorno. Ejemplo de ello son los patrones de juego repetitivos —que forman parte de los «esquemas de acción» (nombre acuñado por Jean Piaget, psicólogo y epistemólogo suizo conocido por ser uno de los primeros profesionales en percatarse y estudiar este tipo de acciones repetidas)— tan necesarios para la asimilación y acomodación del aprendizaje: lanzar objetos, alinearlos uno detrás de otro, cubrirse con telas, fascinarse al girar o ver piezas girar, etc. También son ejemplo de ello las secuencias que podemos intuir en algunos juegos exploratorios y que son como las que se aplican en el método científico: observación, análisis, hipótesis, predicción, experimentación, propuesta de nuevas soluciones… ¿Recordamos el niño con la pala y la piedra? Pues ese caso sería un ejemplo de esto último.

- **Refleja el sentir y significado individual de la realidad que viven.** «Para un niño y una niña jugar es la posibilidad de recortar un trocito de mundo y manipularlo para entenderlo», frase que escuché decir al pedagogo y dibujante italiano Francesco Tonucci y que refleja muy bien esta idea. Porque el juego es el medio por el cual experimentan la realidad que viven; es decir, pasan la experiencia por los sentidos, el cuerpo, la mente y el corazón. En ese acto de jugar modulan la experiencia vivida para entenderla desde su conocimiento y punto de vista particulares para otorgarle su propio sentido (integrarla) y su significado, que es tan válido como el nuestro, pues la realidad es subjetiva.

- **No se determina por los juguetes.** Los niños y las niñas no necesitan juguetes para jugar, ya que son capaces de crear juegos imaginarios con su propia mente, utilizando su cuerpo o el de las personas cercanas, o cualquier objeto cotidiano que tengan cerca. Los juguetes solo son herramientas, igual que cualquier otro objeto que se utilice, que les sirven indirectamente para fertilizar y canalizar la necesidad que llevan dentro, y enriquecer el juego. Porque el juego lo crean los niños y niñas, nunca el juguete.

- **Es un proyecto en sí.** Un juego es un proyecto que se desarrolla conforme va avanzando: si no le damos tiempo real o el que le damos está muy acotado, se queda en la superficialidad, mientras que, si se le otorga el suficiente, los niños y niñas pueden entrar más a fondo conectando con su flujo interno y pudiendo descubrir la sensación de asombro, la reflexión, el análisis, la prueba, el error y el volver a intentarlo, la conexión con los elementos, la expansión de ideas… Sin tiempo no puede crecer un árbol, ¿verdad? Pues sin tiempo tampoco puede crecer el juego profundo que deja entendimiento y significado en la persona que lo juega.

Y ¿por qué el juego es un tema tan serio?

A partir de las características anteriores, podemos deducir aspectos tan importantes para la infancia como que el juego es su medio para:

- Conocerse. En el juego, los niños y niñas descubren su «yo persona individual», agente capaz, generador de cambio, autónomo e independiente. Experimentan sus propios límites, se plantean retos y desarrollan habilidades con las que aprenden y se superan continuamente, y se descubren tal cual son en ese presente. Jugando e interactuando con su entorno van construyendo su propia identidad y su relación con las otras personas.

- Vivir en bienestar. El juego es su elemento para sentirse vivos y plenos, disfrutando y regulándose cuando lo necesiten, porque también es una vía esencial de escape emocional. Es un medio para canalizar las exigencias y expectativas del mundo adulto. Porque no es nada fácil vivir la infancia en este mundo acelerado, competitivo y hasta a veces deshumanizado. El juego ayuda a dar espacio a esas emociones y dar sentido y significado a su realidad compartida con los adultos, donde surgen juicios, tensiones, imposiciones, injusticias… El juego les permite recalibrar la parte emocional para volver a sentirse en sintonía y bienestar.

Y nos queda mencionar un aspecto más, que no se intuye y que debemos conocer por su importancia y seriedad. El juego es también un medio para:

- Crecer, desarrollarse y aprender armoniosamente. Es uno de los pilares fundamentales del desarrollo físico, psíquico, cognitivo, emocional y relacional, donde los niños y niñas descubren, entrenan y aprenden conceptos, habilidades, aptitudes y competencias cognitivas, motoras, sociales y emocionales que les servirán a lo largo de toda la vida para vivir en armonía y bienestar dentro de la sociedad.

Y no nos olvidemos de que, para los adultos que estamos a su lado, el juego es:

- **La brújula para conocer, sintonizar y acompañar** con respeto, sensibilidad y conexión la individualidad de cada uno de ellos y ellas, todas sus singularidades, intuyendo cómo se sienten, en qué momento vital se encuentran y qué necesitan para desarrollarse y crecer orgánicamente, conectados y emocionalmente estables.

En definitiva, podemos decir que la infancia tiene, siente y vive el juego como el recurso natural que le permite el equilibrio, la autorregulación y la sintonización de las partes para que su todo fluya, para que todo se exprese, se sienta y se experimente como es necesario para que los niños y las niñas se sientan vivos, conectados y capaces, y nos ofrece entre líneas un mensaje tan sabio, saludable y tranquilizador como este:

YO SOY
YO SIENTO
YO PUEDO

¿Has oído alguna vez «este susurro» de tus hijos e hijas mientras los observabas jugar? Te lo ofrecen cada día. Piensa en él e interiorízalo para que, cuando los mires jugar, descubras cómo son, cómo se emocionan y cómo consiguen lo que se proponen por sí mismos si les damos espacio, tiempo, seguridad y confianza.

Ahora es momento de parar e integrar este mensaje a modo de mantra lúdico. Te propongo que cojas de nuevo tus lápices y disfrutes coloreando este mandala tomándote tu tiempo, recreándote en los detalles, releyendo, reflexionando y celebrando el mensaje del juego de la vida. Si lo necesitas, puedes descárgate la lámina para que la tengas en casa bien visible. La encontrarás al entrar al código QR de las últimas páginas del libro.

El juego como motor de crecimiento, desarrollo y aprendizaje

Mediante el juego, y desde los primeros meses de vida, los niños y niñas se relacionan con el entorno, las personas que lo habitan y con ellos y ellas mismos, con el afán de descubrir el misterio de la vida y darle sentido: el porqué de las cosas, la verdad, la belleza, los cambios que se producen al interactuar con todo ello... Es una tarea seria que abordan con concentración y relevancia, poniendo todo su conocimiento en funcionamiento, su perseverancia y su voluntad de superación para afrontarla reiteradamente hasta entenderla y asimilarla. La llevan a cabo guiados por el impulso interno de aprender, que los reta a desvelar aquello que se les presenta como desconocido y que, con su motivación guiada por su deseo espontáneo, autónomo y activo, se convierte en un estado de disfrute. Es el encuentro de emoción-aprendizaje: un binomio que garantiza una impronta profunda de lo que han descubierto y un desarrollo armónico de la inteligencia en contacto con el mundo en el que se vive.

Porque «el ser humano no puede comprender lo que no vive», como dice la pedagoga francesa Céline Álvarez, que llevó a cabo un experimento educativo para reducir el fracaso escolar. Y tampoco puede amar ni respetar lo que no conoce, como decíamos con la naturaleza. De ahí la importancia de permitir el juego y el acceso al mundo, la realidad y la cotidianidad desde el inicio de la vida, confiando en sus posibilidades actuales y latentes, que despertarán en esa interacción vivida.

Esta pulsión por descubrir y explorar jugando es la que los lleva desde bebés a:

- Activar todo el sistema motor, necesario para la experimentación que tanto les entusiasma, ejercitando y fortaleciendo la musculatura paulatinamente con cada reto.
- Desarrollar el equilibrio y el control espacial saludablemente.
- Experimentar los límites que les ofrece la vida de forma natural.
- Experimentar su mundo emocional encontrando recursos para autorregularse.
- Crear estructuras mentales de forma natural y armoniosa que los ayudan a construir, consolidar o redefinir conocimientos que se refinan y evolucionan conforme van interactuando con el mundo real y van madurando biológicamente.

El juego es un mecanismo perfecto que trabaja internamente engranando cuerpo, mente y corazón, haciéndoles sentir capaces, felices y aprendices de la vida.

Llegados a este punto, hemos de ser conscientes de algo importante: «Los niños y niñas no juegan para aprender, pero aprenden porque juegan», una cita muy cierta y famosa de Piaget. Porque el aprendizaje no es el fin, sino que aprenden por el puro placer que les supone entrar en contacto con la realidad vivida y sentida, descubriendo el entorno cotidiano como algo extraordinario ante las manos, ojos, oídos, boca, nariz y la acción espontánea. Debemos darnos cuenta de que sus juegos, movimientos y aportaciones van siendo cada vez más ricos, intencionados, precisos y cargados de información, ya que son el reflejo de la reorganización progresiva y cualitativa del conocimiento adquirido conforme crece y cambia su concepción del mundo, como también afirma Piaget en su teoría de la cognición. Así, los niños y niñas van alcanzando cada vez una mayor consciencia corporal, conocimiento, control emocional y grado de razonamiento y pensamiento, que les permiten ir buscando soluciones más ingeniosas y formular y reformular hipótesis que los llevan a entenderse y entender la vida en sociedad.

Resulta maravilloso y sorprendente observar cómo, en la vida de toda persona, coincide la etapa de mayor juego con la de mayor desarrollo motor, aprendizajes y conexiones neuronales. ¿Coincidencia? Digamos que la naturaleza es sabia y conoce los tiempos en los que han de vivirse las cosas; recordemos la semilla. Los psicólogos, neurocientíficos e investigadores, con sus teorías sobre cognición y desarrollo, lo avalan, así como los aportes de la neuroeducación y los resultados de investigaciones con animales, y vienen a decirnos que la infancia:

- Tiene su particular forma de ver, ser, estar y sentir en el mundo, que no es menos importante que la nuestra.
- Se relaciona con el mundo por medio de la curiosidad, la acción, la práctica y la exploración activa.
- Tiene en el juego espontáneo y el movimiento su mejor herramienta para aprehenderlo.

Esto está muy bien, podemos pensar, pero ¿cómo evidenciarlo en casa? Igual que le ocurre a la infancia, los adultos también necesitamos entenderlo a través de la experiencia, pero, a diferencia de los niños y niñas, debemos realizar un ejercicio para poder estar en el aquí y el ahora, y percibir esos matices que pasan inadvertidos a nuestros sentidos adultos.

Necesitamos estar «despiertas» para percibir el desarrollo físico, mental y cognitivo en sus juegos, y valorar, permitir y fomentar esos espacios de juego exploratorio desde la suma seriedad que merecen. Para vislumbrar esos pequeños grandes logros generales que surgen en cada momento y que sentarán las bases del aprendizaje, el desarrollo de las inteligencias y las habilidades motoras, emocionales y sociales fundamentales para la vida, ahora sí es necesario hacer un breve recorrido por las etapas evolutivas de la infancia.

Etapas del desarrollo y el juego

Durante el esperable camino hacia la edad adulta, los niños y niñas experimentan ciertos cambios vitales comunes en todo ser humano que quedan reflejados en los juegos de cada etapa. Son grandes pistas que nos permiten descubrirlos, conocerlos e intuir lo que van necesitando para su desarrollo y aprendizaje progresivos, que nos susurran al andar ese YO SOY · YO SIENTO · YO PUEDO como brújula que nos indica que todo marcha bien.

 Ahora te invito a mirar por un agujerito a tus hijos e hijas, a observarlos jugar en su fluir natural, sin molestar. ¿Echas un vistazo? ¿Qué juego ves que están desarrollando? Escribe el nombre de cada uno de tus hijos e hijas y describe a qué juega; te servirá para realizar un ejercicio posterior. Apúntalo aquí:

NOMBRE DEL HIJO O HIJA:	JUEGA A:

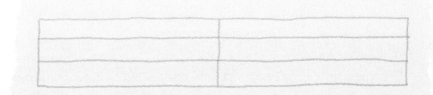

Estos juegos y acciones libres y espontáneos pueden ayudarnos a identificar en qué momento del desarrollo se encuentran nuestros hijos e hijas si conocemos estas etapas. Para ello, vamos a tomar como referencia la clasificación que propuso Piaget en su teoría de la cognición y su relación con el juego, pero me gustaría que las conociéramos a partir de una mirada más amplia e integral de la persona en la que se contemplen todas sus partes: física, cognitiva, emocional y social.

En cada etapa encontramos una serie de particularidades generales del desarrollo y un listado de juegos y acciones lúdicas —las que les generan placer al realizarlas— características de esa etapa según si los niños o niñas interactúan con su cuerpo, los objetos o las personas cercanas. Hay muchísimos más, pero he procurado sintetizar los más comunes para que nos sirvan a modo de guía:

- Juego de ejercicios o etapa sensoriomotora (de 0 a 2 años aprox.).
- Juego simbólico y de construcción o etapa preoperacional (de 2 a 7 años aprox.).
- Juego de reglas o etapa operacional concreta (de 7 a 12 años aprox.).

NOTA: Cada niño y niña se desarrolla siguiendo su propio tempo, así que tomémonos con flexibilidad las edades propuestas para cada etapa, teniendo en cuenta también que pueden surgir momentos de «retroceso» necesarios para consolidar algún aspecto y continuar el viaje luego sin ningún problema. Ante cualquier duda que surja debemos contactar con profesionales que nos acompañen y nos aporten luz sobre ellas.

Juego de ejercicios o etapa sensoriomotora
(de 0 a 2 años aprox.)

Esta etapa tiene como característica la necesidad de descubrir senso-rialmente el mundo y a sí mismos, y activarse motrizmente para conseguirlo. Sus acciones provocan unos efectos sorprendentes que les generan fascinación y placer, por lo que las repiten y acaban aprendiendo de ello. Centran toda su atención y curiosidad en la acción: el movimiento (aún no bien coordinado), la manipulación (todavía sin un control preciso), la experimentación (surgida por la curiosidad y la casualidad) y la observación de objetos y personas (descubriendo poco a poco cómo un objeto o persona puede desaparecer y permanecer en la mente de forma simbólica a pesar de no verla directamente —lo que Piaget denominó «permanencia del objeto»—, que resulta ser un rasgo característico del final de esta etapa).

Emocionalmente, los niños y niñas pasan de los llamados «momentos de supervivencia» (llantos, interés y enfado) a comenzar a empatizar, a identificar rasgos emocionales agradables y desagradables (alegría/tristeza) en las otras personas y a sorprenderse y excitarse en la interacción con ellos y ellas. Les asustan estímulos estridentes (sonidos, movimientos rápidos...), personas extrañas y perder a las personas de vínculo del campo visual.

En esta etapa, la interacción con las personas se refiere a la interacción con la familia cercana y los cuidadores —que les ofrecen vínculo, seguridad y confianza—, y no es hasta el final de la misma que comienza el juego con iguales, pero de forma paralela (no hay interacción significativa entre ellos y ellas, aunque sí puede ocurrir que su juego cambie o se modifique movido por la observación del juego de los otros y otras).

Todo esto lo veremos reflejado en juegos y acciones lúdicas como:

CON SU CUERPO	CON LOS OBJETOS	CON LAS PERSONAS
Descubrir, observar y chupar sus extremidades: manos y pies.	Alcanzar objetos alejados.	Imitar gesticulaciones, palabras, aparición de gestos, sonidos o balbuceos poco reconocibles.
Girar sobre sí y cambiar de posición o sentarse.	Investigar la sensorialidad y características de los objetos: tocar, chupar, morder, lanzar, rodar, patear, hacer girar...	Tocar, acariciar, tirar del pelo, collares, pendientes...
Reptar, gatear y levantarse.	Meter y sacar, ensartar, conectar elementos, hacer trasvases con agua, arena o cualquier material...	Escuchar cuentos leídos o historias inventadas.
Desplazarse por el entorno cercano y conocido caminando con o sin puntos de apoyo, para investigar.	Descubrirse frente al espejo, asombrarse y gesticular.	Juegos de contacto como caricias, masajes, trepar por el cuerpo de las otras personas...
Correr, girar, saltar con dos pies, saltar desde poca altura, subir y bajar escalones...	Transportar objetos de un sitio a otro con las manos o utilizando otros objetos de ayuda como carretillas, coches, telas...	Vida cotidiana (adaptada): poner la mesa, servir agua, regar plantas, ordenar...
Esconderse (taparse la cara, cubrirse, ocultarse... sintiendo que no se le ve completamente)	Alinear, envolver objetos con telas o con construcciones lineales que delimitan el objeto.	Persecución, escondite, cucú-tras...
Emitir sonidos, balbuceos con la boca y dar palmas con las manos o sonidos al golpear con los pies.	Imitar la vida cotidiana observada en el adulto y entorno: dar de comer, dormir, pasear muñecos...	Balancearse y bailar primero en nuestros brazos y luego junto a nosotras.

Juego simbólico y de construcción o etapa preoperacional (de 2 a 7 años aprox.)

Esta etapa se caracteriza por un mayor dominio y control del cuerpo y del movimiento; se vuelven, se sienten más independientes (adquieren más precisión al final de la etapa), y también por el desarrollo del pensamiento simbólico, que se verá reflejado en la aparición del lenguaje oral fluido, la identificación de los roles (de la propia persona y de los demás) y la adjudicación de un significado diferente del que tiene un objeto (hacia el final de la etapa distinguen mundo real de mundo imaginado), así como el interés por la representación gráfica, ya sea el comienzo de los garabatos, dibujos o símbolos hasta el inicio de la escritura sencilla y la lectura básica.

Los mueve la bondad (empatizar con las personas) y, al principio de la etapa, encuentran dificultad para expresar lo que necesitan y sienten, y muestran su frustración mediante rabietas que van menguando conforme aparecen el lenguaje y la consciencia emocional, que los ayudan a percibir las injusticias, la incomprensión, las críticas y el rechazo, y a identificar qué sienten y por qué, lo que pueden expresar de forma más respetuosa para todos y todas con la guía adulta (gestión emocional). A los miedos de la etapa anterior se suman el miedo a la oscuridad, a los animales grandes y a los monstruos.

El juego, y en especial el juego simbólico, les sirve como medio natural de autorregulación emocional y es un espacio de encuentro con sus familiares e iguales, donde ahora sí comparten juego, en el que existe un reparto de roles y reglas sencillas. En este tipo de juego podemos observar cómo viven su realidad, frases que nosotras, nuestra pareja o cualquier otra persona referente repite asiduamente, posturas, acciones…

Juegos y acciones lúdicas que representan esta etapa:

CON SU CUERPO	CON LOS OBJETOS	CON LAS PERSONAS
Coordinación: saltar a la pata coja, andar para atrás, de costado, por un bordillo haciendo equilibrio, al galope, rodar en una pendiente, trepar, balancearse, colgarse... Aprenden a columpiarse, a ir en bici, a nadar, etc., ellos y ellas solos.	Recrean situaciones fantásticas o vividas otorgándose un personaje y sintiéndose ese personaje. Los objetos adquieren también simbolismo y vida propia, siendo y creyendo dentro de su juego que la caja es un cohete, o un envase un muñeco, por ejemplo.	Juegos de manos y palmas con canciones. Cantar, bailar...
Imaginación y fantasía: creen que lo que piensan existe (monstruos, hadas...) e imaginan historias y las cuentan oralmente.	Construcciones horizontales que pasan, poco a poco, a verticales adquiriendo una simbología cotidiana (casa, escuela, granja). Construyen cabañas como cobijo.	Juegos verbales compartidos: rimas, trabalenguas, adivinanzas sencillas...
Crean circuitos con diferentes retos, carreras de obstáculos...	Se interesan en el desmontaje y montaje de aparatos eléctricos.	Juego simbólico con iguales/familiares donde cada cual adquiere un papel determinado: familia-bebés, profesores-alumnos...
Motivación por las letras, la lectura y la escritura: va desde el garabateo fantaseando que escriben, pasando por la copia de letras sin conocer su significado, hasta escribir frases sencillas omitiendo letras o juntando palabras sin consciencia ortográfica (son ejemplos del proceso).	Conteo, clasificación, ordenación, seriación, resolución de problemas lógico-matemáticos sencillos.	Buscar y encontrar: veo-veo, búsqueda del tesoro, yincanas, en qué mano está la piedra, frío-frío caliente-caliente...

Crean sus propios juguetes, instrumentos y artilugios combinando materiales que encuentran en su entorno.	Experimentos aleatorios con elementos cercanos: pociones, sopas, brebajes...	Juegos competitivos: con reglas y normas sencillas (pilla-pilla, un-dos-tres pollito inglés, el juego de las sillas...).
Se alejan un poco más de su zona segura para investigar.	Dibujar (garabatear y, poco a poco, dibujar más figurativo y detallista), recortar, pegar, costura sencilla, modelado con barro, plastilina...	Vida cotidiana: cocinar, limpiar, emparejar calcetines, doblar ropa, ordenar, barrer...

Juego de reglas o etapa operacional concreta
(de 7 a 12 años aprox.)

En esta etapa los niños y niñas buscan ya diferenciarse de las otras personas (sobre todo, de las figuras maternas y paternas) para encontrar su propia identidad dentro de la relación con las otras personas. Crean experiencias de juego más complejas y pensadas gracias a su gran resistencia física y precisión motriz, así como por su desarrollo cognitivo más evolucionado, destacando el pensamiento lógico que les permite relacionar, deducir... y aplicar el pensamiento reversible (la capacidad que los faculta para pensar secuencialmente desde el inicio hasta el final y desde el final hasta el inicio). Este pensamiento les da acceso a la observación de la realidad de forma más amplia y lógica (ya no todo es blanco/negro, feo/bonito, como lo es al inicio de la etapa), idear diferentes soluciones a los retos ante los que se encuentran y hallar estrategias para conseguirlo.

Emocionalmente, comprenden que cada persona tiene su propia forma de pensar y sentir (empatía) y que puede tener ideas y sentimientos propios o diferentes de los suyos. Se observa un mayor control de la gestión emocional, cambios de humor hacia el final de la etapa y una tendencia a ser más reservados (pasan la emoción por el interior para expresarla conscientemente y de forma, paulatinamente, más controlada).

Controlan el miedo a los monstruos (distinguen la fantasía de la realidad) y añaden el miedo a la muerte y a las evaluaciones personales y académicas.

Respecto al juego con las personas, se decantan por jugar con sus iguales; es el momento en el que los escogen más conscientemente y crean lazos afectivos más profundos. Aparece el/la mejor amigo/a, el profesor de referencia, y la familia es importante, pero tienden a despegarse de ella (buscan su propia independencia, que se dará poco a poco con su maduración).

Juego y actividades lúdicas que les interesan:

CON SU CUERPO	CON LOS OBJETOS	CON LAS PERSONAS
Plantearse retos corporales cada vez más complicados y arriesgados: volteretas, el pino en la pared y en el aire, colgarse de los pies en una rama, llegar lo más alto posible en un árbol, saltar desde una gran altura...	Construcciones complejas, con mecanismos y sistemas. Rompecabezas con muchas piezas y con piezas de menor tamaño.	Aparecen los clubes de amigos con sus propias reglas, temáticas y misiones.
Trabajar con las manos de forma minuciosa: madera con herramientas de verdad. Dibujo, modelado, construcción de maquetas...	Inspeccionan la función real de los objetos para obtener resultados concretos con sus acciones. Por ejemplo: cocinar usando los utensilios específicos para aquella función.	Crear reglas nuevas para sus juegos libres en grupo. Esta toma de decisiones ocupa gran parte del tiempo de juego.
Reflexionar e investigar (leer) sobre temas o personajes que les interesan: el universo, los planetas, el cuerpo humano...	Experimentos con fundamentos más científicos.	Juegos competitivos y en equipo, deportes: con reglas propias o adaptadas o dirigidos por adultos.

Crear experiencias y ponerse a prueba en la piscina o sobre bicicletas, patines, patinetes, monopatines...	Clasificar y coleccionar objetos como cromos, gomas de borrar, libretas, coches pequeños...	Interés por vivir aventuras en grupo, alejándose bastante de la zona de seguridad y de la vista de los adultos.
Pensar, desarrollar y escribir cuentos, cómics sencillos; crear álbumes sobre temas que les interesen, diarios personales...	Su juego simbólico ahora se centra más en ser ellos y ellas mismos, desempeñar un papel y no creerse un personaje. Por ejemplo, juegan a ser exploradores, investigadoras, docentes...	Bailar y cantar en grupo, crear coreografías, bandas de música...
Interés por la música, grupos musicales (favoritos/fans), por aprender a tocar instrumentos.	Emprender (interés por el dinero): solos o en grupo, pensar y preparar el espacio y vender objetos fabricados a mano: limonada, pulseras, collares, puntos de libros...	Acertijos y chistes. Retos lógico-matemáticos, códigos secretos.
Buscar espacios de calma y reflexión.	Malabares, trucos de magia...	Juegos de mesas con reglas más complejas y estratégicas.

Tras pasar por las distintas etapas, podemos comprobar ahora aquello que hablábamos en el primer capítulo de crecer sin quemar etapas del principio, donde cada etapa simbolizaba esos cubos apilables que van del más grande al más pequeño. Apilar bien esos cubos es el pasar armoniosamente por estas etapas, adquiriendo las experiencias y aprendizajes concretos y necesarios, fundamentales para el desarrollo de las siguientes. Se ve claro como el agua ahora, ¿verdad?

 Pues vamos a reflexionar sobre estas tablas, el juego y ese listado de juegos que has visto poner en práctica a tus hijos e hijas: ¿has reconocido en estas tablas los juegos que observaste en tus hijos e hijas mirando por el agujerito? ¿Te has fijado en si coincidían con sus etapas evolutivas? ¿Te has percatado de algo que no sabías y te ha llamado la atención? Quizá sea este el momento de hacer un poco de reflexión, de repensar el concepto de juego que has anotado al principio del capítulo y de apuntar esas ideas que consideres importantes y a tener en cuenta para seguir indagando en ellas. Escríbelas aquí antes de que se te olviden.

Si hemos contestado afirmativamente a las dos primeras preguntas anteriores, entenderemos por qué aparece el tema de las etapas del desarrollo casi al final del libro. Resulta que, por naturaleza, las personas tenemos tendencia a catalogar, comparar y juzgar. Es como un piloto automático que se activa cuando disponemos de información comparable. Y es natural: queremos saber si nuestros hijos e hijas están bien. Por eso las he explicado ahora premeditadamente, porque la experiencia me dice que, si hubiéramos conocido las etapas antes, habríamos recorrido este trabajo de campo con el rabillo del ojo puesto en estas tablas y no nos habríamos focalizado en el conocimiento profundo, honesto y particular de cada una de las personas a las que acompañamos ni de nosotras mismas, como hemos hecho durante todo lo que llevamos de libro, observando desde una mirada ingenua e intuitiva, y no comparativa. Esta profundidad nos confiere a los adultos la capacidad para poder, desde nuestra propia sensibilidad y liderazgo, recultivarnos y cultivar a los niños y niñas a los que acompañamos, y llegar a percibir sutilezas particulares que nos permiten crear el entorno seguro, sensible y en conexión adecuado para la óptima sintonización con cada uno de los miembros de nuestra familia.

Se entiende, ¿verdad? Aun así, si nos interesa indagar más profundamente en las distintas etapas hasta la adulta, recomiendo el libro *Etapas del desarrollo*, de Rebeca Wild, una delicia para acompañar sin prisas.

Jugar sin prisas. El acompañamiento adulto en el juego

Para explicar profundamente qué significa «jugar sin prisas», que vendría a ser el tipo de juego que necesita la infancia para ser en autenticidad y que, como expliqué en «crecer» y «educar», tampoco debería ser necesario acompañarlo del sintagma preposicional «sin prisas», suelo utilizar una metáfora que nos ayuda a los adultos a entenderlo más fácilmente: «El juego en la infancia es como respirar; los niños y niñas no pueden vivir sin jugar igual que no pueden vivir sin respirar». Y sí, pueden aprender a contener la respiración igual que pueden contenerse las ganas de jugar, pero llegará un momento en que instintivamente respirarán movidos por la necesidad vital de vivir. Lo mismo ocurre con el juego. ¿Cuántas veces les hemos pedido a nuestros hijos e hijas que, en medio de un juego entre hermanos en la mesa, pararan de jugar? Y aunque hayan aguantado unos minutos sin hacerlo, luego rompen a reír rápidamente y vuelven a jugar. ¡Si es que no pueden contenerlo!

Y a los adultos, ¿qué nos ha pasado con el juego? Pues muchas de nosotras aprendimos a aguantar tanto la respiración que nos hemos quedado en apnea inconsciente. Aprendimos a contener y controlar este impulso vital de tal forma que ya no encontramos el ritmo natural de la respiración. De hecho, ya no nos parece ni un juego divertido jugar a ver quién aguanta más la respiración.

¿Te acuerdas de ese juego? ¡Sí, ahí está latente el juego! ¿Qué tal si lo despiertas jugando a aguantar la respiración en familia? ¡Verás las caras de alegría que pondrán tus hijos e hijas! Puede ser un buen momento para despertar de la apnea y comenzar a respirar con alegría e ilusión.

Porque muchas de nosotras, con el paso de los años, hemos pasado de respirar con naturalidad, de forma relajada, sincronizando nuestra respiración con el palpitar natural de nuestras emociones y pulsiones vitales, a encontrarnos en algunas ocasiones, seguramente más de las deseadas, hiperventilando, sintiendo falta de aire, hasta llegar incluso a vivir en apnea...

Y ahora yo pregunto: ¿en qué tipo de frecuencia respiratoria queremos que vivan nuestros hijos e hijas? Marca la opción que prefieras:

☐ Hiperventilando
☐ Relajada
☐ Apnea

Hemos marcado «relajada», ¿verdad? ¡Vaya regalo les vamos a hacer! En nuestras manos está preservar o resincronizar su respiración para que ellos y ellas vuelvan a sentirse equilibrados y conectados con su esencia, que vuelvan a vivir y jugar con espontaneidad, alegría y libertad de ser. ¡Qué maravilla vivir así y no en apnea!

Y ahora quizá nos preguntemos: «Sí, pero ¿cómo lo hago?». Pues no hay fórmulas, sino camino: nuestro propio camino por andar. Y uno de los primeros pasos que deberíamos dar es revisarnos a nosotras mismas y preguntarnos cómo lo estamos haciendo nosotras para que, con amor, aceptación y determinación, podamos cultivarnos tal y como lo necesitamos, despertando del letargo en el que hemos estado y liderando nuestros pasos tal cual los queremos a partir de ahora. Desde aquí podremos acompañar el juego y la vida particular de cada uno de nuestros hijos e hijas tal como lo necesiten. Porque somos su entorno: ese en el que se sustentan, se reflejan, aprenden y se empoderan.

No hiperventilemos ahora, ¿eh? ¡Aquí no estamos solas! En este apartado, aparte de las metáforas que nos sirven para tomar consciencia y mirar la realidad con cierta perspectiva, me gustaría que abordáramos las cuestiones fundamentales para que nuestros hijos e hijas puedan jugar sin prisas, respirando sincronizadamente y sintiéndose conectados. Para ello, vamos a tratarlas desde dos puntos imprescindibles:

1. Las acciones que afectan al juego sin prisas
2. El acompañamiento adulto en el juego

Puntos que tocaremos desde el respeto y el amor incondicional, teniendo en cuenta la pluralidad individual que hemos descubierto en cada uno de nuestros hijos e hijas durante toda la lectura y actividades de este libro. ¿Listas? Vamos a respirar, que continuamos…

Las acciones que afectan al juego sin prisas

Las acciones que vamos a ver en este bloque son:
- La mirada adulta
- Falta de tiempo y prisas
- Control, supervisión y sobreprotección
- Intervención y dirección
- Los halagos
- Coartar la creatividad e imaginación, y penalizar el error
- Desconexión con la naturaleza
- Aislamiento
- La culpa

La mirada adulta

Al desconectarnos de la esencia e inocencia infantil, es normal observar la infancia bajo un prisma racional, analítico, productivo, juicioso..., con poca presencia y paciencia, y cargado de expectativas, culpas y necesidades autoimpuestas, entre otras cosas. Nos ponemos en modo automático y desconectamos del placer de descubrir los misterios en lo cotidiano y de vivir conectadas a la vida. Nos enchufamos a la prisa, la tecnología, las obligaciones con los «debo» y «tengo que». En este mirar rápido, superfluo y poco flexible, es difícil encajar en el fluir del juego espontáneo, profundo, libre y alegre, y conectar con la actitud lúdica en la que viven los niños y niñas.

Durante este recorrido que llevamos juntas, hemos ido despertando una mirada curiosa, sensible, atenta; la necesaria para poder observar y, quizá en algún momento, deleitarnos viendo desde una nueva perspectiva a la infancia y su motor de aprendizaje, el juego sin prisas, y también reconectar nosotras con el placer de jugar, aunque ahora mismo no nos veamos jugando. ¡No importa! Todo llega si queremos intentarlo y nos ponemos a ello.

Te planteo esta pregunta que me regaló un día Àngels Martí, psicóloga familiar, que creo que puede servirnos para darle la vuelta a la mirada y encontrar aquella que buscamos: ¿Cómo cambiaría tu (su) realidad si acogieras el sentido y el significado del juego de tus hijos e hijas como su realidad? Y añado: ¿Cómo cambiaría tu (su) realidad si acogieras el sentido y el significado del juego de tus hijos e hijas como su expresión del ser? Escríbelo aquí:

> **Recuerda: Como tú los mires es como se percibirán, incluso en el juego.**

Falta de tiempo y prisas

Los niños y niñas tienen todo el tiempo del mundo y, paradójicamente, disponen de muy poco tiempo real para ejercerlo tal y como verdaderamente les apetece, disfrutándolo sin prisas… Sus agendas, gestionadas por adultos desde muy temprana edad, están llenas de deberes, extraescolares, actividades dirigidas, compromisos familiares, pantallas tecnológicas y juguetes de última generación que lo hacen todo y que dejan poco espacio a la creatividad, la imaginación y el desarrollo del juego libre y espontáneo que tanto necesitan para crecer y aprender.

Pero ¿qué supone para los niños y niñas no disponer de tiempo suficiente para jugar sin prisas?

- Los aleja del estado profundo de fluir donde descubren sus talentos y potencialidades y se sienten completos.
- Condiciona su predisposición a jugar.
- Limita y empobrece la construcción y el proceso del juego.
- Resta oportunidades de aprendizaje y desarrollo físico, cognitivo, emocional y social.

Para que puedas entenderlo y sentir, quiero que te comprometas a hacer este pequeño experimento gráfico con toda tu intención, igual que lo harían los niños y niñas. Coge un cronómetro y lápices de colores. Pon **10 segundos** en el cronómetro y, cuando le des al *play*, completa como quieras este dibujo de aquí debajo. ¡Ya! ¡Adelante!

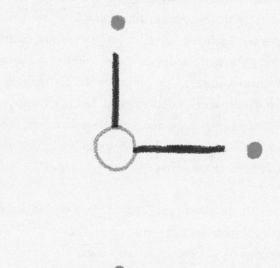

¿Qué tal ha ido? Quizá solo te ha dado tiempo a bocetar la idea que tenías en la cabeza o te has quedado en blanco. No hay problema, porque ahora te propongo poner **10 minutos** en el cronómetro y continuar el dibujo con la única consigna de no abandonar el ejercicio hasta que acabe el tiempo. ¡No vale hacer trampas! ¿Lista? ¡Vamos!

NOTA: Este es un ejercicio que se le propuso a un grupo de niños y niñas para evidenciar que la creatividad no es amiga de la presión ni del poco tiempo. Si te interesa saber más, encontrarás el experimento en YouTube si buscas «creatividad vs. tiempo».

¿Alguna diferencia entre el primer dibujo y el segundo? Este ejercicio que acabamos de hacer nos sirve para experimentar y visualizar cómo se enriquece una idea si invertimos tiempo en ella. Pues lo mismo sucede con el juego si se dispone de tiempo suficiente, hay espacio para pensar, desarrollar la idea, no saber qué más hacer y, de repente, dar con algo nuevo que añadir... ¿Hemos experimentado algo similar mientras hacíamos el dibujo?

Con tiempo, el juego evoluciona igual que una semilla se desarrolla sin prisas para convertirse en árbol. Debemos otorgar tiempo para que los niños y niñas entren en su mundo y se dejen llevar por sus instintos, sus necesidades internas, su asombro, sus descubrimientos, sus propias ideas...; para que busquen soluciones a los problemas que encuentren manipulando el material hasta dar con el sentido y significado y, finalmente, den por terminado el juego cuando lo crean oportuno.

Ahora que hemos visto y experimentado la importancia del tiempo, y también la importancia del juego en los apartados anteriores, te invito a pensar y revisar las agendas de tus hijos e hijas. Observa si es realmente necesario ese horario (porque es cierto que hay circunstancias que no pueden ser de otra manera) y busca conscientemente espacios donde poder practicar a diario el juego a solas, con amigos y amigas, y en familia. Anota aquí debajo los cambios que has pensado o te gustaría hacer para favorecerlo.

_____

_____

_____

_____

Recuerda: Sin tiempo no hay árbol.

Control, supervisión y sobreprotección

El juego está hecho para ser libre, espontáneo, auténtico. ¿Nos imaginamos a un niño o niña con esta energía positiva escuchando comentarios como los siguientes?

> Puedes jugar, pero no te manches

> Al tobogán se sube por las escaleras, no por la rampa

> Así se dibuja una flor, yo te enseño

> No te alejes

> No, así no. Hazlo así

La sobreprotección, el control y la supervisión de cada uno de los movimientos libres que llevan a cabo los niños y niñas les cortan las alas, los vuelven dependientes y les apaga esa energía vital que los impulsa a descubrir el mundo por sí mismos, sintiéndose capaces, entusiasmados, valerosos, auténticos… Coartan su libertad lúdica y su espontaneidad; no les permiten enfrentarse a sus propios desafíos, límites y habilidades. ¡Ya se lo hacemos nosotras por si acaso, no vaya a ser que se frustren, molesten, se equivoquen, se hagan un chichón o no sepan hacerlo…! ¿Expectativas? ¿Miedos? ¿Y de quién son? Con estas conductas nuestras les robamos entusiasmo, autoconocimiento, autocontrol, perseverancia, tenacidad… Si volvemos a mirar la tabla de ACCIÓN·PENSAMIENTO·EMOCIÓN del principio, nos daremos cuenta de que les robamos el juego. Y como esta no es nuestra intención, vamos a grabarnos en la mente la siguiente frase de Francesco Tonucci: «El verbo "jugar" solo se puede conjugar con el verbo "dejar"».

Porque «dejando» damos espacio a una exploración real basada en la motivación auténtica y ofrecemos la confianza y el permiso que necesitan de nosotras para lanzarse seguros a experimentar, sentir y ajustar el riesgo siendo conscientes de sus limitaciones. Porque todo aquello que no prueben ahora en la infancia buscarán probarlo en la adolescencia de otra forma quizá menos adecuada, ya que no conocerán sus propios límites y habilidades, y rechazarán, como es lógico y esperable a esa edad, nuestra ayuda.

Pero si tenemos esa necesidad de controlar, supervisar y sobreproteger, podemos cambiar el foco de nuestro discurso expresando cuáles son NUESTROS miedos, aportando información de lo que nos preocupa, sosteniendo nuestras emociones, haciéndonos cargo de nuestras responsabilidades y conectando con el amor y la confianza profunda que sentimos hacia la persona a la que acompañamos. Así, podremos replantear las frases de antes desde esta otra perspectiva:

«¡Lo has conseguido! Has llegado arriba del tobogán», y sueltas tensiones.

«Puedes jugar. Fíjate en que llevas la camiseta que te gusta», y respiras.

«Necesito que me avises si cambias de zona, ¿vale? Me siento más tranquila», y confías.

«Me interesa mirarte y ver cómo lo haces tú», y te dejas llevar.

«¿Me enseñas cómo dibujas una flor?», y contienes tus palabras.

¿Cambia? Y mucho mejor si todo eso que respondemos lo observamos desde la distancia precisa para que nosotras nos sintamos tranquilas, y los niños y niñas, totalmente libres de moverse dentro de las normas de seguridad que se han marcado. Y, poco a poco, iremos dando más alas, más espacio, más movilidad exploratoria...

Recuerda: Confía, suelta, deja (permite) con seguridad y límites.

¡!

Intervención y dirección

Muchas de nosotras tenemos una tendencia rápida a intervenir o dirigir los juegos y las acciones lúdicas de nuestros hijos e hijas. ¡Yo la primera! Desconocía que, con intervenciones del tipo explicar cómo se ha de jugar, cuáles son las mejores reglas o con el simple hecho de acercar el sonajero al que no llega, convertimos esas experiencias en aprendizajes pobres, sin significado ni anclaje emocional, y anestesiamos (si ocurriera sistemáticamente) las ganas de explorar, probar, esforzarse, superarse… Y eso, día tras días, mengua su relación con el entorno y consigo mismos, sus aprendizajes, su fortalecimiento muscular, su sentido del equilibrio y el espacio. Esas intervenciones repercuten, en sentido poco constructivo, en todo su ser.

Es cierto. Cuesta muchísimo quedarse quieta observando sin hacer nada, sobre todo cuando sabemos cómo hacerlo o nos resulta muy sencillo. Pues justo ahí, donde nosotras sentimos el impulso de intervenir y dirigir, es donde debemos parar y recordar que toda acción y proceso forma parte de su juego, aprendizaje y desarrollo, y debe vivirse porque cada una de esas acciones que queremos ahorrarles tiene guardado algo importante para su conocimiento y crecimiento integral.

«Tenemos tantas ganas de…» que hacemos sin darnos cuenta, sin pedir permiso o consultar antes de lanzarnos a hacer, y entonces generalmente suelen ocurrir dos cosas:

1. **Cambia el protagonista del juego.** Dejan de ser los niños y niñas quienes crean y desarrollan su juego, y pasamos a ser nosotras las que lo dirigimos.
2. **Cambia el curso del juego** y, dependiendo de la sensibilidad que tengamos en esa acción lúdica, podemos caer en el punto anterior o integrarnos en su juego, que pasa a ser un juego compartido.

¿Nos hemos visto reflejadas en alguna de estas dos opciones? Afinemos la mirada la próxima vez y, antes de hacer nada, mordámonos la lengua (literalmente); eso nos dará el tiempo necesario para parar el impulso de intervenir y preguntarnos si vale la pena hacerlo o es mejor quedarnos observando o esperar a que nos inviten a jugar.

> **Recuerda: Muérdete la lengua y piensa antes de hacer o intervenir.**

Los halagos

El juego, al ser una acción movida por una motivación intrínseca, no necesita adulación, festejo ni reconocimiento porque no se juega «para la otra persona», sino «para uno o una» o tal vez «cada uno o una para el grupo». No hay fin ni objetivo prefijado, sino disfrute en el camino. Esa es la mayor recompensa que los niños y niñas pueden tener, porque tampoco juegan para aprender, ¡sino que aprenden porque juegan!

Cuando halagamos en medio de un juego, por un lado, sacamos a los niños y niñas de su momento de fluir y pierden la concentración y la conexión con lo que estaban haciendo (es otra forma de intervenir el juego). Por otro lado, al utilizar el halago gratuita y reiteradamente, los niños y niñas aprenden que el juego ha de tener un objetivo visible y valorable en el que recibir aprobación o sentirse aceptado por ello y descuidan poner el foco en lo verdaderamente importante, que es el proceso realizado, la perseverancia, el esfuerzo que hay detrás de aquello que se ve. No olvidemos que la máxima intención que ellos y ellas tienen es sentirse pertenecientes a la familia y a las personas de apego, y modificarán, si hace falta, su acción, su pensamiento y su emoción para conseguirlo.

¿Y qué ocurre si nos llaman para enseñarnos su proeza o el dibujo que han hecho? Pues, si no queremos caer en el «¡Qué bonito!» y el «¡Muy bien!», que valoran solo el resultado, debemos optar por expresiones que motiven desde una mirada sensible, activa y respetuosa, y que valoren y empoderen a la persona:

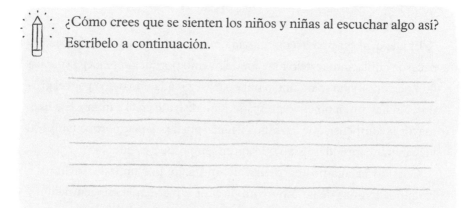

¡Vaya torre! ¡Tienes que estar (tú) orgulloso de la torre tan alta que has montado!

¡Qué interesante este dibujo! Cuéntame, ¿qué te ha llevado a hacerlo?

La semana pasada dabas 4 saltos seguidos a la comba y ahora has conseguido hacer 16. ¡Te has superado!

¿Cómo crees que se sienten los niños y niñas al escuchar algo así? Escríbelo a continuación.

_____
_____
_____
_____
_____

Recuerda: El orgullo ha de sentirlo suyo.

Coartar la creatividad e imaginación, y penalizar el error

El juego es pura creatividad, imaginación y errores —o nuevas oportunidades, prefiero llamarlos—, y los niños y niñas los utilizan con grandísima agilidad y soltura. Lo podemos observar en cualquier juego. Pero ¿qué ocurriría si a cada idea, cada solución encontrada o error acontecido los aplastáramos o penalizáramos con la mirada racional, lógica y juiciosa del adulto? Pues que esa chispa creativa e imaginativa que brota sola cuando se la necesita acaba apagándose o amoldándose a las exigencias y expectativas de los adultos. Y que el error pasa a percibirse como algo negativo. Entonces ocurre como con los halagos, que hacen virar su intención o juegan con inseguridad o con miedo a equivocarse.

La creatividad, la imaginación y los errores son muy influenciables, así que debemos estar muy atentas a cómo acompañamos a los niños y niñas y tener siempre en cuenta algo fundamental: la imaginación y la fantasía «son proyecciones mentales reales» bajo su percepción, porque son concepciones creadas en su imaginario, y el error es una percepción y un juicio adulto. Por ejemplo, viven y sienten los monstruos que les dan miedo y no pueden volverlo racional así como así; necesitan un proceso madurativo y emocional ligado a un acompañamiento respetuoso, empático y presente. Y como juego mental también está la fantasía que los lleva a una ensoñación maravillosa, un gran potencial ligado a la creatividad. No la bajemos a tierra antes de tiempo, dejémosles soñar. Si las respetamos, las etapas del desarrollo irán poniendo cada cosa en su lugar y preservarán esa creatividad imaginativa tan importante para el futuro.

 Repasa el apartado sobre la creatividad y el error (ver pág. 110) de la parada 3 para profundizar más en este tema.

Recuerda: Respeta su magia.

Desconexión con la naturaleza

Las agendas llenas de actividades y la tendencia a ofrecer actividades dirigidas hacen que quede poco tiempo para jugar al aire libre, en entornos naturales y con amigos y amigas. Hace unos años, una marca de detergente británica realizó un estudio que evidenció que los niños y niñas de ciudad pasaban menos tiempo al aire libre que un preso. A la misma conclusión han llegado otros estudios y los docentes lo ven en las aulas cada día cuando se encuentran con niños y niñas con problemas motores, emocionales y sociales.

Como ya hemos comentado, y en palabras de Katia Hueso, los seres humanos «somos naturaleza» y necesitamos su contacto para absorber sus beneficios y desarrollarnos íntegramente. Pero vivimos en entornos «artificiales» creados por y para el hombre que, en su momento, favorecieron la supervivencia, subsistencia y evolución humana, y en la actualidad ofrecen comodidades, ¡claro que sí!, pero hemos llegado a un punto en el que vivimos más en contacto con lo artificial que con lo natural, y esto repercute en nuestra salud y desarrollo físico, psíquico, cognitivo, emocional y social.

En la naturaleza, o simplemente al aire libre en la plaza del barrio más cercana, se viven experiencias que no pueden vivirse en un espacio cerrado como es el hogar. El cuerpo se conecta a la energía de la naturaleza y esta nos reconecta a la nuestra propia. Nos sentimos diferentes. ¿Quizá más libres? ¿Más auténticas? ¿Más vivas? Pues si nosotras no hacemos nada para facilitar el acceso al exterior de nuestros hijos e hijas, sin tecnología, restringimos una parte de la realidad fundamental para ser al completo.

 Analiza qué pasa en esta relación naturaleza-infancia: qué hace que no dejemos a los niños y niñas fluir con naturalidad y que experimenten la grandeza de las posibilidades que esta ofrece. Y, para ello, te invito a hacer este ejercicio inspirado en «El trabajo», el método para identificar y cuestionar los pensamientos de la estadounidense Byron Katie, pero simplificado y adaptado. Busca cuáles son esos pensamientos o realidades que están limitando el acceso a la naturaleza: puede ser miedo, falta de tiempo, peligro, pereza… Apúntalos, aplícale a cada uno las preguntas de la tabla de al lado y deja también las respuestas anotadas.

PENSAMIENTO	¿ES ESE PENSAMIENTO CIERTO?	¿ESTÁS 100% SEGURA DE QUE ES VERDAD?	¿CÓMO TE SIENTES Y REACCIONAS CUANDO CREES ESE PENSAMIENTO?	¿CÓMO TE SENTIRÍAS Y QUÉ HARÍAS SIN ESE PENSAMIENTO?	¿QUÉ PUEDES HACER (TÚ) PARA CAMBIARLO?
Ejemplo: Es peligroso	Sí	No	Con miedo. No vamos o controlo el espacio y limito la zona de movimiento.	Relajada. Los dejaría libres.	Confiar y buscar amigos y amigas para que estén siempre acompañados.

La limitación está en la mente, ¿no crees? Pues ya tienes varias ideas para ponerte manos a la obra y transformar tus pensamientos y, sobre todo, para favorecer lo que les ofrece bienestar a tus hijos e hijas desmontando tus creencias.

Recuerda: Somos naturaleza y necesitamos conectarnos a ella.

Aislamiento

Nuestros miedos, las agendas apretadas, las infraestructuras poco amigables y «jugables» de la ciudad y otras tantas cosas más hacen que los niños y las niñas cada vez se reúnan menos para jugar y permanezcan horas y horas en casa jugando solos o con hermanos. Y no es que el juego solitario, no tecnológico o con los hermanos no sea necesario; al contrario, pero como hemos visto en las etapas de juego, necesitan socializar con otros niños y niñas, de edades similares o no, para aprender a crear reglas, resolver conflictos, empatizar, enseñar y aprender de los otros y otras, superar retos, aprender juegos nuevos, conocer los códigos sociales…

La pandemia fue un buen ejemplo de ello: muchos de ellos y ellas estaban bien en casa, disfrutando de ese tiempo familiar del que poco disponen, pero lo que realmente extrañaron tras semanas de estar encerrados (según un estudio sociológico y la oreja puesta en comentarios de muchas familias) fueron, a parte de a sus familiares, a sus amigos y amigas. No querían verlos a través de una pantalla, sino compartir espacio físico para poder jugar tal y como necesitan.

Somos seres sociables que aprendemos en relación con las personas. Y la infancia, así como la adolescencia, necesita compartir experiencias con iguales para desarrollarse y aprender. El juego, como hemos visto en las etapas, es muy diferente si se juega solo o acompañado.

> **Recuerda: Somos seres sociables, necesitamos personas para jugar.**

La culpa

Y hemos dejado para el final esta emoción desagradable que nos acompaña a muchas familias en la actualidad: culpa por no pasar más tiempo con los hijos e hijas; culpa por no ejercer ese «tiempo de calidad» que manda la sociedad; culpa por no poder conciliar como nos gustaría; culpa por llegar a casa agotadas y querer recostarnos en el sofá sin que nos molesten; culpa por tener que acabar trabajo extra en casa o teletrabajar, y ellos y ellas ahí solitos en el salón; culpa por comprar comida procesada porque no nos da la vida; culpa por querer escondernos en el baño para poder tener un momento para nosotras antes de que llamen a la puerta. Estoy segura de que tenemos más experiencias de culpa que añadir, ¿verdad?

Esta emoción de culpabilidad, generalmente, solemos cubrirla con acciones que buscan compensar esa situación y que, en algunos casos, empeoran la conexión con nuestros hijos e hijas y con su propio juego. Lo más común es contrarrestar con horas de tecnología o regalar juguetes, fuera de acontecimientos especiales, que seguramente no querían ni necesitaban y que quizá no sabemos escoger adecuadamente porque desconocemos sus motivaciones actuales y quedan amontonados en la habitación generando ruido visual, distracción y finalmente nuevo aburrimiento.

 Cuando te llegue la culpa, hazte las preguntas siguientes. Practícalo antes para tenerlo asimilado cuando lo necesites. Escribe aquellos sentimientos de culpa que sientas y quieras desarmar contestando con sinceridad a las preguntas:

Tipo de culpa	¿Qué ocurriría si explicaras tu necesidad o circunstancias? ¿Y si pidieras o explicaras lo que necesitas? (familia, pareja, hijos e hijas...)	¿Qué está en tu mano y puedes hacer luego para mejorar la situación o cubrir esa necesidad?
Ejemplo: Estoy agotada y quiero sofá.	Que me entenderían. Que colaborarían quizá preparando la cena, poniendo la mesa o haciéndome mimos.	Buscar espacios y momentos para mí en los que poder descansar. Delegar y repartir funciones y tareas que pueden hacer mi pareja o hijos e hijas. Priorizar. Pedir mimos si los necesito.

> **Recuerda: La culpa no es el problema, es el síntoma; comunica y pide lo que necesitas.**

Acabamos de abordar las acciones que afectan al juego sin prisas del primer punto. Pasemos ahora a tratar el segundo.

El acompañamiento adulto en el juego

El juego necesita nuestro acompañamiento, pero ¿qué significa acompañar el juego? Porque, como acabamos de ver, estar encima del juego tampoco es beneficioso para el propio juego ni para los niños y niñas que lo practican.

He de confesar que a mí me llevó mucho tiempo entender y sintetizar eso que llamamos «acompañar»; pero, sobre todo, me llevó mucho tiempo integrar todos los matices que convierten a una persona en guía o facilitador. Guiar y facilitar implica aprender a mirar, sentir y amar las esencias plurales y singulares de las personas a las que acompañamos con respeto, sensibilidad particular y amor incondicional. Y no lo digo por desalentar. ¡Ahora estamos en el momento perfecto!

Durante todo el libro hemos estado cultivando en nosotras un estado mental y emocional adecuado para proseguir este camino. Todas estas páginas reflejan el trabajo interior de conexión con una misma y con la individualidad de cada hijo e hija a los que acompañamos. Todos los ejercicios realizados agitan partes de nuestro interior y despiertan la mirada. Pues continuemos descubriendo y revisando aspectos relevantes donde poner el foco y la sensibilidad, ideas sencillas e inspiradoras que puedan llevarnos a probar otras formas de hacer las cosas e integrarlo mejor.

> **De lo primero que hemos de ser conscientes es de que nosotras somos facilitadoras o guías del juego (y de la vida).**

Y ser facilitadora, tanto del juego como de la educación de nuestros hijos e hijas, es mirar a los niños y niñas aceptándolos tal y como son, diferenciando sus conductas de su ser, ahorrándonos los juicios y mirándolos como seres capaces que son y escriben su propio camino y resuelven sus propios problemas, estando disponibles para cuando nos necesiten.

Este concepto de «facilitador» lo acuñó Carl Rogers, psicoterapeuta estadounidense precursor del enfoque humanista centrado en la persona.

A la hora de ser un facilitador del juego (y de la educación), nuestra mirada ha de estar sintonizada en la emisora que promueve y practica:

 - La observación. La habilidad de poder ver más allá de lo inmediato y obvio, sin aplicar juicio a lo que vemos, descubrir sutilezas y observar en su conjunto para entender a los niños y niñas en plenitud, percibiendo cómo todo su ser (físico, mental y emocional) está también en el juego y maravillándonos de cómo aprenden y se desarrollan.

 El silencio y la calma son dos aliados que te ayudarán en la observación consciente y no intervencionista. Y repítete: «Esto es un entrenamiento y cuanto más observo, más percibo, y cuanto más percibo, más conozco, empatizo y disfruto del juego de mis hijos e hijas».

- La sensibilidad e intuición para poder percibir la plenitud, las necesidades y las emociones de nuestros hijos e hijas mientras juegan.

 Percibir si el entorno necesita cambios que enriquezcan el juego, como, por ejemplo, cambiar de ubicación, cambiar la disposición del mobiliario, adaptar espacios para facilitar la autonomía, variar o traer nuevos materiales de juego, descubrir dónde se sienten mejor y con quién, y a la inversa, etc.

- La influencia positiva. Somos sostén e impulsoras motivacionales; somos ejemplo y educadoras, educamos por medio de un diálogo de entrega y recibimiento bidireccional y siendo conscientes de que esta influencia se gana con confianza, respeto, vínculo y cuando nos mostramos auténticas sin tener que ser perfectas.

 Estar presentes cuando te necesiten; formular preguntas que los ayuden a ejecutar la tarea por sí mismos cuando se encuentren bloqueados o a punto de desistir, preguntas que los lleven a la reflexión; mantener una comunicación abierta, flexible y motivadora, siendo su historia viviente y recordándoles las ocasiones en que se han superado para que vean que son capaces, etc.

- **El respeto por sus individualidades**: ritmo, tempo, inteligencias, ocurrencias, fantasías, creatividad… Todo forma parte de su todo.

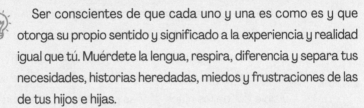 Ser conscientes de que cada uno y una es como es y que otorga su propio sentido y significado a la experiencia y realidad igual que tú. Muérdete la lengua, respira, diferencia y separa tus necesidades, historias heredadas, miedos y frustraciones de las de tus hijos e hijas.

- **La comunicación honesta y sincera** donde se atienden las ganas de jugar y se cocrea un espacio seguro y de confianza para todas las partes, comunicando cuando sea necesario desde la conexión y apertura al diálogo, creando una atmósfera para exponer las necesidades, las emociones y establecer límites y normas, y enseñando a identificar que un juego puede dejar de ser un juego cuando la otra persona no disfruta de este o donde alguien puede ponerse en peligro.

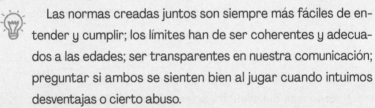 Las normas creadas juntos son siempre más fáciles de entender y cumplir; los límites han de ser coherentes y adecuados a las edades; ser transparentes en nuestra comunicación; preguntar si ambos se sienten bien al jugar cuando intuimos desventajas o cierto abuso.

- **La escucha activa.** Centrarnos en lo que nos dicen tanto con sus palabras como con sus gestos y movimientos, conectando con el corazón para sintonizar desde ahí, no desde la necesidad de responder, corregir, aleccionar…

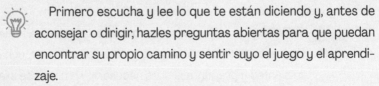 Primero escucha y lee lo que te están diciendo y, antes de aconsejar o dirigir, hazles preguntas abiertas para que puedan encontrar su propio camino y sentir suyo el juego y el aprendizaje.

- **El autocontrol** para no intervenir ni interrumpir cuando no sea necesario ni apropiado para el desarrollo del juego, ayudándonos de la paciencia y conectando con el disfrute de verlos en autenticidad y teniendo la sensibilidad para saber hacerlo cuando sea necesario.

 Observa, calla y, cuando tengas el impulso de intervenir sin que exista ningún peligro 100 % real, sé consciente de ello y retenlo porque, seguramente, en ese espacio de tiempo que has abierto al parar tu reacción, ofreces un espacio de solución invisible donde los niños y niñas puedan encontrar una solución o nueva idea. Y si crees que es importante intervenir y no es urgente, aventúrate con preguntas abiertas.

- **La consciencia corporal.** Darnos cuenta de que nuestro cuerpo también habla: los gestos de la cara y la tensión del cuerpo dicen mucho más de lo que estamos sintiendo y pensando que lo que decimos con palabras, así que toma consciencia de cómo hablas con el cuerpo.

 Juega a ir observando tu cuerpo y tus gestos para tomar control sobre ellos y modular aquellos que pueden hacer cambiar el transcurso del juego. Una sonrisa, aunque sea adrede, predispone a tu cuerpo, y luego a tu cerebro, a una actitud más positiva.

- **El sostén del silencio.** Solemos sentir incomodidad ante el silencio y rápidamente reaccionamos para rellenarlo con palabras, propuestas, música… El silencio también forma parte del entorno y del espacio de juego, y facilitarlo y permitirlo está en nuestras manos. Un espacio en calma o en silencio predispone a la persona a la concentración, la conexión interior, la reflexión.

 Reflexiona sobre tu incomodidad, si la sintieras; revisa si se favorecen espacios de silencio y, cuando se den, escucha cómo te sientes y pregúntate si es necesario romper ese silencio o surfear la emoción para descubrir al otro lado el placer de la calma.

- **La confianza y libertad.** Los niños y niñas ya nacen con todo lo necesario para crecer y desarrollarse genéticamente, pero el hecho de conocerlos a fondo le confiere al adulto la información necesaria para crear ese espacio y esa atmósfera de confianza mutua que otorga la libertad de movimiento, pensamiento, expresión y emociones. En los niños y niñas la confianza da vínculo y seguridad; es donde pueden actuar en libertad siendo quienes realmente son.

 Cultiva la confianza siendo coherente con lo que dices, lo que haces y lo que piensas, y entregándote tan auténtica como eres.

Hemos repasado los elementos que menguan el juego y hemos trabajado en ellos para sentirlos, repensarlos y apuntar ideas de mejora. Ahora acabamos de ver los aspectos que predisponen a un acompañamiento sensible y conectado. Para poder asimilar lo que acabamos de comentar y que no se quede en mera lectura y apuntes, te invito a hacer este «traer a tierra» moviendo lo que necesitas para poder cambiarlo.

 Apunta en ambas columnas de la siguiente página, según corresponda, 3 aspectos en los que te gustaría poner el foco desde ya con respecto a facilitar el entorno necesario para que el juego surja libre y sin prisas, y 3 características de facilitadora que te gustaría trabajar (por ejemplo: paciencia, no juicio, presencia…). Escribe debajo de cada uno, a modo de lluvia de ideas sin filtro, cómo te imaginas que puedes conseguirlo. ¿Lista? ¡Vamos!

ASPECTOS que menguan el juego	CARACTERÍSTICAS del acompañamiento
Aspecto 1: Lluvia de ideas: Idea para probar: Fecha:	Característica 1: Lluvia de ideas: Idea para probar: Fecha:
Aspecto 2: Lluvia de ideas: Idea para probar: Fecha:	Característica 2: Lluvia de ideas: Idea para probar: Fecha:
Aspecto 3: Lluvia de ideas: Idea para probar: Fecha:	Característica 3: Lluvia de ideas: Idea para probar: Fecha:

A continuación, toca elegir un aspecto y una característica para trabajar durante una semana (o durante el tiempo que necesites), seleccionando de ese aspecto y esa característica una idea que quieras probar. Escríbela en la línea correspondiente y coloca la fecha de comienzo de esta acción para poder hacer seguimiento. Al finalizar ese periodo, haz revisión y balance. Si no ha funcionado, revisa qué ha pasado, vuelve a intentarlo si has detectado algún punto de mejora o escoge otra y vuelve a empezar y comprometerte.

Cuando veas que ya tienes «controlado» ese aspecto o característica, haz lo mismo con los otros. Y recuerda, esto es un entrenamiento. ¡Adelante!

Sintonizar, guiar, mirarnos, mirarlos, seguirlos, dejarnos guiar... Un camino lleno de luces y de sombras de las que aprender y a las que mirar con ojos de niño y niña para descubrir a esos seres maravillosos y las oportunidades de la vida. Un camino que, si regamos con dosis de juego, podremos recorrer, aquí y ahora, desde el disfrute, porque no hace falta esperar a que crezcan para disfrutar de nuestros hijos e hijas, sino que ya podemos hacerlo en este preciso instante.

Por eso ahora, que ya vamos acabando nuestro camino juntas, quiero proponerte ideas para jugar con ellos y ellas, y hasta a solas con tu pareja, desde la sencillez del momento, la cotidianidad y el presente. Quiero abrirte mi casa e invitarte a jugar nuestros juegos favoritos y, a la vez, quiero aprovechar la oportunidad para continuar profundizando en este viaje. Es como un «jugar para comprender los procesos», que diría André Stern, autodidacta francés que, por medio del juego y la motivación desde la niñez, adquirió sus aprendizajes durante toda la vida. Pues eso: quiero que juguemos, experimentemos y comprendamos la importancia de ciertos procesos de aprendizaje en cada uno de los tipos de juego que trataremos aquí. Y, aparte de ideas de juego, vamos a aprovechar para tratar algunos temas concretos en cada uno de ellos. Estos son los tipos con sus temas:

- **Jugar para vincularnos.** Una oportunidad para aprender sobre este tipo de juego fundamental en la familia y, a la vez, para aprender sobre la **actitud** que necesitamos para disfrutarlo desde la conexión, la sensibilidad y el disfrute.
- **Jugar en la naturaleza.** Un espacio que, aparte de ofrecernos un entorno inigualable para jugar, nos ofrece la oportunidad de crecer armoniosamente y exponernos a un **riesgo** razonable fundamental para el desarrollo.
- **Jugar con la tecnología.** Una realidad que no podemos omitir y que debemos mirar con responsabilidad y entender que no tiene por qué ser el sustituto del **aburrimiento**, entre otras cosas.

Jugar para vincularnos

Hemos estado hablando del juego desde la necesidad libre de expresarse; ese juego espontáneo que brota del interior como energía vital de movimiento y conexión con el disfrute. Al mismo tiempo, al ser transversal a todas las necesidades de la infancia y de la persona en general, el juego, además de favorecer la conexión del mundo interior con el exterior, es el medio para conectar con las personas que habitan ese exterior, ya sea familia, educadores o iguales. Es el medio para socializar aprendiendo, en esa relación mutua, los códigos sociales y culturales y las habilidades relacionales; por ejemplo, aprender algo tan sutil como leer en el otro las señales implícitas de la comunicación verbal y no verbal (los gestos faciales, el tono corporal y el de la voz), descubrir su universo emocional y empatizar modulando la conducta en beneficio de todas las partes solo puede asimilarse en la interacción real con la otra persona.

Y hagamos un alto en la narrativa para apuntar algo importante: en la relación con los otros y otras, no siempre todo es juego, y eso lo percibimos y notamos en las lecturas que hacemos al relacionarnos. Un juego deja de ser un juego cuando el otro individuo no lo vive como tal, desde el disfrute, y nuestros hijos e hijas deben aprender a diferenciar este sutil cambio emocional, que puede expresarse verbalmente o, más a menudo, corporalmente, gracias a nuestro acompañamiento y a normas tan sencillas como que «no» significa «no», y entonces dejar el juego de inmediato. Pero, sobre todo, lo van a aprender a partir de nuestra forma de tratarlos a ellos y ellas, y de ver cómo tratamos a las otras personas desde el inicio de su vida. Nuestra forma de tratar al otro es su ejemplo. Aprenderán a relacionarse con las personas que habitan el mundo que los rodea a partir de nuestro trato y también por medio de la relación que se gesta en el juego. Porque jugamos para relacionarnos y en la relación cercana y afectiva surge el vínculo, ese que conecta corazón con corazón.

En este apartado, vamos a centrarnos en esa conexión que se genera junto a nosotras, con la familia, para descubrir en el juego un canal para llegar a la otra persona de forma sincera, auténtica y dialógica (un dar y recibir mutuo) y crear el ambiente en el que sentirnos seguros, alegres y aceptados tal y como somos; en definitiva, ese lugar donde los niños y niñas se sienten amados incondicionalmente.

El juego tiene esa magia: teje conexiones emocionales como raíces profundas que se convierten en cimientos firmes y fuertes para el árbol que surgirá de esa semilla. A este tipo de juegos se les llama «juegos de vínculo» porque gracias a ellos llegamos a crear esa base necesaria para vivir en armonía y bienestar personal y familiar.

Así pues, vamos a hablar de ellos, de los juegos que se dan en familia; un tipo de juego natural que surge de la espontaneidad, un «juego de apego», como lo llama en su libro *Juegos que unen* Aletha J. Solter, psicóloga suiza-americana experta en apego, trauma y disciplina no punitiva, y del cual extraigo y comparto, a continuación, las características que tiene este tipo de juego porque coincido completamente con la autora:

- **Es un juego interactivo que fortalece la conexión con nuestros hijos e hijas.** Es el medio que nosotras podemos utilizar para acercarnos a ellos y ellas desde esa mirada amorosa y sincera y, a la vez, de acercarnos a nosotras mismas y descubrirnos auténticas a su lado, creando un ambiente seguro y lleno de felicidad y complicidad compartida.

- **Es un juego que, a menudo, conlleva risa.** Esa risa que sale auténtica y que todos y todas compartimos, entendiendo que nos reímos con ellos y ellas, nunca de ellos y ellas, como bien aclara Solter. Este matiz es muy importante para no generar malestar. En este sentido, debemos afinar la sensibilidad para distinguir las risas que nutren de las que no; porque también existen risas nerviosas que surgen como reacción fisiológica e involuntaria, igual que la risa auténtica, pero en este caso fomentadas por una incomodidad (exceso de cosquillas o cuando ante un enfado —de ellos o ellas— hacemos una broma para distender el ambiente, pero en realidad no están emocionalmente para ello, aunque se rían), por vergüenza (al ponerlos en evidencia delante de otra persona), por un susto (al querer asustarlos como una broma, pero en realidad ellos y ellas lo reciben como un gran susto) o, simplemente, por un acontecimiento que les supera y su reacción involuntaria es reírse (cuando una persona se cae en la calle, cuando se escapa el perro y hay que salir corriendo detrás de él…). Este tipo de risa es diferente y hemos de saber detectarla, aceptarla y entenderla, frenar enseguida la fuente de risa, si está en nuestras manos, y volver a la conexión por otra vía menos jocosa.

- **Es un juego que puede iniciar cualquier miembro de la familia.** Forma parte del grupo de juegos compartidos, así que cualquiera es bienvenido y bienvenida a iniciarlo, y cualquiera puede seguirlo. También cualquiera puede preferir no sumarse y debemos respetar y aceptar la decisión porque el juego siempre es voluntario.

- **Es un juego que no requiere equipamiento especial ni material específico.** Igual que en el juego libre, este tipo de juego lo único que requiere en verdad es las ganas de jugar de sus participantes y nada más. Si se suman elementos al juego, serán de los que nos encontremos en el entorno o vayamos a buscar para enriquecerlo, pero no son imprescindibles para jugarlo.

- **Es un juego que puede jugarse en cualquier lugar y momento.** Igual que en el juego libre, surge donde estemos y sintamos las ganas de compartirlo. Por eso es una maravilla, porque siempre lo llevamos puesto.

- **Es un juego que es más común de lo que nos imaginamos.** Recordemos el mantra que he compartido antes: «No subestimemos los pequeños momentos. En ellos se basan los grandes recuerdos». Pues de eso se trata, de esos pequeños momentos que vivimos en familia y que compartimos con ellos y ellas, los cuales ya están cargados de juegos sencillos de apego. Los que creamos o los que vienen de nuestra infancia y que ahora jugamos con nuestros hijos e hijas como son, por ejemplo, los juegos tradicionales.

Como habremos notado, tiene mucho del «juego sin prisas», solo que en este caso lo compartimos. Y para que todos y todas lo vivan, sientan y disfruten de igual manera, falta un punto más que añado a esta lista de cualidades del juego de apego:

- **Es un juego que se ha de jugar con muchas ganas. Es decir, la clave es la actitud.** Este juego es una auténtica medicina para el alma; es raíz fuerte y amor verdadero si lo jugamos con verdaderas ganas; si lo jugamos con verdadera actitud lúdica.

A veces, pienso en broma que los niños y niñas son auténticos alérgicos por naturaleza y que son capaces de detectar nuestras pocas ganas de jugar como un alérgico detecta una mota de polvo en el ambiente. Lo saben, lo sienten y actúan: cuantas menos ganas tengamos nosotras, más nos lo pedirán si no lo transmitimos adecuadamente. Así que, si no estamos para jugar, seamos sinceras y digámoslo con amor y respeto. Por ejemplo: «La verdad es que ahora mismo no me apetece jugar. Gracias por invitarme. Si quieres, me quedo a tu lado viendo cómo juegas». Poner límites y escuchar nuestras necesidades también es un aprendizaje maravilloso para ellos y ellas. Pero debemos observar una cosa: que esa negación no sea reiterada y sostenida en el tiempo; si fuera así, revisemos qué nos está pasando. Porque no jugar cuando a una no le apetece está bien, pero no jugar nunca es algo preocupante para la creación de vínculos sanos, seguros y fuertes, como estamos viendo. ¡Atentas a este matiz! Y atentas al día a día porque quizá no estemos llamando «juego» a momentos sencillos que sí lo son.

¡Pero volvamos a la actitud! Esta es la parte primordial que, junto con el listado de ideas de juegos, me gustaría transmitir en este apartado. Porque dependiendo de qué actitud tengamos, así será la energía que desprendamos. Recordemos la frase ya típica de: «Si tú estás bien, tu entorno está bien». Es decir, si nuestra actitud lúdica está conectada, ese juego de vínculos, y cualquier otro momento de la vida, será un auténtico regalo para nuestros hijos e hijas y para nosotras mismas. Porque la actitud lúdica es un estado mental, físico y emocional que desprende una energía tan mágica, viva y entusiasta que solo puede contagiarse y compartirse. Y contagia, de verdad que contagia, y hace magia hasta en aquellas situaciones más tensas que, con ojo y respeto, pueden llegar a suavizar y transformar el ambiente para vivirlo desde otra perspectiva más abierta, optimista y compasiva.

Pero ¿qué es la actitud lúdica? A esta pregunta solo puedo contestar:

La **actitud** lúdica es...
iluminar el día con **pasión** y **entusiasmo**,
tomar dos tazas de **curiosidad** con **asombro**,
vestirte de **ilusión** y calzarte de **creatividad**.

Es cultivar el **misterio**
regando los **retos** con **valentía**
mientras te embarras de **placer**
al sembrar **belleza** y cosechar **ingenio**;

Es abrazar fuerte las **posibilidades**,
dejarse mecer por tu **iniciativa**,
acurrucarse con delicadeza en la **espontaneidad**
y entregarse fluyendo con **ojos de infancia**.

> La actitud lúdica
> es **disfrutar**;
> disfrutar de tal forma la **vida** que
> quieras volver a jugarla.

Aquí te presento un juego de palabras que intenta sacarnos de la inercia de la lectura lógica y jugar con lo disparatado y la sinestesia para crear un universo imaginario y alocado que fertilice la mente y ventile lo serio a lo que estamos acostumbradas, para reconectar y volver a vivir en la actitud de juego con la que nacemos. Es una mirada fresca que invita a mirar lo cotidiano con otros ojos y recargarnos con la energía del juego que busca la sorpresa, el entusiasmo, la iniciativa y, por encima de todo, el disfrute. Son unos versos que nos animan a vestirnos de infancia y volver a pensar como ella, porque, cuando conseguimos sintonizar con ella y ponernos nuestra piel de niños y niñas —que no es más que conectarnos con nuestra esencia—, es cuando podemos hacer brotar esa alegría, esa curiosidad y espontaneidad tan características de ese momento de juego. Que, en este caso, más que un juego es una forma de querer vivir la vida: conectadas a la energía de la vida.

La actitud lúdica debe vivirse en el presente continuo, en el aquí y el ahora que construimos constantemente, que evoluciona y que refleja la suma de instantes donde realmente somos, sentimos y conectamos nuestra vida con el entorno.

Así pues, te invito a ser, sentir y conectar con las palabras resaltadas en color en estos versos, a escribirlas de tu puño y letra sobre esta espiral, que es símbolo del continuo, el crecimiento y el movimiento, porque todas podemos activarnos y movernos para salir de la zona de confort y despertar de nuevo la actitud lúdica.

Tómate tu tiempo y crea tu espiral de palabras lúdicas. Aquí te dejo la primera escrita, el resto son tuyas.

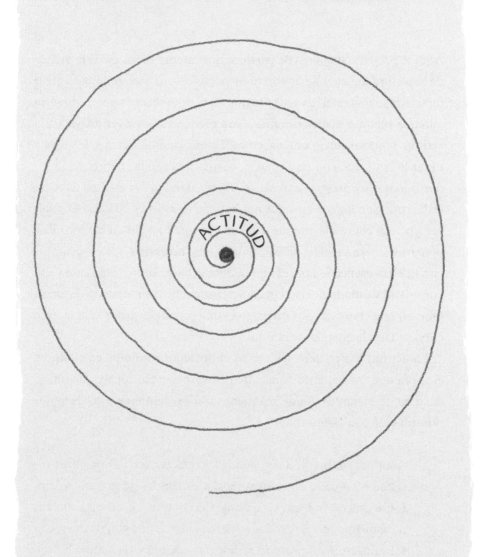

Se trata de darnos permiso y «sacar» estas palabras cuando las necesitemos, como magas con chistera. Se trata de comenzar el día con entusiasmo y pasión por la nueva oportunidad que se nos presenta llena de posibilidades por descubrir, explorar y reflexionar, poniendo la creatividad a jugar, mirando los retos como verdaderos enigmas que resolver y que afrontar con valentía y alegría por desvelar el misterio, jugando con la incertidumbre y aplicando el esfuerzo preciso que nos haga sentir vivas y capaces.

En definitiva, la actitud lúdica es la capacidad de mirar la vida, sea cual sea y estemos donde estemos, afrontándola en el aquí y el ahora con optimismo y pasión, creando cada paso con el ingenio suficiente para hacer de la realidad algo digno de vivir y disfrutar a pesar de las circunstancias.

Desde mi punto de vista, el mejor ejemplo de ello nos lo regaló Roberto Benigni, actor, humorista, guionista y director italiano, con el personaje de Guido de la fantástica película *La vida es bella*, donde, por amor a su familia, hizo de la vida en un campo de concentración nazi un juego de puntos divertido para su hijo. ¡La magia de mirar con ojos de infancia! Y algo así nos viene a decir también Luis Pescetti, músico, humorista y escritor argentino, cuando nos invita a mirar a nuestros hijos e hijas como «marcianos» —y no como «pequeños»— y nos regala esta pregunta para poder realmente conectar con ellos y ellas: «¿Qué necesitarías tú si fueras un marciano?».

 Teniendo como inspiración las palabras importantes que conforman la actitud lúdica y que se encuentran recopiladas en la siguiente tabla, reformulo la pregunta de Pescetti y te planteo otra para que tú puedas contestarla con sinceridad y profundidad:

Si tú, por un momento, fueras tu hijo o hija marcianos, ¿qué necesitarías que despertara/activara esa madre/padre que tienes al lado?

Pinta las palabras que crees que necesitas reconectar en ti para activar tu actitud lúdica a partir de ahora.

ACTITUD	PASIÓN	ENTUSIASMO	CURIOSIDAD
ASOMBRO	ILUSIÓN	CREATIVIDAD	MISTERIO
RETOS	VALENTÍA	POSIBILIDADES	INGENIO
PLACER	DISFRUTE	BELLEZA	INICIATIVA
ESPONTANEIDAD		OJOS DE INFANCIA	

Y ahora te hago otra pregunta para ti, madre/padre, sin ser marcianos: ¿qué te impide hacerlo?

- ☐ No tengo tiempo.
- ☐ No sé hacerlo.
- ☐ No sé por dónde empezar a hacerlo.
- ☐ Me da miedo o vergüenza hacer el ridículo.
- ☐ No le veo la importancia.
- ☐ Otros _____

¿Y qué necesitas para hacerlo?

- ☐ Bloquearme un tiempo semanal para cuidarme y mimarme.
- ☐ Volver a probar aquello que me gustaba hacer y ya no hago.
- ☐ Darme permiso para hacerlo: lanzarme sin miedo y dejarme fluir.
- ☐ Hablar con mis hijos e hijas para que me den ideas y me ayuden.
- ☐ Buscar algún profesional que me ayude.
- ☐ Otros _____

¡Venga, vamos, a despertar tu actitud lúdica! Ahora ya tienes una idea más clara de lo que necesitas y por dónde empezar.

¿Por qué planteo todo esto cuando quizá nosotras solo queríamos conocer juegos para jugar con nuestros hijos e hijas? Pues porque hace unos años me di cuenta de que nuestros hijos e hijas nos quieren —y, en el fondo, nos necesitan— alegres, felices, contentas, entusiastas, optimistas... Les superan y ahogan nuestras preocupaciones personales, expectativas, exigencias, formalidades, obligaciones. Ellos y ellas quieren entusiasmo porque son pura vida. Y ¡ojo! Eso no quita que no podamos enfadarnos, protestar o pedir lo que necesitemos. No se trata de eso, no. Sino que, tal y como estamos viendo, se trata de una cuestión de actitud. Con la actitud distendida conectamos, cuando estamos presentes, cuando vemos el error con ganas de aplicarle diferentes soluciones, cuando paramos el tiempo para disfrutar observando la hormiga de camino al cole o cuando nos echamos a reír con carcajadas sinceras mientras les leemos un libro. Es una actitud que lleva su proceso y que se entrena.

Esta vibración es la que hace del juego compartido un vínculo duradero, una raíz que se agarra con fuerza en la tierra y que guarda en su estructura interna los recuerdos compartidos de amor, respeto y reconocimiento. Es reconocernos auténticas y con ganas de compartir la vida con las personas que queremos desde la sensibilidad presente, la conexión y el disfrute. Y eso nuestros hijos e hijas lo notan.

Para entregarnos a la aventura de jugar con nuestros hijos e hijas y crear vínculos, tengamos presentes estos pasos:

- Activar la actitud lúdica (tenemos ya algunas ideas para hacerlo).
- Apagar o dejar a un lado la tecnología que pueda distraernos y alejarnos del momento presente.
- Entregarnos al disfrute y permitirnos fluir.
- Y, cuando aparezcan obligaciones, expectativas, objetivos, perfeccionismos, juicios y culpas en nuestra mente, gritar bien fuerte «¡Al abordaje!» y entregarnos, como auténticas piratas, a la aventura que nos regala la vida junto a nuestra familia y nos hace sentir el presente.

> «No hay conexión si no hay emoción que vincule», así que pregúntate qué emoción te embarga cuando vayas a ponerte a jugar, porque de ella depende la profundidad a la que llegue esa conexión con tus hijos e hijas. **¡!**

Y si nos perdemos, soltamos amarras, paramos un momento y nos dejamos guiar por los verdaderos especialistas: nuestros hijos e hijas. Enviarán flotadores para rescatarnos de la mirada adulta y seria que no nos permite mostrar nuestro ser auténtico. Y cuando estemos ya listas y reconectadas con lo lúdico de la vida, ¡lancémonos! Exploremos sus propuestas de juego y propongamos los nuestros. ¡Fluyamos! Y para que nos sintamos más seguras en momentos de duda, aquí van algunas ideas para probar juntos en familia:

Ideas para juegos de vínculo

La base de este tipo de juegos está, por un lado, en la actitud y, por otro, en la sencillez y espontaneidad. Si ambas cosas todavía no están despiertas en nosotras, la práctica y la intención activa irán obrando su efecto hasta que fluyan de manera natural. ¡No hay que preocuparse! Así que allá vamos con una ronda de juegos sencillos y divertidos que podemos probar en casa:

 - Juegos corporales. La cara, las manos, las piernas, la espalda, la barriga… todas las partes del cuerpo nos ofrecen múltiples posibilidades dependiendo de a qué busquemos jugar y de las edades que tengan nuestros hijos e hijas. Lo maravilloso es que siempre las llevamos puestas, por lo que podemos utilizarlas siempre que queramos y las veces que queramos, porque no se gastan.

   Ideas para probar. *Con la cara:* sacar la lengua; hacer ruidos; abrir y cerrar los ojos; cucú-tras; poner caras raras; imitar un pez con los labios; retarse a darle la vuelta a la lengua todo lo que podamos para que nos imiten; cambiar de emoción cada vez que pasamos por delante la mano; hacernos las dormidas cuando nos miran... *Con los brazos:* girar las manos lentamente cerca de la cara del bebé; dar palmas suaves; contarnos los dedos y que falte uno; hacer ruido sobre la mesa con las yemas de los dedos; con la mano unida a la de nuestro hijo o hija, intentar atrapar con el pulgar el del otro sin separar las manos; poner una mano sobre la otra por turnos y, cuando nos quedamos sin manos, ir sacando las de abajo para continuar construyendo la torre... *Con las piernas:* pueden trepar por ellas; subirse a nuestros pies y llevarlos a caminar o bailar juntos; tumbados en la cama pueden ser puentes o cadenas que no les dejan moverse; hacer el avión subidos a los pies para mantenerlos en equilibrio; ver quién aguanta más con un cojín en los pies sin que se caiga... *Con la espalda:* caricias o masajes suaves con plumas, con canciones...; escribir mensajes letra a letra y que lo adivinen; utilizar la espalda o el cuerpo entero como si fuera un piano y tocar sobre él; hacer ruidos y descubrir los diferentes sonidos que salen del cuerpo... *Con la barriga:* besos, caricias o masajes; pedorretas; cosquillas; contar cuentos sobre la piel dibujando sobre ella...

- **Juegos imaginarios.** Son esos juegos en los que nos sumergimos en un mundo imaginario creado por nosotras mismas o por nuestros hijos e hijas o ambos. Pueden estar dentro del marco de los juegos simbólicos que hemos visto o en la creación y representación/narración de historias.

Ideas para probar. *Simbólicos:* podemos jugar a ser un bebé que necesita ser cuidado; convertir el cochecito de paseo en una nave espacial al ponerle el plástico protector para la lluvia —muy útil cuando no dejan colocarlo para que no se mojen—; ir galopando con las piernas como si fuéramos a caballo; ir caminando por la calle como si fuéramos detectives o caballeros que saltan obstáculos hasta llegar al destino… *Narración de historias:* contar historias nuestras de pequeñas; contar las cosas que hiciste o que hizo tu hijo o hija durante el día, pero en tercera persona u, otra versión, añadir personajes fantásticos que hagan más surrealista la historia; contar cuentos inventados gesticulando o directamente con mímica usando las manos como marionetas o dibujando mientras los narramos; cantar canciones rimadas con las tareas que tenemos que hacer, como ir a dormir o lavar los dientes utilizando ritmos de canciones conocidas; jugar al teléfono escacharrado…

- **Juegos absurdos.** Son esos juegos ilógicos que provocan el asombro y la risa. Podemos usar el cambio de papel, el cuerpo, los juegos imaginarios desde una mirada tan absurda que acabemos todos y todas llorando de la risa. La magia de estos juegos radica en la espontaneidad, en hacerlos aparecer cuando no vienen a cuento, pillándolos desprevenidos.

Ideas para probar: la nariz como bocina cada vez que se toca; emitir sonidos de animales dependiendo de la zona que nos toquen; convertirnos en piedra cada vez que digan una palabra que desconocen que causa ese efecto; el mundo al revés donde todo lo que se diga se viva en el sentido contrario como, por ejemplo, «no te metas el dedo en la nariz» y acto seguido nos lo metemos; aparecer en la cocina con una peluca o cualquier disfraz; salir de la habitación con la ropa de nuestra pareja puesta (o la de nuestros hijos e hijas); cantar utilizando el cepillo de dientes como micrófono; responder en forma de poesía; retarlos a una adivinanza antes de comer el postre…

- **Juegos de acción.** Son esos juegos donde se pone en marcha todo el cuerpo. Son energéticos y descargan muchas tensiones. Deben ser siempre con límites establecidos y entendidos, y en un espacio seguro.

Ideas para probar: jugar a la lucha cuerpo a cuerpo, con almohadas, todos y todas contra uno; guerra de besos donde la idea es acabar dándole besos a la otra persona en la barriga, pero este se resiste y la esconde; guerra de parejas donde los adultos llevan a cuestas a los peques, que han de conseguir no ser abatidos; guerra de fuerzas donde tenemos que conseguir mover a la otra persona hacia atrás empujando brazos con brazos; escondite; saltar en la cama; pilla-pilla; carreras; carreras de obstáculos...

- **Juegos paralelos y calmados.** Esos momentos en los que cada cual está desarrollando una actividad tranquila y se crean conversaciones paralelas mientras cada cual sigue jugando a lo suyo. Por ejemplo, cuando hacemos manualidades es un momento perfecto para estos juegos porque, mientras trabajamos con las manos, reflexionamos y conversamos agilizando la mente y conectando con el corazón. Son oportunidades especiales donde poder conocernos y enseñarnos a fondo.

Ideas de conversación para probar: Hablar sobre el día; preguntar la asignatura que más les ha gustado o en qué animal se hubiera convertido su profe hoy; conversar sobre temas como relaciones, amor, sexo, sexismo...; analizar las letras de las canciones que les gustan (escuchándolas) y viendo las connotaciones que creamos; pensando ideas alternativas a esas letras, etc.

Aparte de estos juegos que acabamos de ver, estoy segura de que se nos vienen a la cabeza muchos más que seguramente estén relacionados con juegos culturales o tradicionales que vivimos en la infancia. No los olvidemos. Son un gran legado que aportará grandes momentos de creación de vínculos. Y recuerda dos cosas muy importantes:

1. Lo que más desean es disfrutarlos con nosotras, no que salgan perfectos.

2. No hay mejor juego que los que se crean y conforman en familia; esos que son propios de ella y crean complicidades que se transforman en vínculos duraderos.

Registra los juegos que te hayan venido a la mente y que no están escritos aquí para que no se te olvide probarlos en algún momento con los tuyos:

_____

_____

_____

_____

_____

Jugar en la naturaleza

Cuando he hablado sobre la necesidad de juego, movimiento y disfrute, hablaba del tipo de necesidad que se satisface en plenitud en un entorno no preparado para el juego y con materiales no pensados para usarlos como juguetes. Un espacio perfectamente imperfecto que ofrece terrenos y materiales variados e irregulares donde poder encontrar retos de distintas dificultades; un mundo sensorial no estridente, coherente con el entorno y equilibrado, que le permita a cada individuo acercarse a él en la medida y velocidad en que lo necesite.

Ese entorno que yo imagino donde se da todo esto es la naturaleza. Un lugar donde el crecimiento no sucede con prisas, donde los tempos están acompasados a las necesidades particulares de cada ser que la habita y donde las partes forman un todo: una orquesta perfecta que brinda una sinfonía sensorial maravillosa de la cual disfrutar y que degustar según las propias necesidades y momento vital, sin recibir, por su parte, juicio, penalización o castigo. Nos acoge sin condiciones.

Al observar a la infancia jugar en la naturaleza nos damos cuenta de cómo esta ofrece espacio y posibilidades adecuadas para cada uno de los niños y niñas que juegan en ella: desde un bebé pasando por los que comienzan a caminar y los que quieren trepar hasta aquellos que quieren aventurarse a descubrir los misterios que ofrece, más allá de las miradas adultas. Hay para todos y todas, y para todo tipo de retos. Tan solo hay que jugar con ella descubriendo las emociones que se despiertan en su interacción y que tan necesarias son para el desarrollo integral de la persona: la curiosidad, el asombro, la libertad y el riesgo razonable.

Y justo suele ser esta última emoción, la del riesgo, la que a los adultos nos frena a mantener una relación sana y fluida con la naturaleza. Lo hemos visto cuando hablábamos sobre el juego, que uno de los factores para no acercar la infancia a la naturaleza eran los riesgos —vividos como miedos— que le asociábamos, y propuse entonces trabajarlos con una serie de preguntas inspiradas en «El trabajo» de Byron Katie y darles la vuelta. Realmente tenemos que darles la vuelta porque el riesgo razonable es necesario. Y para que podamos entender mejor a qué nos referimos cuando decimos que el riesgo es necesario, comparto la definición que ofrece Katia Hueso sobre este término: «peligro potencial que se puede aprender a manejar y, por tanto, a mitigar su capacidad de hacernos daño».

Es necesario porque, durante toda la vida, estemos o no en un entorno natural salvaje, tendremos que enfrentarnos a situaciones de riesgo y debemos estar preparadas para resolverlas de tal manera que sean lo menos perjudiciales para la persona que las vive. Exponernos a un riesgo razonable entraña este tipo de entrenamientos y la naturaleza nos lo ofrece de forma moderada y gradual para experimentarlo, pero para ello hemos de:

- Ofrecer la posibilidad de encontrarse con esos riesgos
- Aprender a leer las señales de riesgo

- Conocer las habilidades y límites propios
- Buscar posibles soluciones para reajustar las acciones con el fin de mitigar las consecuencias o solventarlas
- Aprender de los «errores» que surjan como consecuencia de la experiencia: golpes, rasguños, cortes, desequilibrios, mojaduras, picaduras, suciedades...
- Supervisa sin controlar. Un arte que no a todos y todas nos sale

Subir a una roca, trepar a un árbol, colgarse boca abajo en una rama, bajar corriendo por una cuesta, cruzar un riachuelo saltando o haciendo equilibrio sobre un tronco, jugar con palos como si fueran espadas, esconderse detrás de matorrales, saltar de roca en roca, construir cabañas con palos... Todo puede conllevar un riesgo razonable que es necesario experimentar a su debido tiempo para aprender a reconocernos en él, controlarlo y suavizarlo. Y en esta exposición moderada los niños y niñas aprenderán cosas tan valiosas como:

- **Autoconocerse.** Conocer y reconocer sus propias habilidades y límites sabiendo hasta dónde pueden exponerse con el mínimo peligro posible y ganando en la exposición seguridad, confianza, autonomía y resiliencia. Por ejemplo: hasta dónde escalar un árbol por sus propios medios, hasta dónde y a qué velocidad deslizarse por una pendiente en bicicleta, etc.
- **Autogestionarse sensorialmente** sin estridencias ni sobreestimulación, reconociendo ellos y ellas mismas sus necesidades y graduando, de forma suave y paulatina, la cantidad y velocidad de exposición sensorial que necesitan. Por ejemplo: dar vueltas en el columpio enroscando las cuerdas, saltar de piedra en piedra una y otra vez, lanzarse desde el columpio al suelo, bañarse en el río, etc.
- **Gestionarse emocionalmente.** En la naturaleza, los niños y niñas se enfrentan con los sentimientos de libertad, responsabilidad y

vulnerabilidad, y con sus propios miedos, siendo este un espacio donde ir gestionándolos y superándolos paulatinamente por sus propios medios, sintiéndose capaces y orgullosos de sus propias resoluciones y logros. Por ejemplo: desplazarse por la calle sin supervisión adulta, descalzarse para meter los pies en el agua, aventurarse por terrenos no conocidos, saltar desde una altura considerable, etc.

- **Tomar consciencia corporal y propioceptiva.** Entrenan y desarrollan las habilidades motrices y fortalecen y estimulan el sistema vestibular, que son imprescindibles para un buen dominio, destreza y fiabilidad motriz. Por ejemplo: calcular los reajustes necesarios para no caer al subir por las ramas de un árbol o repartir el peso adecuadamente para mantenerse encima de un monopatín, etc.

- **Sacar partido de los recursos naturales** de los que disponen, poniendo en marcha su ingenio, para satisfacer sus ganas de jugar y resolver los retos a los que se enfrentan, aprendiendo a pensar de manera creativa y resolutiva.

La naturaleza facilita la experimentación del misterio de la vida y la nuestra propia, y nos revela todo lo que somos capaces de hacer, sentir y ser por nuestros propios medios y posibilidades en un entorno inigualable que no juzga, sino que está ahí para que probemos y repitamos las acciones tantas veces como necesitemos. La de tiempo que nos hemos pasado sentados en un puente tirando ramitas, hojas y piedras al agua o intentando subir a los árboles sin perder el equilibrio, cruzar los ríos sin caer al agua, trepar y bajar pendientes sin acelerarnos y perder el equilibrio, poner a flotar una hoja en un charco sin que se hunda, hacer bolas de barro sin que se rompan al secarse, cazar renacuajos sin que se escapen... Una serie de repeticiones que llevan a perfeccionar los movimientos, asimilar sensaciones, gestionar emociones, buscar recursos e integrar aprendizajes más allá de los cognitivos.

Así, cuando nos enfrentamos a estas situaciones que a nosotras como adultas nos tensan y que pueden llegar a paralizar el juego en la naturaleza, reflexionemos sobre si realmente esos miedos están fundamentados o existe la posibilidad de mitigarlos. Y para ello nos pueden servir estas ideas:

- Invertir tiempo en conocer bien a nuestros hijos e hijas, descubriendo sus posibilidades y habilidades.
- Confiar en ellos y ellas y ofrecer, poco a poco, la libertad que necesitan para descubrirse capaces, responsables y prudentes.
- Enseñar a leer las señales de peligro igual que lo hacemos en las calles de una ciudad, sin infundir miedo, sino conocimiento. Por ejemplo: ayudándolos a distinguir las ortigas y las plantas que remedian su escozor para aplicárselas si les picaran, conocer los insectos y animalillos de los que deben mantenerse a distancia, aprender a reconocer el espacio encontrando elementos físicos que les sirvan de guía para no perderse, etc.

Nos daremos cuenta de cómo, con el acompañamiento necesario, la confianza hacia sí mismos y el respeto a sus necesidades y ritmos, aprenderán a habitar su cuerpo y la naturaleza con intuición, esa que necesitan para sentirse alertas cuando sea conveniente y seguros de sus posibilidades cuando se lancen al riesgo asumible. Y nosotras, desde la distancia, podremos disfrutar la magia que obra en nuestros hijos e hijas la naturaleza, viéndolos vivos, libres, conectados, equilibrados y felices.

Demos espacio en nuestras agendas a los momentos al aire libre para disfrutar de la naturaleza y descubrir la forma que tenemos de habitarla. Aquí también quiero proponer ideas que puedan inspirar un salir a jugar fuera y acercarnos al bosque, el campo o la playa sabiendo que el mejor juego que nuestros hijos e hijas pueden experimentar en la naturaleza es el juego libre y espontáneo que satisface armónicamente la necesidad de jugar, moverse y disfrutar en libertad que tanto necesitan.

Ideas para jugar en la naturaleza

Quiero proponerte una serie de juegos a los que hemos jugado y que son para diferentes ambientes al aire libre, procurando aprovechar los recursos ambientales de cada cual. Son juegos que podemos proponer, invitar a jugar o para los que podemos dejar pistas para que exploren cómo jugarlos ellos y ellas mismos. Es preciso recordar que al pasar tiempo en el exterior, han de estar protegidos de la intemperie (ropa apropiada, protección solar, gorra si hiciera falta…) y tener alguna fuente o botella para mantenerse hidratados. Ah, y el mal tiempo o el frío se solucionan con la ropa adecuada; y no, la lluvia moderada no es motivo para no salir a jugar fuera. De hecho, puede ser un elemento más de juego, como veremos por aquí.

 - **Juegos en la calle.** Las calles de las ciudades y las de los pueblos no son lo mismo y, sobre todo, los adultos no las vivimos igual con respecto a los temores que nos transmiten. Pero atendiendo a esos miedos, hay muchos juegos que se pueden compartir entre amigos y en familia.

Con el entorno. Una plaza, un parque y una zona ajardinada de la ciudad son espacios al aire libre ideales para el movimiento más expansivo, para crear juegos de equipo o descansar en algún banco donde poder charlar, observar los árboles, escuchar los pájaros, mirar las nubes… Los parques suelen ofrecer juegos y columpios. Dejemos que exploren, que prueben por sí mismos, que piensen las cosas de forma diferente (subir el tobogán por la rampa y no por la escalera, por ejemplo) y que propongan a qué les gustaría jugar. A veces será jugar al pilla-pilla, el suelo es lava, tierra/mar, al escondite, a volar cogiendo al niño o niña por los brazos y girar con velocidad, a caminar por los bordillos o líneas del suelo haciendo equilibrio, a saltar las líneas blancas del paso de cebra, a crear circuitos físicos con pequeños retos aprovechando los desniveles y elementos del entorno, etc.

Con elementos que llevemos. Unos cubos, palas o una variedad de contenedores irán genial para jugar con la arena y el agua en el parque. Luego podemos llevar una cuerda, atarla a un árbol y que les sirva para subir por ella viendo hasta dónde llegan o usarla para saltar a la comba recordando todos los niveles a los que se puede llegar, desde los básicos, como hacer la serpiente a ras del suelo, hasta aguantar el máximo de vueltas saltando con las piernas juntas. La cuerda también puede ser un elemento interesante para unir palos, construir cabañas (si les sumamos alguna tela), etc. La goma también es un juego muy divertido para jugar en grupo y remontarnos a nuestra infancia. Unas tizas para dibujar en el suelo de las plazas, pintar rayuelas, jugar al tres en raya o hacer un campo de fútbol y jugar con chapas de gaseosa o piedras.

- Juegos en la playa. La variedad de estímulos que ofrece la playa da para crear y recrear una gran variedad de juegos para todos los niveles y necesidades.

Con el entorno. Jugar a dejarse mecer por las olas en la orilla, a saltarlas, a romperlas o chocar contra ellas, a que no nos tumben o a que no nos toquen los pies en la orilla; tirar piedras al mar y hacerlas saltar en la superficie. En la arena, podemos escribir mensajes y dejar que los borren las olas, jugar a hacer figuras de arena, construir castillos, ciudades con canalizaciones de agua o piscinas artificiales donde meternos; enterrar los pies o el cuerpo entero, rebozarnos vuelta y vuelta, y salir corriendo al agua para limpiarnos, hacer bolas de arena para arrojar al agua o a la otra persona y que las coja sin que se rompan, frotarnos la arena por el cuerpo, hacer saltos de longitud, carreras, buscar y coleccionar tesoros escondidos, decorar los castillos que hemos construido con los tesoros, jugar al tres en raya en la arena siendo piedras contra conchas, tumbarse boca abajo en la toalla y decorar la espalda de otra persona con piedras notando las diferentes temperaturas de estas (¡ojo, que algunas queman!), apilar piedras o intentar ponerlas unas encima de otras en equilibrio...

Con elemento que llevemos. Jugar con las palas a hacer pozos profundos y construcciones más complejas; con los cubos y recipientes podemos jugar a hacer trasvases, crear sopas, observar si los elementos que encontramos flotan o no. Las toallas y los pareos pueden pasar a ser capas atadas al cuello o cabañas atadas al parasol (también podemos utilizar palos y cañas con ese fin). Una pelota, unas palas, un disco volador, un bumerán o una cometa pueden ser ideas divertidas para jugar juntos respetando a las personas que también se encuentran en el lugar.

- **Juegos en la montaña o el campo.** La diversidad y particularidad del entorno ofrecerá una gran variedad de posibilidades de juegos a los que podemos sumar los mismos que jugamos en la ciudad. Pero bien vale la pena aprovechar el universo sensorial que nos proporciona un ambiente así y sacarle partido.

Con el entorno. Trepar árboles y piedras, subir colinas y bajarlas corriendo o rodando estilo croqueta, ir a explorar caminando por dentro del río, crear puentes para cruzar el río, tirar piedras y palos al río para ver cuál se desplaza más rápido, hacer cabañas con palos, mandalas con elementos de la naturaleza, escribir mensajes con piedras, esconder objetos y crear un juego de pistas para encontrarlos, al veo-veo mientras caminamos, a «yo soy el guía» (y el guía lleva al grupo a explorar nuevos caminos), contar historias utilizando objetos que encontremos al ir caminando, buscar palos para hacer varitas mágicas, espadas, caballos; hacer pulseras y diademas con flores, buscar y recolectar flores, frutos, hojas; buscar caras en los árboles o letras escondidas en las formas de la naturaleza, crear caras en el suelo con elementos naturales que encontremos, pararnos a adivinar qué es lo que se oye o lo que se huele o a qué sabe el aire; contemplar el cielo, las estrellas, las copas de los árboles; hacer lluvia de hojas, hacer volar semillas, lanzar palos para ver hasta dónde llegan (con la precaución de que nadie pase por delante).

Con materiales que tengamos. Crear una búsqueda del tesoro (ideal cuando cuesta que caminen) y escribir en un papel un listado de cosas que deben buscar en el entorno; frotar diferentes texturas de la naturaleza sobre una hoja blanca con un lápiz, pintar piedras de colores para crear composiciones o dibujarlas para contar historias; con cuerdas, podemos crear puentes para cruzar ríos, balancearnos entre árboles, arrastrar palos pesados, hacer poleas, crear telares con ramas, etc. Con frascos trasparentes y una buena lupa, podemos observar insectos que luego liberaremos. Y hasta podemos ofrecer una navaja adecuada y, con la supervisión correspondiente, pasar horas de entretenimiento pelando y tallando palos o creando varitas.

En realidad, poca cosa hace falta llevar a la naturaleza para jugar y disfrutar. ¡La naturaleza lo tiene todo! Es fascinante porque va muy alineado con la necesidad de juego de la infancia: cualquier elemento natural puede convertirse, en manos de los niños y niñas, en aquello que necesiten que sea en ese momento tan solo utilizando su imaginación: un palo puede ser una espada, una lanza, un caballo, formar parte de una casa...

Así que vamos a abrir otra ventana más para encontrar en los elementos naturales oportunidades de juego que podemos observar o proponer, ya sea directamente en la naturaleza, o llevándonosla a casa y disfrutando de ella en el hogar. Empecemos por la esencia, los cuatro elementos que son naturaleza pura:

- Agua.

Líquida: introducir la mano en el río, mezclar el agua de un charco con el dedo y ver los dibujos que el fango en disolución va dejando, ver escurrirse el agua entre los dedos y jugar a atraparla, saltar los charcos para no pisarlos o saltarlos para disfrutar de la magia del agua en movimiento y salpicando. En casa, en una terraza o la bañera, podemos ofrecer tubos, mangueras, cucharones, embudos, botellas, teteras o cafeteras de metal, etc., para que vayan probando a jugar a hacer trasvases. Pueden sumarse hojas y frutos para hacer pociones o sopas. Pueden probar a pintar sobre la superficie del suelo con los dedos y ver cómo queda el trazo del agua y cómo mágicamente desaparece con el sol. Y podemos aprovechar la lluvia como recurso lúdico: pueden salir a bailar bajo la lluvia, salir resguardados bajo una sábana y oír cómo suenan las gotas al caer sobre ella, mirar desde la ventana cómo cae y cómo suena, observar las gotas en el cristal de la ventana, cómo se unen, se separan y se deslizan, etc.

Congelada: disfrutar de ver caer la nieve y observar los copos, hacer bolas o figuras, guerras de nieve, el ángel, coger en una bandeja una buena cantidad y meterla dentro de casa para jugar con otras figuras como si de minimundos se tratara o hacer experimentos con ella: ¿qué ocurre si le ponemos sal o gotas de agua caliente coloreada? Otra opción es crear hielos y, para ello, tenemos muchas posibilidades; por ejemplo, cubitos con colorante para pintar con ellos o cubitos a los que añadimos elementos de la naturaleza que al desmoldarse e ir descongelándose ofrezcan texturas, temperaturas y olores increíbles.

- Tierra (arena). Cultivar, excavar, crear y, si a la tierra le añades un poco de agua, ¡magia! Porque aparece el barro que «no es nada y puede serlo todo», como diría Francesco Tonucci: una bola, un pastel, una figura, un animal… Tiene la magia de permitirles ver cómo en sus manos pueden transformar la realidad. Dejemos que exploren el barro o el lodo, que seleccionen la tierra para hacer sus masas, pasteles o pociones. Veremos cómo suman materiales para decorarlo y cómo nos lo entregan en ofrenda. Podemos jugar a hacer bolas de barro, conseguir que queden bien duras y lanzarlas. Otra idea es crear circuitos y ciudades directamente en el suelo o simplemente ofrecer una buena cantidad de tierra o arena en un gran recipiente plano para que experimenten con coladores, embudos, cucharas, contenedores de diferentes tamaños y dejar explorar las sensaciones y las posibilidades de juego o acercar figuritas para que creen sus mundos en miniatura.

- Aire. Podemos pensar que el aire da poco juego, pero si afinamos la mirada y aplicamos un poco de actitud lúdica, descubriremos la belleza de ver volar las hojas en un remolino o de lanzar las hojas al aire y ver cómo vuelan, disfrutar de una lluvia de hojas o flores en primavera, las nubes transformarse, el mecer de las copas de los árboles, las olas... También podemos jugar a abrir la chaqueta para que el aire nos mueva al saltar o luchar contra el viento intentando avanzar en su contra, jugar con cometas, molinillos de viento, cintas de colores o ir corriendo con una bolsa para llenarla de aire y ver si vuela (recogiéndola luego siempre). También disfrutar de las pompas de jabón que danzan en el aire dándoles más aire por debajo para que no caigan o cazándolas al vuelo. Lo mismo con globos, jugar a que no caigan al suelo.

- Fuego. Este suele ser el elemento más complicado de acercar a la infancia y el más tentador para ella. Podemos comenzar, siempre bajo nuestro acompañamiento, con la observación de la llama de una vela o el fuego de una hoguera o chimenea. Sentir el calor al pasar cerca la mano, ver la danza de la llama, su cromatismo. Es sumergirse en un espacio mágico e hipnótico donde aprender de la belleza, la calma y la paciencia. Jugar a soplar las velas para apagarlas, aprender a encenderlas o hacer velas y decorarlas. Vivir el ciclo del fuego en una chimenea u hoguera, recopilando el material necesario, aprendiendo de los pasos de colocación del material, avivarlo y mantenerlo hasta ver cómo se apaga. Por otro lado, también podemos disfrutar del fuego cocinando juntos y dando espacio para que ellos y ellas lo hagan, siempre bajo nuestra supervisión y explicando las reglas de seguridad e higiene. Otro recurso mágico es hacer fuego con una lupa o frotando con piedras y palos. Si acompañamos a hacer fuego en el exterior, siempre hemos de indicar que se ha de hacer en una zona de tierra o piedras, lejos de fuentes que puedan encenderse con facilidad, y mantener cerca un cubo de agua, por si acaso.

Y aparte de estos materiales naturales esenciales que nos regala la naturaleza, disponemos de hojas, palos, piedras, caracolas, frutos, flores... Cada estación del año regala a la infancia, a la adolescencia y a los adultos elementos especiales con los que percibir sensorialmente, asombrarse, indagar, desplegar la creatividad y recrear los universos imaginarios que cada cual necesita. Estos materiales podemos recolectarlos en familia disfrutando del proceso del juego que ya comienza con esta primera acción, luego clasificarlos y ofrecerlos como elementos de juego creativo. En casa, recomiendo ponerlos en contenedores accesibles para que puedan utilizarlos solos o en combinación con otros materiales o juguetes siempre que los necesiten. Pasarán a convertirse mentalmente en aquello que precisen que sea según el juego al que jueguen.

La interacción con la naturaleza y recolectar tesoros también es una gran oportunidad para transmitir valores de respeto y cuidado, aprender a no romper ecosistemas, aprovechar lo que encontramos suelto por el suelo sin necesidad de cortar y, en el caso de cortar, saber que siempre dejamos suficiente para que el ciclo continúe.

Ante este entorno, recuerda que la suciedad se lava, que lo mojado se cambia y se seca, y que un paso tuyo hacia atrás en el momento indicado puede favorecer grandes aprendizajes si dejamos que ellos y ellas mismos evalúen el riesgo y se reconozcan en sus posibilidades y habilidades.

Jugar con la tecnología

He de confesar que a mí la tecnología me preocupa y ocupa casi a partes iguales. Me preocupa por el gran poder de atracción que tiene sobre las personas, independientemente de la edad; por la cantidad de horas que se le dedican, y por el declive que, desde hace años, muchos profesionales vemos en el juego espontáneo y libre de la infancia en casa, e incluso en la naturaleza y al aire libre, en favor del juego más tecnológico, sobre todo a partir de ciertas edades.

Y me ocupa porque, igual que enseñamos a nuestros hijos e hijas las normas de convivencia sociales y la seguridad en casa y al aire libre, la educación en la ciudadanía digital es fundamental desde los inicios, e igual que todas, yo también tengo que lidiar con lo tecnológico en casa: crear conjuntamente normas, poner y mantener límites, dar explicaciones, comentar noticias relacionadas, etc., para que mi hijo y mi hija aprendan a hacer un uso razonable, responsable y lo más sano posible de la tecnología que tenemos instalada en casi todos los hogares en mayor o menor medida.

En una sociedad en la que a la infancia se la etiqueta ya como «nativos digitales», debemos ser conscientes de la importancia que tiene la tecnología en nuestra casa y la responsabilidad que eso conlleva, desde darnos cuenta de nuestra propia relación con ella hasta el tipo de contenido al que nuestros hijos e hijas tienen acceso.

Y cuando hablo de tecnología e infancia, me refiero a dos tipos de tecnología básicamente: los juguetes tecnológicos (muñecos o artilugios que hablan, se iluminan, suenan, se mueven, etc.) y los aparatos con conectividad a internet (ya sea un móvil, tableta, ordenador, videoconsola, televisión a la carta, etc.).

Respecto a los juguetes tecnológicos, mi reflexión es si esas acciones que produce el objeto no podrían crearlas y recrearlas los propios niños y niñas. Porque, si así fuera, no haría falta que las tuvieran; la creatividad y la imaginación de quienes están jugando aportarían lo necesario. Y ahí radica el valor de los materiales que se incorporan al juego: han de despertar la chispa para que el resto lo cree la persona y no lo haga, por sistema, el objeto.

Pero donde realmente quiero centrar mi atención es en aquellos aparatos que permiten a los niños y niñas acceder al mundo inabarcable de internet, porque considero que es la práctica más extendida y a la que más consciencia y sentido común hemos de aplicar. Lo primero es saber que es nuestra obligación y responsabilidad acompañarlos en el aprendizaje paulatino y sin prisas de este entorno virtual que convive con nosotras, recordando y teniendo muy en cuenta que durante la infancia los niños y niñas necesitan el contacto directo, estrecho y vivenciado con la realidad analógica, sin conexión wifi ni contenida en una pantalla. Pasar un tiempo desmesurado en un entorno que no permite un desarrollo natural puede ocasionar ciertas alteraciones del crecimiento que ya hemos ido apuntando a lo largo del libro, al verse desatendida la necesidad de movimiento y restringida la interacción social y cultural adecuada.

Para entender mejor la relevancia del tema, tomo uno de los datos del estudio que realizó en 2018 la AIMC (Asociación para la Investigación de Medios de Comunicación) y que midió «la relación que guardan los niños y niñas españoles de entre 6 a 13 años con los medios y las tecnologías». El resultado fue que los niños y niñas pasan una media de 5 horas diarias delante de algún tipo de pantalla (con un aumento los fines de semana). Y para poder comprender aún mejor esto, muestro visualmente qué significan estos datos en el contexto de un día:

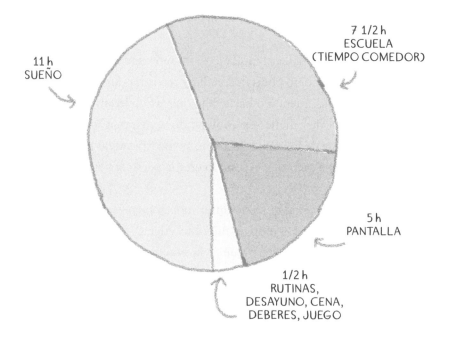

Si un día tiene 24 horas, la OMS (Organización Mundial de la Salud) recomienda que la infancia duerma una media de 11 horas diarias y pasan 7 y media en el colegio (contando el tiempo del comedor), cuando sumamos las 5 dedicadas a las pantallas, resulta que a los niños y niñas españoles entre 6 y 13 les queda media hora al día para cenar, desayunar, hacer los deberes y jugar. ¿O quizá es que parte de estas cosas las hacen delante de una pantalla...?

Sea cual fuere la respuesta (podríamos comenzar otro debate), mi intención con esta información es transcribir una realidad medible, poner consciencia, dar pie a reflexiones personales y particulares, y aplicar un poco de sentido común al acceso a este tipo de material de juego y entretenimiento, tengan la edad que tengan los niños y niñas, porque ya sabemos que la relación con este tipo de aparatos comienza, en muchos casos, a una edad inferior a la del estudio.

Así pues, comparto a continuación un par de mantras mentales que a mí me han servido y aún me sirven para encontrar un equilibrio entre esa necesidad «artificial» de tecnología que la infancia tiene y nuestra necesidad de acompañarlos en un crecimiento sin prisas y armónico:

- De menos a más.
- Más aburrimiento y menos tecnología.

De menos a más

Igual que ocurre con el desarrollo y el aprendizaje, con las tecnologías nuestros hijos e hijas necesitan ir de menos a más, ajustando el contenido y el tiempo de exposición para que sean adecuados al momento de desarrollo, personalidad y sensibilidad de cada niño y niña. Hoy en día está muy extendido el mensaje de los pediatras, que no recomiendan las pantallas a menores de 2-3 años. A partir de esas edades, el contenido ha de ser apropiado a su edad y su uso ha de realizarse en espacios donde nosotras estemos y compartamos esos momentos.

Respecto al contenido adecuado, actualmente disponemos de baremos como PEGI (Pan European Game Information) o Common Sense Media que ofrecen la clasificación por edades de una gran cantidad de juegos, aplicaciones, programas de televisión, películas, etc., y una descripción sobre lo que nos podemos encontrar en cada uno de ellos. Es un primer filtro que nos ayuda a saber la edad recomendada, aunque yo soy partidaria de que seamos nosotras, con nuestro conocimiento particular de nuestros hijos e hijas, quienes valoremos lo adecuado o no que es un contenido, porque, como mencionaba al principio, no solo depende de la edad biológica que tengan, sino también de la sensibilidad y el temperamento de cada niño y niña. No hay mejor lógica que aplicar el sentido común y, a la vez, instalar un control parental en los dispositivos que sirva de cortafuego para el acceso a páginas que no correspondan o a contenido inadecuado que pueda colarse involuntariamente en sus pantallas, y mantener el hábito sano del uso de pantallas en áreas comunes y, a ser posible, desde temprana edad, junto a los adultos de la casa.

Y lo mismo ocurre con el tiempo de exposición. Tengamos en cuenta que a estas edades el concepto del tiempo es intangible e incontrolable; es decir, igual que nosotras somos sus gestoras emocionales porque todavía no están preparados fisiológicamente para ocuparse de su propia gestión emocional, tampoco podemos dar por hecho que serán capaces de gestionar el tiempo, por lo que necesitarán nuestra ayuda para ello. Y podemos ayudarlos a ser paulatinamente más autónomos en este sentido si les facilitamos, por ejemplo, un reloj-alarma de cocina, ajustamos las horas en el control parental o cocreamos unas plantillas donde puedan autogestionarse las horas cuando ya son más mayores. Y, por supuesto, junto a esto, un límite pactado y cumplido para que sea un aprendizaje sano.

Más aburrimiento y menos tecnología

¿Nos suenan estas frases?

Estoy aburrida   No sé qué hacer   Me aburro

¿Qué puedo hacer?   Me aburrooooo

Estoy segura de que son frases que, en un momento u otro, hemos oído en boca de nuestros hijos e hijas, sobre todo cuando comienzan a rondar los 6 años.

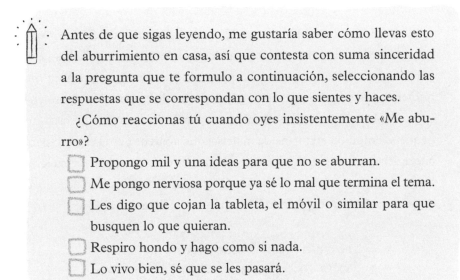

Antes de que sigas leyendo, me gustaría saber cómo llevas esto del aburrimiento en casa, así que contesta con suma sinceridad a la pregunta que te formulo a continuación, seleccionando las respuestas que se correspondan con lo que sientes y haces.

¿Cómo reaccionas tú cuando oyes insistentemente «Me aburro»?

☐ Propongo mil y una ideas para que no se aburran.

☐ Me pongo nerviosa porque ya sé lo mal que termina el tema.

☐ Les digo que cojan la tableta, el móvil o similar para que busquen lo que quieran.

☐ Respiro hondo y hago como si nada.

☐ Lo vivo bien, sé que se les pasará.

La realidad es que la gran mayoría de los niños y las niñas de nuestra sociedad están acostumbrados a tener las agendas tan llenas de actividades dirigidas que no conocen el tiempo libre, por lo que nos encontramos ante niños y niñas que no saben gestionar esos momentos de libertad y se sienten como si, de repente, se hallaran frente a un abismo, sin saber cómo avanzar si no tienen a alguien que les diga qué hacer. Ante ese «silencio existencial» que provoca el aburrimiento en una sociedad llena de ruido y estímulos, se abruman y buscan rellenarlo lo más rápido posible para no «sufrirlo» y, como habitualmente eso ocurre cuando están en casa, buscan diferentes estrategias —generalmente poco adecuadas—, que van desde interrumpirnos insistentemente, llamar la atención con una rabieta o molestar a los hermanos o hermanas pequeños, que están en su universo jugando. Y nosotras solemos reaccionar dando algunas de las respuestas anteriores, aunque por lo que se intuye en los datos, la tecnología podría ser el recurso más usado.

Yo he de confesar que he pasado por todas y cada una de estas respuestas hasta llegar a la última no hace muchos años, que fue cuando entendí el verdadero valor del aburrimiento. También ir conociendo a fondo a mi hijo y a mi hija me ayudó a acompañarlos en el tránsito de este estado de diferente manera, adecuándolo a sus singularidades y particularidades, aunque no siempre con los resultados que a mí me hubieran gustado. Por ejemplo, pueden necesitar más apoyo para encontrar soluciones o la presencia adulta para incentivarse, o precisar un pequeño empujón en forma de material que aparece por el espacio para encender su creatividad y ponerse a jugar. Es encontrar qué forma le va mejor a cada miembro de la familia. Quizá, dependiendo de su necesidad de acompañamiento, podríamos responder lo siguiente al «Me aburro»:

> Veo que no ves nada que te guste para jugar ahora, ¿quieres que demos un paseo por la casa a ver qué encuentras?

O, cuando ya están más entrenados en ese recorrido emocional, les podemos decir:

> Te entiendo, tranquila, es algo fantástico. Escúchate y confía en ti; descubrirás algo maravilloso.

Cuando surfeamos la ola del aburrimiento junto a ellos y ellas, alentándolos a buscar soluciones positivas que los motiven o, simplemente, disfrutando del silencio y del no hacer nada, nos damos cuenta, poco a poco, de que el aburrimiento se convierte en la antesala de la imaginación, de esa imaginación que se forma en el interior de los niños y niñas y los lleva a ese punto creativo tremendamente rico y fructífero de donde surgen las mejores, necesarias y verdaderas ideas que encienden y enganchan. Debemos entender el aburrimiento como un estado más del ser humano, una fase del crecimiento sin prisas, del juego, del aprendizaje, del autoconocimiento y la autogestión que los niños y niñas han de experimentar. Deben aprender a detectarlo y gestionarlo positivamente, y a descubrir la gran recompensa que viene al superarlo cuando ellos y ellas mismas son quienes consiguen esa transformación y se sienten capaces de hacerlo solos y encuentran sus propias herramientas y recursos.

Igual que favorecemos el juego libre y espontáneo y damos tiempo y espacio para él, debemos hacer lo propio con el aburrimiento, sin taparlo inmediatamente con sustitutivos como la tecnología. El aburrimiento es muy necesario para el crecimiento, el desarrollo y el autoconocimiento del individuo. Tan solo necesitan saber que es algo natural y pasajero, identificar el momento y esperar activamente a que el aburrimiento llame a la imaginación para que los guíe y obre su magia. Y, por nuestra parte, necesitan:

- El permiso para aburrirse con tranquilidad
- Ver el acontecimiento de forma positiva y transitoria
- Expresar nuestra confianza en sus posibilidades para salir de ese estado y encontrar aquello que los estimule
- Abstenernos, en la medida de lo posible, de dar millones de opciones y acercar palabras que describan materiales, por ejemplo, o actividades, para ver si por ahí conectan ideas, y aguantar el chaparrón si nos cae la ola encima...

¡Busquemos aprendizaje en esto también! De hecho, si los acompañamos, veremos que, poco a poco, buscarán sus propias estrategias para solventar esa sensación y reconectarse con el impulso de disfrute canalizando esa energía «desconocida» hacia un mundo de posibilidades de juego y aprendizaje. Y, a la vez, para nosotras es una nueva posibilidad de descubrir sus gustos y, posiblemente, su pasión y su talento.

No es socorrer, es sostener y confiar en que son capaces de encontrar aquello que necesitan.

Si tus hijos e hijas vuelven a decirte que se aburren, ¿cómo vas a reaccionar ahora? Explícatelo para que, cuando dudes, recurras mentalmente a lo que te gustaría contestar y que has dejado plasmado aquí:

_____

_____

_____

_____

_____

_____

Ideas para jugar con la tecnología

La verdad es que me cuesta recomendar juegos para hacer o jugar con la tecnología; no puedo ocultar que prefiero que los niños y niñas toquen, huelan, prueben, vean, oigan y sientan. Pero lo que sí puedo hacer es hablar de utilizar las tecnologías como herramienta de juego, que es donde me siento cómoda recomendando ideas:

 - **Orientación en el entorno.** Utilizamos el GPS del móvil para aprender y fijar las vueltas a casa desde el cole o alguna excursión por la ciudad. Mi hijo o hija lo llevaban y nos guiaban descubriendo que a veces íbamos en el sentido contrario. También se han hecho muy populares los juegos de *geocaching* familiar, donde se juega a esconder y encontrar tesoros que otras personas dejan y que nosotras también dejamos, siguiendo rutas registradas, tanto en la ciudad como en la naturaleza. Es un tipo de juego de orientación que nos invita a movernos y salir al aire libre.

- **Creación de historias.** Diferentes programas, como editores de texto o presentación, pueden ser útiles para pensar y desarrollar narraciones como cuentos o temas de interés. También podemos crear cuentos o miniseries con la técnica de animación *stop-motion* con aplicaciones que nos permiten ir haciendo fotos, añadir sonido y textos para poder verlos luego a cámara rápida y alucinar con lo conseguido. También hay programas que permiten programar y crear historias interactivas o sencillos videojuegos. También podéis acceder a historias ya creadas o disfrutar de audiolibros.

- **Imagen.** La cámara de un móvil puede servir para jugar a capturar nubes, fotografiar flores y luego pintarlas sin necesidad de cortarlas, registrar letras escondidas en las formas de la naturaleza y crear un abecedario natural, fotografiar el entorno y descubrir su propia mirada a través de un objetivo. Si tuvieras una tableta, también podrían dibujar allí y guardar sus creaciones, quizá para ilustrar el cuento que estaban escribiendo.

- **Informativas.** Hay aplicaciones que nos permiten identificar y conocer las estrellas y constelaciones, ubicar planetas, etc. También identificar plantas, flores, huellas de animales, cantos de pájaros…

- **Música.** Hoy en día podemos tener música a la carta para bailar, cantar, escuchar… Podemos crear o seguir coreografías, cantar en un karaoke, crear nuestra propia música o aprender a tocar instrumentos con aplicaciones muy entretenidas.

Aunque mi sensación es que estas herramientas virtuales no llegan a despertar tanto interés como los juegos online no educativos que descubren y les comentan sus amigos y amigas, la cuestión es que la tecnología es como un caramelo que les encantaría comer todos los días y durante todo el día, pero considero que igual que hacemos con la ingesta de azúcares, también debemos acompañar, poner normas, límites y educar en el uso saludable del consumo tecnológico sabiendo que han de adentrarse en este terreno de forma progresiva y adecuada para su edad y sensibilidad.

Con esto, tampoco desestimemos la importancia de conocer los juegos online que consumen y aprovechemos para buscar juntos variedad que pueda gustar acercando la diversidad, porque los hay y muy interesantes y con una cultura visual muy nutritiva. Disfrutemos juntos compartiendo momentos de vínculo también en un entorno online. Tengamos en cuenta que nuestra presencia es tan válida como en cualquier otro momento si en ese espacio existen la interacción mutua, la conexión y la comunicación bidireccional. La magia de todo está en encontrar un equilibrio adecuado para cada uno de los niños y niñas, igual que para nosotras.

¿Hasta cuándo crecer jugando?

Si hemos llegado hasta aquí, hemos leído y trabajado todo el libro, ya sabemos la respuesta, ¿verdad? A mí me resultan maravillosas palabras como «crecer» y «jugar»… Ojalá no se separen nunca, ojalá vayan siempre de la mano, ojalá entendamos que una es para la otra como la otra es para la una. Cuando jugamos involuntariamente, crecemos, y cuando crecemos conectados con la actitud del juego, no podemos vivir la vida sin jugarla, sin descubrir que el mundo es un escenario de posibilidades donde cada persona juega sus cartas y en cada elección que hacemos, tenemos la oportunidad de crecer y descubrirnos un poco más.

Seguramente, al leer la pregunta, nos han venido nuestros hijos e hijas a la cabeza: ¿hasta cuándo crecerán jugando? O aquella otra pregunta que suelen hacerme: ¿hasta cuándo dejar que jueguen? Y, como acabo de decir y como expresé en la necesidad de juego, movimiento y disfrute, no dejamos de jugar (y de crecer) nunca, por lo menos si entendemos que podemos seguir creciendo personalmente con respecto del autoconocimiento, de la conexión con nosotras mismas y con los demás, y hasta podemos seguir modelando y transformando nuestro cerebro conforme a los pensamientos que construyamos. Como individuos seguimos creciendo, aunque nuestro cuerpo se haya estancado o comience a menguar paulatinamente. Y ahora me viene a la mente esta frase adjudicada a Bernard Shaw, dramaturgo irlandés, que leí una vez: «No dejamos de jugar porque envejecemos; envejecemos porque dejamos de jugar». Así que, si yo tuviera que responder a la pregunta «¿hasta cuándo crecer jugando?», diría que hasta nuestro último suspiro; ahí entregamos nuestra actitud al universo imaginando que nos lleva a jugar a otros lares.

Pero sin entrar en el ciclo natural de la vida, nosotras ahora mismo, como acompañantes de la infancia y la adolescencia, somos para nuestros hijos e hijas las guardianas de una de las energías más poderosas: el juego. La pulsión vital que transforma el cuerpo, la mente y el corazón en energía vital, alegría, optimismo, desafío, pasión, creatividad, amor... Una energía que se descubre y discurre en la infancia y que no debe apagarse si la acompañamos con la responsabilidad, la conexión y el valor que ya sabemos que tiene.

Así, el título de este libro, *Crecer sin prisas,* podría también titularse ahora, después de haber transcurrido este viaje, *Crecer jugando.* Porque cuando damos la oportunidad a nuestros hijos e hijas de conectar consigo mismos y los dejamos fluir a su propio ritmo y tempo, atendiendo sus necesidades, acompañando sus retos y centrándonos en su talento y sus singularidades, es cuando los dejamos crecer reconociéndose en su ser, desarrollándose en plenitud y jugando la vida que han venido a jugar.

Porque, si recordamos, cuando los dejamos jugar en libertad nos están diciendo

YO SOY · YO SIENTO · YO PUEDO

Y siguiendo ese mensaje que trasciende cuando juegan, los dejamos crecer respetándolos, amándolos incondicionalmente, elevándolos para que crezcan enseñando todo ese potencial latente que, poco a poco y paso a paso, comienza a germinar para convertirse en árbol y formar parte de ese gran bosque de la vida. Y cuando dudemos, mirémoslos, escuchémoslos y confiemos en ellos y ellas, y también en nosotras. Porque esto va de ir la familia junta, de creer y transmutarnos juntos durante toda la vida, cada día.

Dejémoslos crecer sin prisas. Dejémosles descubrir cómo crecen jugando. Y nosotras, dejémonos crecer jugando durante toda la vida.

¡Disfrutemos jugando y disfrutemos educando!

Final del camino

¿Cómo estás? ¿Qué tal te has sentido en este camino de mirada profunda al «crecer sin prisas»?

A mí, en este momento, me gustaría estar sentada a tu lado para poder darte un abrazo fuerte porque sé lo que es transitarlo. A mí me llevó 12 años vivirlo y visualizarlo como lo tienes aquí. Deseo que te sientas orgullosa de lo vivido y de lo alcanzado, porque no importa el resultado inmediato, sino el camino recorrido y el que queda por recorrer. Lo cierto es que esto es tan solo el inicio de algo grande que ya estás lista para liderar y cocrear: el acompañamiento y la educación que quieres y que ahora sabes que necesitan cada uno de tus hijos e hijas sin desatenderte a ti misma.

Toca seguir cuidando del bosque después de toda la consciencia, sensibilidad, conexión y disfrute que has ido despertando y con los que has ido sintonizado y reconectando. Y para ello, en este «final del camino», quiero dejarte el mapa que has ido trazando durante la lectura para que siempre puedas volver al sendero, recordando lo importante y añadiendo lo que tú misma has generado.

Incluso tienes una hoja solo para ti donde podrás marcar los pilares que liderarán la educación que quieres para tu familia a partir de ahora.

Así que te pido el último paso para una gran recompensa: tu propio «mapa del tesoro» (o tu «tesoro de mapa» según lo veas). Te invito a que hagas un repaso por cada tema, buscando aspectos, ideas, reflexiones concretas que hayas tratado, para que puedas apuntar tus resultados. No es capricho, es aprendizaje: si no volvemos a lo aprendido, lo olvidamos y, como te comenté en la introducción, esto va de activarse haciendo cosas nuevas como lo has estado haciendo para que se queden en ti y no se pierdan en la memoria.

CRECER SIN PRISAS

CRECIMIENTO

INFANCIA

YO

NECESIDADES

SEMILLA

TEMPO

ÚNICA Y SINGULAR

INFANCIA
· BÁSICAS
· CRECIMIENTO

ATENCIÓN PARTICULAR
EN CADA ETAPA DEL
CRECIMIENTO

YO
· VITALIDAD
· AUTENTICIDAD
· CONEXIÓN
· SENSIBILIDAD
· AUTORREGULACIÓN
· AUTOCUIDADO
· AUTORREALIZACIÓN
· SEXUALIDAD
· JUEGO Y OCIO
· EXPECTATIVAS
· ...

AUTOCUIDADO

JARDINERA DE UN BOSQUE ÚNICO
AL QUE CUIDAR Y CULTIVAR.

CAMINO A EDUCAR...

· NECESIDADES → · CONSCIENCIA SOBRE SUS NECESIDADES

· SIN QUEMAR ETAPAS → · ACOMPAÑAMIENTO RESPETUOSO Y SENSIBLE

· ENTORNO → · CONSCIENCIA SOBRE EL TIPO DE ENTORNO

· EQUILIBRADA Y SERENA → · CONECTAR CON MURAL INSPIRACIONAL
(PÁG. 57)

NECESIDADES A PRESTAR ATENCIÓN

EN MIS HIJOS E HIJAS:

_____
_____
_____
_____

EN MÍ:

_____
_____
_____
_____

¿CÓMO LO HARÉ?

Conectando con mi bienestar

_____
_____
_____
_____
_____
_____

INSPÍRATE Y CONECTA CADA MAÑANA.

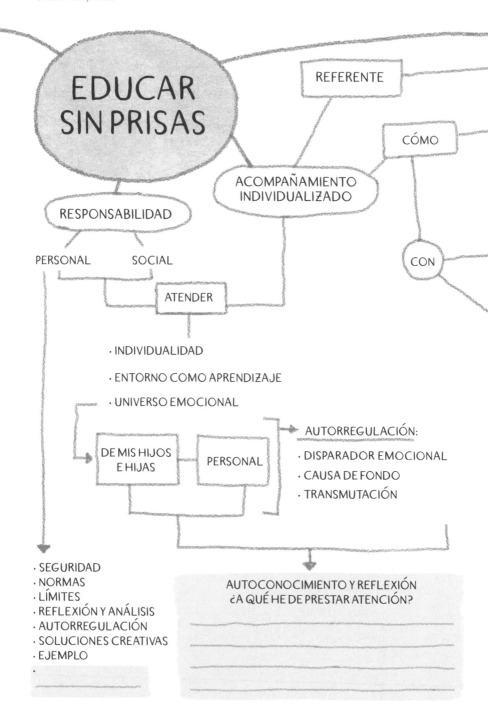

EDUCAR SIN PRISAS

REFERENTE

CÓMO

ACOMPAÑAMIENTO INDIVIDUALIZADO

RESPONSABILIDAD

PERSONAL   SOCIAL

CON

ATENDER

· INDIVIDUALIDAD

· ENTORNO COMO APRENDIZAJE

· UNIVERSO EMOCIONAL

DE MIS HIJOS E HIJAS

PERSONAL

AUTORREGULACIÓN:

· DISPARADOR EMOCIONAL

· CAUSA DE FONDO

· TRANSMUTACIÓN

· SEGURIDAD
· NORMAS
· LÍMITES
· REFLEXIÓN Y ANÁLISIS
· AUTORREGULACIÓN
· SOLUCIONES CREATIVAS
· EJEMPLO
·

AUTOCONOCIMIENTO Y REFLEXIÓN
¿A QUÉ HE DE PRESTAR ATENCIÓN?

CAMINO A APRENDER...

ENTORNO

YO

SIN
- SIN PRISAS
- SIN SOBREESTIMULAR
- SIN DOGMAS
- SIN ENTRETENER

VALORES

RECURSOS PERSONALES

- CON DIÁLOGO
- CON ESCUCHA
- CON SERENIDAD
- CON RESPETO
- CON CONFIANZA
- CON SENTIDO COMÚN

- PACIENCIA
- SENSIBILIDAD
- CREATIVIDAD
- AUTORREGULACIÓN
- COHERENCIA
- RESPONSABILIDAD
-
-

MI LISTA DE VALORES:
(PÁG. 78)

RECURSOS:

- HERRAMIENTAS PARA LA VIDA
- PENSAMIENTO CRITICO
- PENSAMIENTO CREATIVO

PREGUNTAS ABIERTAS

BASE DE MI EDUCACIÓN:
(PÁG. 96)

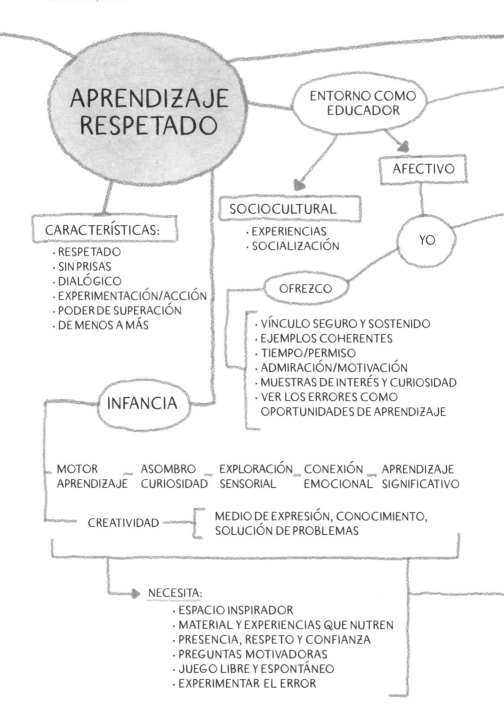

APRENDIZAJE RESPETADO

ENTORNO COMO EDUCADOR

AFECTIVO

SOCIOCULTURAL
· EXPERIENCIAS
· SOCIALIZACIÓN

YO

CARACTERÍSTICAS:
· RESPETADO
· SIN PRISAS
· DIALÓGICO
· EXPERIMENTACIÓN/ACCIÓN
· PODER DE SUPERACIÓN
· DE MENOS A MÁS

OFREZCO
· VÍNCULO SEGURO Y SOSTENIDO
· EJEMPLOS COHERENTES
· TIEMPO/PERMISO
· ADMIRACIÓN/MOTIVACIÓN
· MUESTRAS DE INTERÉS Y CURIOSIDAD
· VER LOS ERRORES COMO
  OPORTUNIDADES DE APRENDIZAJE

INFANCIA

MOTOR — ASOMBRO — EXPLORACIÓN — CONEXIÓN — APRENDIZAJE
APRENDIZAJE CURIOSIDAD SENSORIAL EMOCIONAL SIGNIFICATIVO

CREATIVIDAD — MEDIO DE EXPRESIÓN, CONOCIMIENTO,
SOLUCIÓN DE PROBLEMAS

NECESITA:
· ESPACIO INSPIRADOR
· MATERIAL Y EXPERIENCIAS QUE NUTREN
· PRESENCIA, RESPETO Y CONFIANZA
· PREGUNTAS MOTIVADORAS
· JUEGO LIBRE Y ESPONTÁNEO
· EXPERIMENTAR EL ERROR

CAMINO A CONEXIÓN...

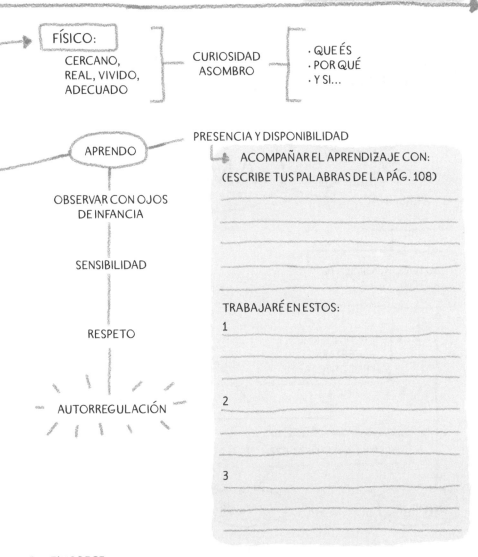

FÍSICO:
CERCANO,
REAL, VIVIDO,
ADECUADO

CURIOSIDAD
ASOMBRO

· QUE ÉS
· POR QUÉ
· Y SI...

APRENDO

PRESENCIA Y DISPONIBILIDAD

ACOMPAÑAR EL APRENDIZAJE CON:
(ESCRIBE TUS PALABRAS DE LA PÁG. 108)

OBSERVAR CON OJOS
DE INFANCIA

SENSIBILIDAD

TRABAJARÉ EN ESTOS:

1

RESPETO

AUTORREGULACIÓN

2

3

FAVORECE:
· APRENDIZAJE MULTISENSORIAL
· DESARROLLO DE LAS INTELIGENCIAS MÚLTIPLES

· SINGULARIDAD
· AUTOCONOCIMIENTO

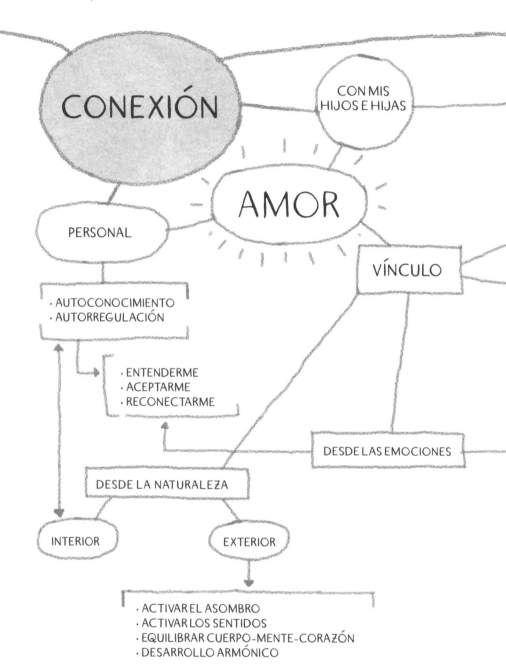

CONEXIÓN

CON MIS HIJOS E HIJAS

AMOR

PERSONAL

VÍNCULO

- AUTOCONOCIMIENTO
- AUTORREGULACIÓN

- ENTENDERME
- ACEPTARME
- RECONECTARME

DESDE LAS EMOCIONES

DESDE LA NATURALEZA

INTERIOR

EXTERIOR

- ACTIVAR EL ASOMBRO
- ACTIVAR LOS SENTIDOS
- EQUILIBRAR CUERPO-MENTE-CORAZÓN
- DESARROLLO ARMÓNICO

CAMINO AL JUEGO...

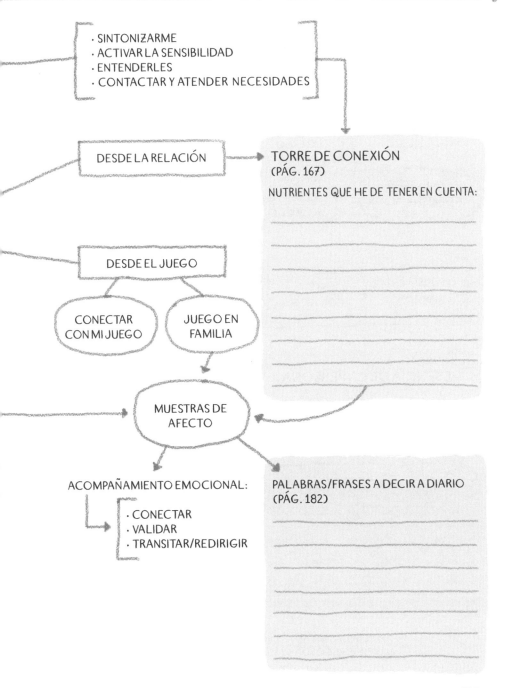

- SINTONIZARME
- ACTIVAR LA SENSIBILIDAD
- ENTENDERLES
- CONTACTAR Y ATENDER NECESIDADES

DESDE LA RELACIÓN

TORRE DE CONEXIÓN
(PÁG. 167)

NUTRIENTES QUE HE DE TENER EN CUENTA:

DESDE EL JUEGO

CONECTAR CON MI JUEGO

JUEGO EN FAMILIA

MUESTRAS DE AFECTO

ACOMPAÑAMIENTO EMOCIONAL:

- CONECTAR
- VALIDAR
- TRANSITAR/REDIRIGIR

PALABRAS/FRASES A DECIR A DIARIO
(PÁG. 182)

JUEGO

QUÉ ES

NECESIDAD

MEDIO DE EXPRESIÓN INTERNO

PRESTAR ATENCIÓN A

ELEMENTO DE AUTORREGULACIÓN

· YO SOY
· YO SIENTO
· YO PUEDO

· AUTOCONOCIMIENTO
· VIVIR EN BIENESTAR
· DESARROLLO, CRECIMIENTO Y APRENDIZAJE
· EXPRESAR INCONSCIENTEMENTE EL MUNDO EMOCIONAL
· DISFRUTAR
· AUTORREGULACIÓN
· VINCULACIÓN

· ACCIÓN
· PENSAMIENTO
· EMOCIÓN

· CUERPO
· MENTE
· CORAZÓN

ESENCIA DE LA PERSONA

DÓNDE

EN FAMILIA

NATURALEZA

TECNOLOGÍA

○ APUNTA LAS IDEAS - JUEGOS - ACTIVIDADES QUE QUIERAS RECORDAR Y PROBAR (PÁG. 272)

CAMINO A MI MOMENTO ACTUAL...

CÓMO

· SIN PRISAS
· CON TIEMPO
· ESPACIOS ADECUADOS

CUÁNDO

TODA LA VIDA

· 0-2 AÑOS - EJERCICIO
△
·
·
·

· 2-7 AÑOS - SIMBÓLICO
△
·
·
·

· 7-12 AÑOS - REGLAS
△
·
·
·

△ APUNTA EN LO QUE TE GUSTARÍA
PRESTAR ATENCIÓN O REFLEXIONES
DE LAS ETAPAS DE TUS HIJOS E HIJAS
(PÁG. 228)

· TU JUEGO ACTUAL
○
·
·
·
·

PRESTAR ATENCIÓN A:

· A NO PERDER DE VISTA:
    · LA SOBREPROTECCIÓN
    · HALAGOS
    · AYUDAS INNECESARIAS
    · CONTROL
    · LA ACTITUD
    · EL RIESGO
    · EL ABURRIMIENTO

PRESTAR ATENCIÓN A:

YO

MI
MOMENTO
ACTUAL

MI FAMILIA

AHORA TE TOCA A TI CREAR TU PROPIO MAPA DEL CAMINO.
PLANTÉATE AQUÍ TU PLAN DE VIAJE, CON TODOS LOS PUNTOS
IMPORTANTES A TENER MUY PRESENTE A PARTIR DE AHORA.

LA EDUCACIÓN
QUE QUIERO Y
LIDERO

Disfruta del camino. Te espero caminando.

Ahora sí, ya tienes conformado el camino transitado. Un punto y seguido para continuar junto a tus hijos e hijas el trayecto que quieres construir para cada uno de ellos y ellas sabiendo que en cada etapa hay retos nuevos que superar y aprendizajes que descubrir.

Ahora también sabes lo que tú necesitas y lo que necesita tu familia para hacerlo posible como tú quieres, sientes y necesitas vivirlo. Con la intuición y la confianza en ti reconectadas. Porque puedes, ¡claro que puedes!, maravillarte con tus hijos e hijas, acompañarlos con respeto atendiendo tus necesidades para sentirte plena y auténtica tanto como deseas que tus hijos e hijas continúen sintiéndose durante toda la vida, sin desconectarse de su esencia, su naturaleza y sus fortalezas.

> **Surca los mares, pirata. Cultiva tu bosque, jardinera. Y disfruta de la gran aventura de ser la educadora y acompañante del gran regalo de tu vida: tus hijos e hijas. ¡Tú puedes! ¡Adelante!**

Escanea el código QR y accede a las plantillas del libro para descargarlas.

BIBLIOGRAFÍA

Alvarez, Céline, *Las leyes naturales del niño. La revolución de la educación en la escuela y en casa*, Barcelona, Penguin Random House Grupo Editorial, 2017.

Aucouturier, Bernard, *Actuar, jugar, pensar. Puntos de apoyo para la práctica psicomotriz educativa y terapéutica*, Barcelona, Editorial Graó, 2018.

Blakemore, Sarah-Jayne; Frith, Uta., *Cómo aprende el cerebro. Las claves para la educación*, Barcelona, Editorial Ariel, 2007.

Brow, Stuart, *¡A jugar! La forma más efectiva de desarrollar el cerebro, enriquecer la imaginación y alegrar el alma*, Barcelona, Ediciones Urano, S.A., 2009.

Carson, Rachel, *El sentido del asombro*, Madrid, Ediciones Encuentro, 2012.

Castellano, Luis A.; Mársico, Claudia T., *Diccionario etimológico de términos usuales en la praxis docente*, Buenos Aires, Editorial Altamira, 1995.

Corbella, Joan, *Educar amb valors. Una eina per ser feliç*, Barcelona, Columna Edicions, 2007.

Csíkszentmihályi, Mihály, *Fluir. Una psicología de la felicidad*, Barcelona, Penguin Random House Grupo Editorial, 2020.

Del Pozo, Montserrat, *Inteligencias múltiples en acción*, Barcelona, Tekman Books, 2014.

Feist, Jess; Feist, Gregory J.; Roberts, Tomi-Ann, *Teorías de la personalidad*, México, McGraw-Hill/Interamericana Editores, S.A. DE C.V., 2014.

Freire, Paulo, *Pedagogía de la autonomía: saberes necesarios para la práctica educativa*, México, Siglo XXI Editores, 2012.

Gardner, Howard, *Inteligencias múltiples. La teoría en la práctica*, Barcelona, Editorial Planeta, 2019.

Gliori, Debi, *Siempre te querré*. Barcelona, Editorial Planeta, colección Baobab, 2005.

Goleman, Daniel, *El cerebro y la inteligencia emocional: nuevos descubrimientos*, Barcelona, Ediciones B, 2012.

—, *Inteligencia social. La nueva ciencia de las relaciones humanas*, Barcelona, Editorial Kairós, 2006.

—, *La inteligencia emocional. Por qué es más importante que el cociente intelectual*, Buenos Aires, Javier Vergara Editor, 1996.

Hanscom, Angela J., *Equilibrats i descalços. Que els teus fills es facin forts, segurs i autònoms gaudint de la natura*, Barcelona, 9 Grup Editorial para la edición Angle Editorial, 2018.

Hueso, Katia, *Jugar al aire libre. El juego como la mejor herramienta de desarrollo intelectual, físico y emocional*, Barcelona, Plataforma Editorial, 2019.

—, *Somos naturaleza. Un viaje a nuestra esencia*, Barcelona, Plataforma Editorial, 2017.

Ibarrola, Begoña, *Genial Mente. Cuentos para genios. Historias para identificar y potenciar inteligencias múltiples*, Barcelona, Editorial Planeta, 2018.

Jubany, Jordi, *¿Hiperconectados? Educarnos en un mundo digital*, Barcelona, Lectio Ediciones, 2017.

Katie, Byron, *Amar lo que es. Cuatro preguntas que pueden cambiar tu vida*. Barcelona, Ediciones Urano, 2009.

Kilbey, Elizabeth, *Niñ@s desconectados. Cómo pueden crecer nuestros hijos sanos y felices en la era digital*, Madrid, Editorial Edaf, 2018.

L'Ecuyer, Catherine, *Educar en el asombro*, Barcelona, Plataforma Editorial, 2012.

Louv, Richard, *Los últimos niños en el bosque. Salvemos a nuestros hijos del trastorno por déficit de naturaleza*, Madrid, Capitán Swing Libros, 2008.

Marín, Imma, *¿Jugamos? Cómo el aprendizaje lúdico puede transformar la educación*, Barcelona, Editorial Paidós, 2018.

Maslow, Abraham H., *Motivación y personalidad*, Madrid, Ediciones Díaz de Santos, S. A., 1991.

Mora Teruel, Francisco, *Neuroeducación. Solo se puede aprender aquello que se ama*, Madrid, Alianza Editorial, 2013.

Neufeld, Gordon; Maté, Gabor, *Regreso al vínculo familiar. Protege a tus hijos. La relación niño-adulto cuenta hoy más que nunca. Por qué los padres deben importar más que los amigos*. Italia, Hara Press USA, 2008.

Ordóñez, Leonardo., «Notas para una filosofía del asombro. *Revista Tinkuy: Boletín de investigación y debate*, n.º 20, págs. 138-146, <https://llm.umontreal.ca/public/FAS/llm/Documents/2-Recherche/Tinkuy_20_2013_09_30.pdf>

Pescetti, Luis, *Una que sepamos todos. Taller de juegos, música y lectura (para el aula, la casa, el campamento o el club)*, Buenos Aires, Siglo Veintiuno Editores Argentina, 2018.

Piaget, Jean, *La formación del símbolo en el niño: imitación, juego y sueño. Imagen y representación*, Distrito Federal, México, Fondo de Cultura Económica, 2012.

Reichert, Evânia, *Infancia, la edad sagrada. Años sensibles en que nacen las virtudes y los vicios humanos*, Barcelona, Ediciones La Llave, 2018.

Robinson, Ken, *El elemento. Descubrir tu pasión lo cambia todo*, Barcelona, Penguin Random House Grupo Editorial, 2010.

Rogers, Carl R., *Psicoterapia centrada en el cliente*. Barcelona, Editorial Paidós, 1981.

Rosenberg, Marshall B., *Comunicación NoViolenta. Un lenguaje para la vida*, Barcelona, Editorial Acanto, 2016.

Siegel, Daniel J.; Bryson, Tina Payne, *El poder de la presencia. Cómo la presencia de los padres moldea el cerebro de los hijos y configura las personas que llegarán a ser*, Barcelona, Alba Editorial, 2020.

Solter, Aletha J., *Juegos que unen. Cómo solucionar los problemas de comportamiento de los niños mediante el juego, la risa y la conexión*, Barcelona, Ediciones Medici, 2013.

Stern, André, *Jugar*, Albuixech, Litera Libros, 2017.

Tonucci, Francesco, *Cuando los niños dicen ¡Basta!*. Madrid, Fundación Germán Sánchez Ruipérez, 2004.

Tonucci, Francesco, *Perill, nens. Apunts de educació 1994-2007*. Barcelona, Editorial Graó, 2012.

Wild, Rebeca, *Etapas del desarrollo*, Barcelona, Herder Editorial, 2016.

Estudios científicos y referencias

He querido hacerte más amena la lectura y no te he citado los estudios sobre los temas mencionados. Si te interesa, puedes investigar estas fuentes de donde yo las he leído y aprendido.

Páginas Web

- https://pegi.info/es
- https://www.commonsensemedia.org
- https://infanciaconfinada.com
- Estudio AIMC, Asociación para la Investigación de Medios de Comunicación: https://www.aimc.es/a1mc-c0nt3nt/uploads/2018/11/ninos2018_informe_principales_resultados.pdf
- http://www.dirtisgood.com
- https://www.youtube.com/watch?v=8Q2WnCkBTw0

Agradecimientos

Este libro se lo dedico a mi bosque: mis dos hijos que me han enseñado, despertado e impulsado a indagar, cuestionarme y transmutarme; y a mi pareja por soñar conmigo, por sostenerme y fortalecer mi confianza siempre que dudaba.

Y agradezco a mi madre, a mi padre y a mi hermano porque soy hoy gracias a haberme cultivado muchos años junto a ellos.